民国情事

此情可待成追忆

张溥杰 著

新华出版社

图书在版编目（CIP）数据

民国情事：此情可待成追忆 / 张溥杰著.
——北京：新华出版社，2016.12
ISBN 978-7-5166-3015-0

Ⅰ. ①民…　Ⅱ. ①张…　Ⅲ. ①故事－作品集－中国－当代
Ⅳ. ①I247.81

中国版本图书馆CIP数据核字（2016）第298201号

民国情事：此情可待成追忆

作　　者：张溥杰

责任编辑：郑建玲　刘燕玲　祝玉婷　　**封面设计：**臻美书装
责任印制：廖成华

出版发行：新华出版社
地　　址：北京石景山区京原路8号　　**邮　　编：**100040
网　　址：http://www.xinhuapub.com
经　　销：新华书店、新华出版社天猫旗舰店、京东旗舰店及各大网店
购书热线：010－63077122　　**中国新闻书店购书热线：**010－63072012

照　　排：臻美书装
印　　刷：北京明恒达印务有限公司
成品尺寸：148mm×210mm
印　　张：8.75　　**字　　数：**180千字
版　　次：2017年4月第一版　　**印　　次：**2017年4月第一次印刷
书　　号：ISBN 978-7-5166-3015-0
定　　价：32.00元

自序

此情可待成追忆，只是当时已惘然

锦瑟无端五十弦，一弦一柱思华年。
庄生晓梦迷蝴蝶，望帝春心托杜鹃。
沧海月明珠有泪，蓝田日暖玉生烟。
此情可待成追忆？只是当时已惘然。

——唐·李商隐

“此情可待成追忆，只是当时已惘然”，这两句诗出自唐代大诗人李商隐的《锦瑟》。整首诗洋溢着伤感的情绪：“精美的瑟为什么要有五十根弦呢”，为什么不是四十九根或者五十一根呢？而这“一弦一柱都让我勾忆起无限的往事”。

“庄周他老人家曾经在梦里变成蝴蝶”，醒来后蝴蝶又重新变成了自己，那么究竟是庄周梦到了蝴蝶，还是蝴蝶梦到了庄周呢？我曾经梦到过你，你是不是也在梦里见到了我呢？只能说，但愿如此吧。

“望帝把自己的一片苦心托身于杜鹃”，而我又能把无限的遗憾悔恨向谁诉说呢？如果有心，你会发现在“夜半月明之时，那南海外的鲛人也会流下眼泪”。一如恋人相思。“蓝田的璞玉，只有阳光足够温暖之时，才会散发出可望不可即的烟气。”一如遥远的女神，只有在遇到可心的人儿时，才会露出世人不常见的莞尔。

“感情岂能是回忆时用来悔恨的？只能说当时有太多无奈吧。”对于这首诗不同的人有不同的解读，正如同每个人对于美女的评判标准不一样，这只是我自己的一些浅薄的解读。

之所以拿“此情可待成追忆”用作书名，是因为恰恰符合了本书的主旨。关于这本书，曾经想过太多的名字，其中一个是“此恨无关风与月”，但与编辑老师讨论的结果是这句话力道稍显不足，总感觉少了一口气。看到“此情可待成追忆”这句诗，自然会联想到下句“只是当时已惘然”，把人在情感中遗憾无奈之感，表现得淋漓尽致。

民国的情事，其实早就有人去书写。或是长篇大论，或是蜻蜓点水。不过我总觉得，长篇大论太过冗杂，有些为赋新词强说愁之嫌。蜻蜓点水却又只注重猎奇涉艳，不能把故事讲得透彻。

溥杰不才，试图采众家之长，走一次中庸之道。既没长篇大论，也没蜻蜓点水。选取了颇具代表性的三男三女以及三对有情人终成眷侣的夫妻作为本书的主角。力求把故事讲得精彩透彻，而又删繁就简。

原本打算用“痴男怨女”一词来分作每部分的标题，但这几人中，既无“痴男”，也少“怨女”，索性改用“红男绿女”。古代男子做官，礼服的裤子为大红色，彰显身份地位；而女子则要青衣黛眉，才显得漂亮。后又觉得不太妥， 遂取了“何事秋风悲画扇”“恨君不似江楼月”“那年花好月正圆”来概括每部分的主旨。

第一部分的三个男主角分别是胡兰成、郁达夫、李叔同。对于这三人，想必大都不陌生。但说起这三人，你能想到什么，恐怕想到的只是胡兰成跟张爱玲好过，郁达夫跟王映霞好过，李叔同最后成为和尚一个。

而第二部分的三名女子，萧红大多听说过，但对其知之甚少。至于另外两人，苏青和吕碧城，知道她们的人想必要比知道萧红的少得多。实话讲，苏青、吕碧城任何一人，在当时都是风靡大江南北的人物，每一个人的故事都足以让人拍案惊奇。

第三部分，选取了三对夫妻，分别是溥杰与嵯峨浩，徐悲鸿与蒋碧薇，胡适与江冬秀。这里的溥杰并非我本人，而是末代皇帝爱新觉罗·溥仪的胞弟，当时他被卷入了一场政治阴谋，却阴差阳错地收获了自己的跨国情缘。而徐悲鸿与蒋碧薇，则是自由恋爱当之无愧的代言人，但是就这样一对恋人，却没能如意地走到最后。

胡适与江冬秀，很多人都不陌生，属于传统婚姻的典范。但我为什么还要把胡适与江冬秀放进来呢，并非是拾人牙慧，而是深度剖析了这对彼此各方面都有很大差异的鸳鸯，为何能够白头偕老。其中波折辛酸以及智慧，是值得很多人去借鉴的。

由于之前写过不少历史随笔之类的文章，多了之后就辑成了一个集子赶在了21岁之前出版，名叫《民国轶事：风云人物的别样人生》。那时候写作很快，也有大把的时间，基本上两三天就能出来一篇稿子。但当我着手写这本书时，却常常苦于无从下笔，很是煎熬。

从我自身的感受而言，应该是学会了负责任，为读者，为我自己。故此，不敢贸然下笔。除了一些情景是合理的文学想象以外，力求每一句话，每一件事都有根有据。当然，溥杰毕竟是以初出茅庐的小子，不足、讹误在所难免。还望诸君见谅，并批评指正。

这本书历时近一年半才算完成。对于我这种时间还算宽裕，才思尚且敏捷，又经常泡在书堆里的黄毛小子来说，无疑是耗费了巨大心血。当然，前面也说过，人无完人，金无足赤。如果溥杰的这些文字能够让诸君像是尝到了美味佳肴一样，那么我这个做厨师的，也就能有些许的傲娇了。

张溥杰

2016年12月12日夜

于郑州

目录

CONTENTS

壹 何事秋风悲画扇

贰 恨君不似江楼月

叁 那年花好月正圆

壹 何事秋风悲画扇

民国情事

胡兰成：今生今世恋群芳

我总以为，胡兰成这样的人是不配让后世记住的。

如果你一层一层剥开他的心，你会讶异，你会发现，这厮从头顶到脚尖都散发着一股渣男的味道。然而，他终究是被人记住了。因为他命好，遇到了张爱玲。

因为张爱玲所以他被人记住，不至于像一些汉奸文人那样淡出大众的视野。又因为有着几分才华和小资情调，所以他的一句“岁月静好现世安稳”，能在无数人口中来回穿梭，和唾沫齐飞。

一时间，胡兰成仿佛真的成为了一枚安静的美男子。

日本作家川端康成在其著名作品《千只鹤》里说过：“过错可以随着时间的流逝消弭，但是罪恶不能。”果如斯言。人生总是遗憾，或是过错，或是罪恶，抑或是二者兼具。而胡兰成，正是后者。

他的花心，说其过错都算便宜。他的为人，言其罪恶亦不为过。

在胡兰成的生命中，他所遇见的每一个女人都为其倾倒、为其痴迷，就连张爱玲亦是如此。而他对每一个女人都可谓用情不专，即便张爱玲也未能幸免。这一点胡兰成倒是“一视同仁”、不偏不倚。

胡兰成本人是极富才华的，行文走字丝毫不逊于川端康成，甚至有过之而无不及。有时候都会让人怀疑川端康成是如何得了诺贝尔文学奖，而胡兰成没有。其实坦白来讲，很多获得诺贝尔文学奖的作品读来都觉得盛名之下其实难副。

诚如后世一个学者对胡兰成的评价：“其人可废，其文却不可因人而废。”为何说其人可废呢？他的花心倒不至于遭人这般鄙视，而是因为他曾经给汪伪政府做事成为汉奸文人才为世人唾弃，这也正是其罪恶之所在。

照常理来说，这等文人早就为大众所忘记，只是在小圈子里面为人所知。世事偏是这般弄人，张爱玲的一个错误成就了胡兰成之名。究其一生，胡兰成都可谓是在幸福中度过，真不知这等人为何有如此好命。

千万人中遇见了她

东南形胜，三吴都会，钱塘自古繁华。烟柳画桥，风帘翠幕，参差十万人家。云树绕堤沙，怒涛卷霜雪，天堑无涯。市列珠玑，户盈罗绮，竞豪奢。

重湖叠巘清嘉，有三秋桂子，十里荷花。羌管弄晴，菱歌泛夜，嬉嬉钓叟莲娃。千骑拥高牙，乘醉听箫鼓，吟赏烟霞。异日图将好景，归去凤池夸。

——柳永《望海潮》

据说当年宋朝词人柳永这首《望海潮》惹得北方金主完颜亮对

江南繁华形胜欣羡不已，“遂起投鞭渡江、立马吴山之志”，隔年以六十万大军南下攻宋。（罗大经《鹤林玉露》卷一）

词中所写繁华盛景便是江浙杭州一带，杭州此去东南一百二十里左右，正是南宋词人陆游笔下“柳疏桥尽见，水落路全通。衣杵家家月，渔舟浦浦风”的绍兴城。

古往今来绍兴都是钟灵毓秀之地，名士辈出。且不说勾践、西施，且不提陆游、王阳明，单说近现代就有蔡元培、陶成章、马寅初、周氏三兄弟（鲁迅、周作人、周建人）等如雷贯耳的大师。

很不幸，胡兰成和周作人忝列其中。

古今名士多放荡不羁、不汲汲于富贵。而胡兰成只有放荡与不羁，没有不汲汲于富贵。

胡兰成是生于晚清之际，长于民国世界。清光绪三十二年二月初六（公元 1906 年 2 月 28 日），胡兰成出生在浙江省绍兴嵊县下北乡胡村，小名蕊生。胡家虽算不上富裕，但是他的童年过得也算是无忧无虑。

胡兰成的母亲是其父的第二个妻子（第一个妻子早逝），即便如此父母皆是庄严慈爱，夫妻二人相敬如宾，用胡兰成的话说就是“何时都像是少年夫妻”。小时候胡兰成常见父亲从外面回来把钱交给母亲，或者吃饭时父亲看着母亲。夫妻二人身上所体现出的中国民间夫妇之亲，让胡兰成大为敬佩。

可惜的是，胡兰成只学会了痴心，没有学会专一。

对于女子的庄严正经，胡兰成是极为喜欢的。

清末民初的江浙一带，社会风气依旧是“文王教化处，游女俨公卿，过之不敢慢，伫立整冠缨”。时有城里下乡收蚕茧的少年郎，调笑溪边洗衣洗菜的妇女，但是妇女对于外客皆有敬重，这一敬重，少年郎的心思也都静了。因而，胡兰成少时从未听过这一带有绯闻。对于后来所遇见的几个女人，他也多以“正经”一词着墨。

胡兰成如此欣羡女子的正经，然而自己却是极为不正经的。这或许正是，越是羡慕的，越是自己所缺的。

12 岁时，胡兰成给胡村四十里外一个俞姓财主人家做过房儿子。那家主人年逾半百，家有一妻一妾，却未曾落下一男半女。

俞家小妾年芳 32 岁，生得是吊梢眼，水蛇腰，胡兰成对其印象最深，颇有好感，称其为庶母。此人为人干练，隐隐有《红楼梦》里凤姐之风。虽是小妾，家中事务却由她打理。

胡兰成与其相熟之后，形影不离。庶母也对他疼爱有加，向其讲述不曾对人说过的身世。原来他的庶母本出身于杭州大户人家，被娘舅骗卖给绍兴一富家子弟为妾，之后又几经辗转卖到了俞家。胡兰成为此无不惋惜道：“真真好比一朵鲜花飘落到了泥土里。”

有一次胡兰成从俞家回到胡村，恰逢胡村祠堂正在演戏。出来一个旦角，扮相很像庶母，胡兰成便不等戏散就跑回家痛哭了一场。后来去杭州读书，胡兰成一个人在旅馆整理床铺，又思念起庶母来。

胡兰成在《今生今世》一书中，恐怕别人引起误会，说这只是简单的思慕，并引用孟子的名言“人少时则慕父母，知好色则慕少艾”为自己辩驳。那么，既然如此，为何不思慕自己生身母亲，单单思慕这庶母呢？

更为吊诡的是，胡兰成没有一处着墨说在俞家期间思念自己的本家，反倒是回到自己家却想起了庶母。

当然，我们也不能因此对胡兰成苛责什么。独身一人在俞家，虽说是当过房儿子，但却没有血缘上的亲情，这时有人关心有人疼，对其产生情感上的依赖也就不足为奇了。

15 岁的时候，胡兰成的义父病逝。当时他们母子关系尚好，一起料理丧事。丧事料理完后，庶母还与他拿出一包银元作为学费。后来，庶母又按照亡夫的意思，催胡兰成的生父给儿子定亲，聘金由她来出，并买下一处楼房。但此时她的脸色已经开始一天比一天难看了。

等到胡兰成成亲之后，他的庶母更是怒发冲冠，当着胡兰成妻子的面说你们不必再来了。想必她是哀莫大于心死，唯一的情感依靠，不得不在自己的亲眼见证与操办下归于别人了。

商议婚事的时候，胡兰成年已十八，正是玉树临风一少年。

是年，胡兰成的三嫂子有一次叫他小官人。他笑了，她也笑了，就揶揄他道："你笑什么？难道我叫错了？太阳未出总是早，老婆未讨总是小，况且包文正称嫂嫂为嫂娘，我不比你大。"

当母亲给胡兰成提及婚事的时候，胡兰成心里一阵欢喜，想到世上有个女子将成为他的妻，简直陶醉了。

婚事的女主角名叫唐玉凤，比胡兰成大一岁。他们的婚礼属于旧式的婚礼，胡兰成说他喜欢旧式的婚姻。

结婚的时候胡兰成 20 岁，玉凤 21 岁。那时胡兰成的亲生父亲刚刚去世一个月，可是因为家贫，况且婚事已经筹办好了，所以不能轻易更改。

从胡兰成的回忆来看，他是不满这场婚礼或者说新娘子的，即使说不上不满，也绝对谈不上喜欢。丝毫没有了他母亲刚给他提及婚事时的欣喜。

婚礼上的一切，对胡兰成来说都是非常的生疏。及至坐床，老嫚给新娘摘下花冠，叫胡兰成揭去新娘的盖头帕，一见是“穿半旧青布太婆衣，脸上脂粉不施，他的心一惊，简直不喜”。

而婚前玉凤偷偷窥见去她家的胡兰成，则是觉得是好的，千万年里千万人之中，只有这个少年便是他。

此时此刻的胡兰成只是觉得夫妻姻缘是不可以选择的，只能就此认命了。用他的话说则是，“我一点亦不兴奋感动，什么也不思想，也不是不乐，也不是凄凉，是什么一种情怀好不难说。”并感慨西洋人惊天动地的事是见到神，而中国则是见了人的素颜。

相反对于婚礼上的老嫚，胡兰成则是有着极好的印象。老嫚不老，也才是新婚满月。在胡兰成眼里是“生得很俊俏，脸相身材很像李香兰”。

老嫚即为中国传统婚礼中的喜娘，在浙江宁波、绍兴一带由堕民担任。堕民与乐户、佃户等一样属于当地的贱民，不许读书、科举和做官，也不许与平民通婚杂居。但在四时八节的讨彩头和红白喜事做些约定俗成的服役性事务是堕民的特权。

不满自己新娘的穿衣打扮，却唯独对出身卑贱的喜娘颇为留心，真不知胡兰成当时想的什么。

洞房花烛夜时，胡兰成对于自己眼前的新婚妻子，则是不知如何是好。倒是玉凤先开口说话，并帮他剥荔枝斟酒。是夜玉凤先解衣睡下，胡兰成去睡在另一头。两人即刻都睡着了，真是天地清明，连个梦亦没有。

当然，有人可能说胡兰成刚刚没了父亲，不可能欢欣起来。但是新婚之后，胡兰成依旧是不满意玉凤，因她没有进过学校。

彼时西风已经吹遍神州大地，就连著名的“五四运动”都已经过去了六年。女学生白衫黑裙，完全新派。而唐玉凤则是不经事的乡下村姑，不能烟视媚行，像旧戏里的小姐或俏丫鬟。而且绣花不精，唱歌也不会。

玉凤绣的枕头，胡兰成不喜欢。逼迫着玉凤唱歌，唱了后他又觉得俗气。他喜欢尖脸的女生，而玉凤偏偏是像敦煌壁画里唐朝妇女的大饼脸。生气之时，便发起狠来出口伤人，说什么“和你结婚以来没有称心过”，仿佛玉凤嫁给他，带着一种原罪，就是让他作践似的。

胡兰成去教书的时候，不带着玉凤，他觉得新妇应该在家服侍母亲。玉凤去学校找他的时候，他的第一反应不是大为惊喜，而是大为吃惊。盖因他的女同事个个都很摩登，而他的她则是山乡打扮。到校门口去接不敢高声张扬，却独独留意着玉凤的穿着打扮。

不过话说回来，男人见了其他女人之后，多多少少都会留意自己的女人并做个对比的，即使嘴上不说，心里也会这么想的。但表现得那么明显，总归是过分了点。

玉凤有着乡下女人的淳朴与善良，她并不懂得胡兰成的这些花花肠子。在她眼里，伺候丈夫，侍奉婆婆，一切都是那么的自然与幸福。

就连胡兰成自己都承认玉凤待他，“好比白蛇娘娘待许仙，瑶池风日，世上人家，她是这样的感激知恩，所以总担心许仙不要她。她低心伏小做个小新妇，种种委屈都甘愿。”

从此处可以看出，胡兰成不仅有大男子主义倾向，而且自我感觉十分良好。

若说胡兰成没有感情，因为是媒妁之言别无选择，也是不尽然的。毕竟一日夫妻百日恩，中国人的夫妻之亲，是西方人体会不到的。

唐玉凤在溪边洗衣时棒槌被水冲走，胡兰成也能帮其捞回来，这就是中国夫妻之间的浪漫。试想，一个阳光温暖的日子，一个少妇在溪边洗衣，她的丈夫在旁边帮她把衣服拧干，水花溅湿了石头上安静的阳光。忽然，捣衣的棒槌被湍急的溪水冲走，男人连忙涉入水中把其捞起，递还给妻子，两人相视而笑。这不正是一幅唯美的夫妻浪漫图吗?

天有不测风云人有旦夕祸福，有些事情虽是美好，却注定了是悲痛的结局。我们无法预料，也预料不到，这才是人生。给你突如其来的幸福，给你突如其来的悲痛，大喜大悲中走向早已注定的人生终结。

其实人一生下来就是在等待死亡，只不过有人等的时间长，有人等的短。有人还没来得及等， 有的人却等不及。胡兰成与唐玉凤结婚七年后，玉凤因病去世，年仅 28 岁。

玉凤的病逝和其身子骨本来就弱有关，之所以婚期拖到 21 岁时也是因为此。结婚之后，她日夜操劳，身子愈发羸弱。最终弱女子被疟疾纠缠得倒下了，“人未老，身已衰，看破红尘，命将休矣。”

玉凤病重时，胡兰成也是夙兴夜寐，形影不离。她因病不能自己便溺，也都是胡兰成抱她起来。这本是应该的，玉凤却愧疚的喃喃自语，说本当自己服侍丈夫，实在对不住。

后来，两人几次相拥痛哭，彼此安慰。情到深处，胡兰成悲痛地说：“你若不好了，我是今生不再娶妻的了。”玉凤则说：“不可，你应当续娶的，我死后亦庇佑你的。”后来，胡兰成果然很听玉凤的话，勾搭了一个又一个的女人。

胡兰成还曾为了给玉凤看病，四处借钱，走投无路的他来到了俞家，问他的庶母借钱。庶母说家里没有钱，胡兰成就问她要过钥匙，打开钱柜，见有七百现洋分作七封整整齐齐的摆列着，胡兰成取了 66 元。

他的庶母眼眶泛红，哽咽却又勉为其难笑着说了一句意味深长的话：“到底还是我被打败了。”胡兰成没有理她，自顾自地走了。

没过多久，唐玉凤病逝。两人结婚仅仅八年，育有一男一女，男孩叫胡启，女孩叫棣云。

胡兰成为亡妻购置了一副好棺木，甚是得意：“我亦仍是那样的好精神，自以为做了这样一桩大事，玉凤见了我必要夸赞，说我能干的。”

实不相瞒，看到胡兰成这般文字，我有一种他生生把丧事办成喜事或者炫耀之事的感觉。

或许玉凤是幸运的，尽管胡兰成的坏男人本色已经初现端倪，但因其是他第一个妻子，毕竟还是用了感情的。又因为早逝，她不用为胡兰成日后朝三暮四而以泪洗面。

玉凤的死，或许对于两人都是一种解脱。尤其是胡兰成，不必被发妻牵绊，从此一生了无牵挂，还有谁不能辜负?

结尽同心缔尽缘，此生虽短意缠绵。与卿再世相逢日，玉树临风一少年。用这首据说是仓央嘉措的诗来形容胡兰成与唐玉凤，是再好不过的了。

良辰美景奈何天

玉凤出殡后两个月，胡兰成便去广西教书。他把俞家赠他的竹园卖了，换得120块银钱，留下30元让母亲过活，自己带走90元作路费使用。

胡兰成的两个同伴皆是富家子弟，一路上没少拿胡兰成取乐，其中一人还向仍沉浸在亡妻之痛的胡兰成道贺，说他从旧式婚姻中解放了出来。胡兰成听了大怒，差点就要当场翻脸，但还是隐忍了。不过后来的胡兰成倒也真应了这句话。

在广西的胡兰成百无聊赖，到达那儿的时候没有立即开始工作，也生了病，他甚至萌发了去江西参加红军的念头。想必他也只是想想，真让他去扛枪行军，他必是叫苦不迭的。如果真能吃得了苦，后来也不至于沦落为汉奸文人。

在广西五年的胡兰成一边教书，一边研究马克思主义，倒是能苦中作乐。期间一个叫做李文源的女教员经常向胡兰成请教问题，次数多了就难免被人指指点点。一次一个同事就拿此来刺激胡兰成，问他敢与那李文源亲嘴不敢。

胡兰成顿时气上心头，就回说有什么不敢的。当即起身到那李文源宿舍，抱着亲了一口就走了，简直是霸道。当时李文源刚洗完澡，一人独坐在房间。看见胡兰成进来还没来得及打招呼就这样被索走了一个吻，胡兰成走后她一个人又安静地在那里回味。

谁知，与胡兰成打赌的那人竟把事由告诉了李文源，这时李文源才大怒起来，径直去校长那里告状了。校长也没有责备胡兰成什么，只是一笑而过，毕竟都不是小孩子了。

本来应该是个好姻缘，却因为李文源的告状使得两人不快，渐渐地形同陌路。有时候就是这样，为了一些鸡毛蒜皮的事情生气，明明心痛，却还要装作若无其事的样子，希望对方能够回头，然而自己却咽不下那虚无缥缈的气，义无反顾地往前走去，直至渐行渐远，彼此错过。

学期过后，两人都被解雇，胡兰成转到百色教书。临走前夕，李文源突然造访胡兰成住处，说想跟他一块去。胡兰成虽垂涎于李文源的美色，但是思考再三，觉得此人不适合结婚，就婉拒了她的请求。

但是接近而立之年的胡兰成可以不要恋爱，不要英雄美人，但总得有个家。此时一个名叫全慧文的女子进入了胡兰成的世界。他们是胡兰成的同事介绍的，两个人一见面便定了终身，谈不上一见钟情，只不过是为了结婚而结婚罢了。

所以说，全慧文只是胡兰成还没有从旧式婚姻思维里解脱出来的一个不重要的女人罢了。等到胡兰成真正从旧式婚姻思维里解放出来之后，便开始不以结婚为目的的“恋爱”了。

1936 年，李宗仁、白崇禧等“桂系”军阀和广东的陈济棠利用抗日运动之名义，反抗不积极抗日却一直处心积虑要消灭两广的国民政府中央首领蒋介石，史称“两广事变”。

当时广西第七军军长廖磊就邀请胡兰成操办《柳州日报》，胡兰成就在报纸上发表文章，摇笔鼓舌，鼓吹两广与中央分裂，结果受到军法审判。后来在白崇禧的斡旋下得以释放。

但是胡兰成的文章，却引起了暗中窥觑者的注意。汪精卫手下的《中华日报》开始向他约稿。文章发表后，很是适合日本人及汪精卫等人的口味。

抗战爆发，上海沦陷，胡被调到香港《南华日报》当编辑。他写了一片臭名昭著的社论《战难，和亦不易》，受汪精卫妻子陈璧君的赏识，擢升他为《中华日报》总主笔。

从此，胡兰成开始加入了汪精卫的亲日伪政权阵营，1940年汪伪政府成立之时，胡兰成先后担任宣传部常务副部长、法制局长、《大楚报》主笔，也踏上了他所谓的“光宗耀祖”之路。

官场得意的同时，胡兰成的情场也很得意。此时胡兰成虽说家室都在上海，但毕竟他和全慧文只是过日子的夫妻罢了，只要不缺吃喝，全慧文是不会在乎丈夫在外面如何的。

有此贤妻，夫复何求！胡兰成心里一定美极了。因而，身为花花公子的他觉得不能辜负妻子的“贤惠”，就勾搭上了一个名叫应英娣的舞女。那一年他35岁，她22岁，他意气风发，她貌美如花。两人时常成双入对，俨然夫妻。

如果说胡兰成心甘情愿地在汪伪政权充当日本人豢养的走狗，未免冤枉了这位才子。胡兰成对日本也是不满意，也是气愤，只不过这些不满意与气愤并没有唤醒他骨子里的民族热血。面对日本人的飞扬跋扈，虽有不甘，却只能隐忍。

文人大多都有一个通病，那就是自命不凡，胡兰成也不例外。他曾有一次实在不满日本人的盛气凌人，愤而提出辞去《中华日报》总主笔一职。后来担任法制局长期间，将其他部门得罪个遍，惹得众人一致去汪精卫那里告状诉苦。

汪、胡两人虽是私交不错，但此时“墙倒众人推”，汪精卫也只好撤销法制局，改任胡兰成为全国经济委员会特派委员。除了拿俸禄以外这和被免职没有多大区别，胡兰成为此很是懊恼。

文人一失意就会牢骚满腹，胡兰成把心中的抑郁与不满化成他最擅长的文字，洋洋洒洒就是万言。关于这篇文章想表达的意图，胡兰成这样说道：“那是我有感于太平天国败亡时忠王李秀成的供状，我将来逃走，也要留这么一篇文字在世上。文中历叙和平运动事与愿违，结论日本帝国主义必败，而南京政府亦覆没，要挽救除非日本昭和维新，断然从中国撤兵，而中国则召开国是会议，如孙先生当年。”

不知胡兰成这篇文章有多少诚意在里面，但大抵可以看出，他已经意识到自己在汪伪政权下工作，将会是他人生中无法磨灭的污点，因而留下这么一篇洋洋洒洒的文章以便日后为自己辩驳。

但不巧的是，他的这篇一万一千多字的文章，恰巧被结识不久的日本驻南京大使馆负责文化事务的书记官池田笃纪看到，池田翻了几页之后，大为吃惊，就问胡兰成是否可以带回去一阅，胡兰成欣然同意。

谁知，就因池田的回去一阅，给胡兰成招来了牢狱之灾。

池田将稿子带回家后，连夜翻译成日文，并送呈给日本驻华大使谷正之阅读，不久即在南京日本官员中广为流传，最终几经辗转传到了汪精卫的手里。

当池田面带喜色的告知胡兰成这一消息时，胡兰成当场就吓傻了。池田或许没有意识到问题的严重性，以为这是一篇有见地的文章，因而传阅众人并向胡兰成“贺喜”，但胡兰成则心知肚明自己即将大祸临头，因而他决定未雨绸缪。

他首先暗示池田说：“这段时间我都要来看你，我若不来看你，你就来看我。”池田欣然答一“好”字，但依然没有意识到问题的严重性。除了暗示池田之外，胡兰成被人“请喝茶”的时候，也对应英娣嘱咐道：“若至晚不回来，你就去通知池田先生。”

当胡兰成被人叫走时，应英娣还没有感觉到有什么不对劲。但是到了晚上，良人迟迟未归，这下她才想起胡兰成临走时对她交代的话。“夫妻本是同林鸟，大限来时各自飞”，夫妻尚是如此，应英娣此时如若对胡兰成不管不顾，亦无可厚非。

可是中国又偏偏有一句古话，叫做“一日夫妻百日恩”，人生总是充满了矛盾与纠结。应英娣来不及想那么多，这个“心有猛虎细嗅蔷薇”的风月女子，当即不顾夜的黑暗与世界的不安，风风火火找到了池田的住处。

但事不凑巧，池田外出未归，守卫以此为借口不让应英娣进门。无奈之下，应英娣只好使出女人的看家本领——撒泼打滚，浑然忘记了自己是在日本人的地盘。如不是爱，岂能这样把自己的生死置之度外？

无奈之下，守卫只好让人驱车将池田接回来。胡兰成最终在池田等日本人的斡旋下被解救了出来，得以出狱回家过年。

有时候人生真是充满了讽刺，那篇在昔日“知己”汪精卫看来“大逆不道”唱衰日本与汪伪政权的文章，平素为胡兰成反感的日本人却未以此为据对他进行刁难，相反却救了他一命。此时此刻，怎能不让生性敏感的胡兰成万千感慨。

投我以木桃，报之以琼瑶。匪报也，永以为好也！投我以木李，报之以琼玖。匪报也，永以为好也！

为了感激应英娣的救命之恩，胡兰成许诺娶其为妻。有句话说的好啊，宁可相信世界上有鬼，也不能相信男人那张嘴，更何况是花花太岁胡兰成呢？

果不其然，三年之后胡兰成就遇到了他人生中的“真名天女”张爱玲。应英娣为此还跑到张爱玲住处大闹了一场，把张爱玲劈头盖脸骂了一顿之后，就去和胡兰成分手。

当初胡兰成被汪精卫逮捕释放后，为了弥补过失，汪精卫给了胡兰成一个闲职，他假装征求应英娣意见。应英娣就劝他拒绝，这样的闲职不如不要，就像背叛的婚姻不如不要一样。

所以这也就不难理解，为什么应英娣发现胡兰成有了张爱玲后，死活不愿再陪伴在胡兰成身边了。当应英娣跟他提出分手后，胡兰成竟然一脸不解地问友人说：“她怎么会这样？”言下之意是，应英娣也只不过是我的情人，怎么会如此刚烈。

男女之间的真爱，永远是自私的，排他的，容不下别人的。如若不是，即非真爱。爱中之外还有爱，那就不是爱了，那叫做贪得无厌。

胡兰成对应英娣不是真爱，自会不解应英娣为何如此决绝。在胡兰成后来的情感回忆录《今生今世》里，有关应英娣也只是在写其他人的时候，顺带捎上的寥寥数语：“她是个柔和硬气的人，待人心思好。我问了她别后种种，彼此敬重，如兄弟姊妹的亲。她今年还只三十二岁，她的人品与相貌，好比一朵白芍药。”

好一朵美丽白芍药，你奉献了所有，他只当作寂寞时的一剂补药。

尘埃里开出花来

见了他，她变得很低很低，低到尘埃里，但她心里是欢喜的，从尘埃里开出花来。

这是张爱玲见胡兰成时赠其照片背面上所写的文字。

胡兰成是先看见张爱玲的文章才想见张爱玲本人的。那时他在南京百无聊赖，恰逢苏青给他寄去了《天地》杂志月刊。胡兰成在院子里的草地上掇过一把藤椅，懒洋洋地躺在阳光下翻阅了起来。

忽而翻到一篇名为《封锁》的文章，作者张爱玲，才看一二节，就大为惊叹。见了朋友，胡兰成也拿出来让友人共享之，看完后无不拍手叫好。胡兰成就给苏青写信，问张爱玲是何许人也。苏青的回答倒也简单，答曰“女子”二字。

如果一个人对另外一个人产生了兴趣，那么对于有关她（他）的一切都会着迷起来。苏青简单的回信更让胡兰成从心底泛起一种可遇而不可得的感觉。

当胡兰成收到第二期《天地》杂志时，就赶快翻开看看有没有伊人的文章。幸福来的就是那么突然，他果然看到了那三个让他怦然心动的三个字：张爱玲。

更让胡兰成喜出望外的是，这次的杂志上不仅有张爱玲的文章，还有她的一张照片。胡兰成简直不相信这是真的，确认的确不是在做梦后，高兴得屁颠屁颠的。

胡兰成回到上海之后，就立即去找苏青。苏青很是高兴，陪他吃饭，可惜胡兰成醉翁之意不在酒，他提起了张爱玲。苏青一脸的笑意僵化了起来，悻悻地说张爱玲是不见人的。

胡兰成也很尴尬，只好直接要张爱玲的地址。苏青迟疑了一下，还是给他写了下来。

西方有谚语曰：“Single is simple，double is trouble，triangle is terrible.”这是多么的恰如其分！

第二天胡兰成就独自一人冒冒失失的去见张爱玲，此时的张爱玲名满申城，岂是随随便便一个人说见就见的？无奈之下胡兰成只得通过门洞递上去一张写着自己信息的纸条。

隔天后，或许苏青向张爱玲说了，或许张爱玲听说过胡兰成，亦或许碍于胡兰成的官职，张爱玲便给胡兰成打来电话说要去拜访他。胡兰成自是万分欣喜。

当张爱玲真正的出现在胡兰成眼前时，他又难掩一丝的失望，感觉和自己所想的完全不对。身材比较宽大，却给人一股稚气未脱的感觉，衣裳也和身体彼此叛逆着。

“我连不以为她是美的，竟是并不喜欢她，还只怕伤害她。美是个观念，必定如何如何，连对于美的喜欢亦有定性的感情，必定如何如何，张爱玲却把我的这些全打翻了。我常时以为很懂得了什么叫惊艳，遇到真事，却艳亦不是那艳法，惊亦不是那惊法。”

多年之后，胡兰成对张爱玲如此回忆道。言下之意就是张爱玲“美”得放荡不羁，不按套路出牌。

等到第二次见面的时候，就是胡兰成去张爱玲的住处了。让他意想不到的是，张爱玲房里竟是如此的华贵，他犹如刘姥姥进了大观园一般。两人谈诗论道，纵横古今，倒也是其乐融融。

回去后胡兰成给张爱玲写了一封信，正如同时下的年轻人见过面后还是要联系的。胡兰成在信中说她谦逊，仿佛道出了张爱玲的心思。张爱玲便给他回信，说了那经典的八个字："因为懂得，所以慈悲。"

从此二人就算熟识了，胡兰成隔三差五的就去看她。但是张爱玲突然忧伤了起来，你一个大男人老是来看人家到底什么意思嘛，什么都不说，还老是来。

此景只应书里有，人间哪得几回闻。张爱玲可以在书里随心所欲安排别人的海誓山盟、天荒地老。真到自己遇到了他，却又不知所措起来。正所谓当局者迷、旁观者清。明明心里渴望着他来，却又不知道为什么不想让他来。

张爱玲只好给胡兰成一个纸条，叫他不要再来看她。如若是一般男子，也就望而却步了。可他偏偏是胡兰成，天生一副"蒸不烂、煮不熟、槌不扁、炒不爆"的厚"城墙"，当日仍去看她。张爱玲见了他来，心里亦是欢喜。

人生就是这样的赌气与撒娇。

刚开始的时候，张爱玲使胡兰成种种不习惯。他说她从来不悲天悯人，非常自私，遇事心狠手辣，一点儿委屈都受不得。同时却又是十分的顺从，而这种顺从只是在她心甘情愿的时候。嘴里经常念叨着抱歉，仿佛欠世人一切。

这一切足以使"张迷"们揪着胡兰成的领子暴揍一顿了。可是胡兰成对于张爱玲的吐槽远不止这些，在胡兰成眼中张爱玲就是一个疯疯癫癫胸无城府的大女人，说白了就是女汉子。

张爱玲喜欢闻汽油和油漆的味道，喜欢喝浓茶，喜欢吃油腻的食物。不笑则已，一笑必是哈哈大笑。小时候母亲教她学淑女走路，结果摔得鼻青脸肿。这不就是一个活脱脱的吃货兼女汉子嘛。

可是张爱玲也有她的可爱之处，她的可爱在于她心底的纯净与对于文字的灵气。看《金瓶梅》的时候，有人看到了鱼水之欢，有人看到了市井生活，更有人看到了社会形态，而张爱玲只注意到了里面女子的衣裳。

张爱玲对于文字的灵性可以说是浑然天成的，着实让人羡慕嫉妒恨。譬如她读《诗经》，刚读“倬彼云汉，昭回于天”，就惊讶地说：“啊，真真的是大旱年岁。”读到《古诗十九首》“燕赵有佳人，美者颜如玉。被服罗裳衣，当户理清曲”。她又诧异道：“真是贞洁，那是妓女呀。”

同样，张爱玲对于爱情的理解也是很单纯的，她只不过想要一人白头，择一城终老。胡兰成给她的也很简单，这种简单是一个大男人对一个小女人的哄骗，用他自己的话说是：

“我与爱玲只是这样，亦已人世有似山不厌高，海不厌深，高山大海几乎不可以是儿女私情。我们两人都是曾想到要结婚。但英娣竟与我离异，我们才也结婚。是年我三十八岁，她二十三岁。我为顾到日后时局变动不致连累她，没有举行仪式，只写婚书为定。文曰：胡兰成张爱玲签订终身，结为夫妻，愿使岁月静好，现世安稳。上两句是爱玲撰，后两句我撰，旁写炎樱为媒证。”

岁月静好，现世安稳，是多么的可望不可求。胡兰成是张爱玲的唯一，她说：“你这个人嘎，恨不得把你包包起，像个香袋儿，密密的针线缝缝好，放在衣箱里藏藏好。”

而张爱玲只不过是胡兰成的“意外之喜”。他说：“但她想不到会遇到我。我已有妻室，她并不在意。再或我有许多女友，乃至挟妓游玩，她也不会吃醋。”还说：“我与爱玲亦只是男女相悦，

《子夜歌》里称‘欢’，实在比称爱人好。”

风起云涌之际，任何人都难逃被时代洪流的裹挟。眼看时局要变，胡兰成也不得不向张爱玲袒露窘境。谁知张爱玲竟说：“希望这场战争就这么一直打下去，不要结束。这样，我们夫妻就可以一直这样幸福过日子了。”

是呵，只要你我现世安稳岁月静好，哪管他洪水滔天。有时候爱是那样的可怕，可怕的让人发指。幸好现实不是她笔下的故事，任由她的安排，不然简直国无宁日，民不聊生。

临别时，胡兰成对张爱玲说道：“我必定逃得过，唯头两年里要改姓换名，将来与你虽隔了银河必定我得见。”张爱玲说：“那时你变姓名，可叫张牵或者叫张招，天涯海角有我在牵你招你。”

当初聪明且很有性格的应英娣看透了胡兰成，因而选择了与他分手，而张爱玲这个笨女子，却还沉浸在胡兰成给她的甜言蜜语里。

花明月暗笼轻雾

花明月暗笼轻雾，

今宵好向郎边去。

刬袜步香阶，手提金缕鞋。

画堂南畔见，一向偎人颤。

奴为出来难，教郎恣意怜。

这是当年南唐后主李煜以小周后的口吻给小周后写的一首艳词，读来颇有趣味。朦胧的月色下花儿是那么娇艳，在销魂的夜晚人家去要与你幽会。穿着袜子迈上香阶，手里还轻轻地提着那双金缕鞋。在画堂南人家终于看到了你！依偎在你的怀里，心有小鹿。郎可知臣妾见你一次是多么不易，你要好好的爱人家哟。

胡兰成也有他的小周，那是他在武汉认识的。那时日本的战局果如胡兰成那篇惹事的文章所预料的一样，开始惨淡，汪精卫的“政府”也着急着要折腾出一个新局面来。不过胡兰成已经漠不关心了，他决定辞别张爱玲飞往武汉。

在武汉胡兰成接手了《大楚报》，并准备建立一所军事学校。他的本职工作并没有卓有成效，反倒是捕获了一个新鲜的“猎物”。那个猎物就是护士周训德，胡兰成称她为小周。

周训德年仅 17 岁，胡兰成已经年近不惑之年，足足比她大了 22 岁。

胡兰成曾经在《今生今世》里说过，胡村人是什么都要长成了才拿来派用场，蚕豆必须荚里的豆粒七分饱满才摘来吃，黄瓜南瓜茄子才结下来也不能摘下来尝鲜，像城里人吃雏鸡乳猪的更没有。因而他推论出，把未成年人当做政治工具，和暴殄天物是一样的。

那么胡大官人就没有想想，他一个中年男人，勾搭一个涉世未深的少女，是不是亦是暴殄天物呢？

胡兰成也许会说这又不是我主动的，而是“无心插柳柳成荫”的。当时胡兰成初来乍到，汉阳县长为胡兰成及陪同人员在县医院清出楼下两个大房间，供他们四个人居住。

作为打扰的歉意，他们请护士小姐们开了个茶会，地点就在胡兰成的房里。在玩游戏的过程中，胡兰成注意到了一名女子。不施脂粉，只着一件蓝布旗袍。相貌并不是让胡兰成多心动，只是觉得见了她浮花浪蕊都消失殆尽。

但是玩游戏的时候，胡兰成并没有主动去搭讪，而是照顾到那些被冷落的人。这一点我觉得是可以为胡兰成点赞的，能够照顾到每一个人的感受。不像有些人，眼里一旦有了某个人，就只顾去献殷勤，全然不顾他人的感受。

有时候，天意就是那么的怪，无意往往能给你意想不到的惊喜。周训德偏偏与他好了起来，事后胡兰成曾问她说你怎么和我好起来了。小周的回答也很简单，因为与你朝夕相见。

胡兰成每天去报馆之前，都要先去看看小周。回来之后，第一件事也是要找小周。涉世未深的少女怎么见过这架势，即使父母也没曾这样时时念着自己，小周动心了。

饭前饭后，两人常去长江沙滩散步，累了就坐在那儿谈天说地。胡兰成看着小周是那样的漂亮，“若生天上，生于诸佛之所；若生人世，生于妙乐之处。”

起先，胡兰成让她做他的学生。不久，他又让她做他的女儿，后来又说要她做他的妹妹，但到底觉得诸般都不宜。《诗经》说“子兮子兮，如此良人何”！胡兰成只好恬不知耻的拿她做老婆。

使君自有妇，罗敷自有夫。胡兰成早已把他的爱玲抛到九霄云外了，由此可见男人的忠贞自古就不如女子来的强烈。

胡兰成曾要小周嫁给他，小周当即说不。胡兰成问她为什么，小周说她娘是妾，她做女儿的不能又是妾。胡兰成听了就无话可说。可是，小周毕竟年轻，她经不起他的诱惑，更受不了胡兰成体贴入微的“糖衣炮弹”。

男人不坏女人不爱，似乎是一个颠扑不破的真理。对于小周，胡兰成是坦然的，而且坦然的几尽无耻。他曾经对她说起过张爱玲，可是小周并不以此为意。

小周给了胡兰成一张照片，应胡兰成的要求在相片的后面提了一首隋朝时期的乐府诗，诗曰：

春江水沉沉，上有双竹林。

竹叶坏水色，郎亦坏人心。

周训德是悲剧的，她爱上了一个本不值得她去爱的人，可是她又是爱得那样死去活来，无法自拔。和她一样糊涂的，还有她那个做妾的娘。期间，小周回家了一趟，说了自己与胡兰成的事。她的母亲非但没有责问她为何和一个比自己大 22 岁的男人厮混上了，反倒让自己的闺女要报恩，好像自己的女儿嫁不出去，如今有人肯要便是恩赐一般。

胡兰成对此亦是沾沾自喜，想想自己既没有帮小周做过什么事，也没有给过她什么富贵，就连送一块手帕，也是踌躇了好几天才下决心的。如今小周母女两个如此感念他，又怎能不使他沾沾自喜。得意之余他不断的说这就是中国女子独有的“春花映何限，感郎独采我”的感激。

胡兰成曾回上海看过一次张爱玲，也提及到了他在武汉的小周。张爱玲与小周一样的不在乎，让胡兰成着实又惊又喜。“一夫一妇原是人伦之正，但亦每有好花开出墙外，我不曾想到要避嫌，爱玲这样小气，亦糊涂得不知道妒忌。”

胡兰成曾和张爱玲、苏青三人一同去苏州云岩寺，看到客堂前挂着一幅字，上面写道：“极乐世界，无有女人，女人到此，化童男身。”苏青见了很生气，张爱玲没有丝毫的反感。由此可见，张爱玲其实是个逆来顺受，不太有怨言的人，这也就不难理解张爱玲面对胡兰成的背叛何以那么大度了。

其实两个人之间有时候并不是真的大度，而是爱得太过于认真，不忍心去责备，或者说不敢去责备，只因害怕失去。偏偏有些人，却把对方的容忍当成自己继续不要脸的资本。而这一切皆因爱起，没有了爱也就没有了伤害，可是谁又能孑然一身?

当初胡兰成说要小周嫁给他，想必亦是逢场作戏罢了。假如小周真要同意了，他也就自讨没趣了。

但是周训德和张爱玲一样，是从心底爱胡兰成的。胡兰成从上海回到武汉后，一次他和小周两人正在房里，忽然日本人的飞机掠了过来，用机关枪扫射。飞机的翅膀险些把屋顶带翻，就在此千钧一发之际，周训德一把把胡兰成拖进灶间柴火堆处，用自己的身体去庇护他。一个大老爷们，在生死存亡之际，竟然靠一个弱女子保护，不禁令人汗颜。

所幸两人相安无事，或许这件事真的触动了胡兰成。当日本投降之后，他们不得不分别之时，胡兰成把自己的身外之物全都给了周训德。黯然销魂者，别而已。小周哭得是梨花带雨，胡兰成也只能强颜欢笑。我相信胡兰成此时的心底亦是悲痛的。

落花流水岂能真是两相无情耶?我看未必。命运让他们突然间相遇裹挟在一起，流过险滩，越过石潭，有过风和日丽，听过狂风暴雨，无所谓谁是谁非，相逢即是缘。

后来胡兰成逃到香港曾打听到小周的地址，给她写了一封信。方知她被捕后两月获释，之后便嫁给了《大楚报》一个年轻的编辑，之后随他回到四川，才发现那人原本也是有妻子的。小周此时已怀有身孕，但受不了窝囊气，三番几次想出走，只是没下定决心。收到胡兰成的信后，她决意出走了，就给胡兰成回了一封信。但胡兰成再寄信与路费给她的时候均被退了回来。从此，胡兰成就再也没过问过她的下落。

可以说胡兰成毁了小周一生的幸福。

不过，我却总是在想，小周以后又会怎样，她还会嫁人吗，又会嫁与何人。丈夫会不会追问她的过去，她会不会说，如若不说，她又把此事向谁倾诉，还是埋藏在心底，化为泥土？这一切的一切我们都不得而知，唯有默默祝福她能够春有百花秋有月，夏有凉风冬听雪。

何事秋风悲画扇

过了一山又一山，只见樵夫把柴担。

你为何人把柴担，你为那个送下山。

——嵊县戏《梁山伯与祝英台》

当胡兰成听到广播里日本天皇的投降诏书时，他就心知肚明，自己快活的时日不多了，用他自己的话说就是“时局急转直下”。由此可见，他并不是与普通百姓站在同一立场上，日本战局节节败退，怎么能叫时局急转直下呢？应该是扶摇直上才对啊！

当诸多汉奸都急于和日本撇清关系时，胡兰成却在日本人的庇护下，不得不如张爱玲说的那样，隐姓埋名，四处逃窜了。举目四望，何处才是他的栖身之所，老家是回不去了，只有隐匿乡间。

胡兰成来到了他中学同学斯颂德的家里，之前他曾在此客居过一年，后来因调戏斯颂德的妹妹，被远在光华大学的斯颂德来信撵了出去。过了半年后，胡兰成再到杭州，仍是寄居在斯家。斯家人依旧待他如常。胡兰成为此还洋洋自得道："原来人世间的邪正可以如花叶相忘。"他总是把别人的容忍当成他继续不要脸的资本。

如今走投无路之时，他又把目光投到了斯家。人世总是这样，帮助过你的人还会再帮助你，甚至比你帮助过的人更愿意帮你，斯家也不例外。斯家伯母为他亲自收拾客房住下，对外只说是张先生。

有所不同的是，当年斯家是住在杭州城里，胡兰成也是在那儿客居。抗战爆发后，斯家伯母就和亡夫的一个姨太太，以及自己的四儿子、儿媳妇搬回了诸暨乡下。胡兰成的同学斯颂德本人因为一次嫖娼染上淋病最终不幸去世。当年被胡兰成调戏的妹妹一个已经出嫁，一个则在外地读书。

这次胡兰成投奔斯家和以往也有不同，他是有底气的。胡兰成从武汉流窜至此地时，在桥头祠堂的墙壁上看见四个赭红的擘窠大字——肃清汉奸。一般人想必是吓得心惊肉跳，如果不是有备而来，就算借胡兰成十个胆儿，他也不敢贸然行动。

当初胡兰成在汪伪政权工作风头正盛时，曾经给过斯家小恩小惠。除了经济上的支持以外，胡兰成还曾帮斯家儿女介绍工作。他的老同学斯颂德在上海时，胡兰成也曾施以援手，帮其治疗，直至后来不治身亡。就以斯家人的品性来看，就算胡兰成没给过他们小恩小惠，他们也会鼎力帮助他渡过难关，更何况曾帮助过彼此呢。

在斯家住的日子里，多情种子又在胡兰成心里生根发芽了。逃难过程中他都能打起女人的主意，让你不佩服都不行。胡兰成注意到的人不是斯家伯母，因为太老。也不是斯家的儿媳妇，因为胡兰成不敢。当然更不可能是斯家的四儿子。

胡兰成看上的正是斯家的那个姨太太，家里人都称她为范先生，后来胡兰成问得她的名字，叫做范秀美。她只比胡兰成大一岁，生的是相貌堂堂，明眸皓齿使人惊艳。时年已经四十，却看得连三十都不到，真真个让胡兰成着迷。

梁园虽好非久恋之乡，斯家一带也不是胡兰成的太平世界。如果说从他刚进村时所见的“肃清汉奸”四个大字只是小打小闹，那么现在对于胡兰成来说是风声越来越紧，再待下去只恐对他不利。

报纸上连日刊登昔日汪伪政权汉奸相继被捕的消息，更让胡兰成大为吃惊的是，周训德因与他有染，在武汉也被捕了。甫一看到这消息时，他还装模作样地说自己要去投身代她，但是思前想后又觉得这并不是什么浪漫之事，况且小周不久就可以获释的，因而他就没必要去冒这个险。

说白了就是自己没有担当，只是贪生怕死之人耳，他怎么不想想当年小周在生死之际为他掩护。或许胡兰成这样的人是压根不会念着别人的，他总觉得别人为他所做的一切事都是理所应当的，而自己为爱自己的女人做事，总是得不偿失且不必担风险的。

别说去武汉替代小周了，斯家他都一刻不敢再待了。于是斯家便安排他由斯家的四儿子以及斯家的姨太太范先生作陪同，转移阵地，投靠斯家的亲戚。

逃亡路上由于斯家四儿子在场，胡兰成还不敢怎么与范秀美搭讪，唯有和斯家四儿子离得比较远时，胡兰成才敢斗胆来找范秀美搭话。后来由于他们投奔的第一家在胡兰成看来不够靠谱，回到诸暨又不太可能，于是胡兰成决定去温州。

斯家四儿子的岳父岳母家即在温州，范秀美的娘家也在温州，剩下的问题是范秀美愿不愿意奉陪到底，顺便回家看看二十多年没见的母亲，而斯家四儿子则是要返回诸暨的。商议过后，范秀美的答案是愿意。

这虽在胡兰成的意料之中，却也着实令他喜出望外，再也没有人能够影响他的“宏伟蓝图”了。江南好风景，山清水秀，茅屋小桥，孤男寡女自然有说不完的话，送不完的路，好比那梁山伯与祝英台，送了一程又一程。胡兰成凭借他那三寸不烂之舌，以及文人的人格魅力，最终抱得佳人归。

对此胡兰成又发扬了他那自我感觉良好的“优良作风”，按照他的说法，自己仅仅是出于亡命途中对范秀美一路相伴不离不弃的感激，自己无以回报，唯有以身相许。照这意思来看，是他胡兰成吃亏了。

范秀美虽比不上张爱玲和周训德，但毕竟千羊在望不如一兔在手。再者，胡兰成对范秀美也是一种利用，只有这样，范秀美才能死心塌地地为他寻找栖身之所，全心全意去庇护他。

由此看出胡兰成还真是个吃软饭的主儿，借张爱玲留名，千钧一发之际被小周庇护，如今逃难也有女人为他鞍前马后的付出。

胡兰成也曾把他和张爱玲、周训德的事告诉范秀美，“但她不妒忌爱玲与小周，这原是她对人事的现实明达知礼，而亦是她的糊涂可笑。她明知我有爱玲与小周，当时她却竟不考虑，因为她与我只是这样的，不可以是易卜生戏剧里的社会问题，其至亦不可以是禅回答。她这样做，不是委屈迁就，而是横绝一世。”胡兰成如是说道。

说白了，张爱玲、周训德都是这样糊涂的女人，但是胡兰成偏偏对这样的女人情有独钟。也正因如此，他才可以继续无耻下去。

“那时你变姓名，可叫张牵或者叫张招，天涯海角有我在牵你招你。”这是张爱玲对胡兰成说过的话。她是一个认真的女子，得知胡兰成在温州时，便沿着他曾经走过的路，千里迢迢地赶了过来。

胡兰成知道后如坐针毡，只有惊没有喜。张爱玲满心欢喜地到了之后，胡兰成几近发狂的怒吼：“你来做什么？还不赶快回去！”他让张爱玲住到了一家宾馆，只有白天去陪她，因为晚上怕警察查夜。

张爱玲诘问胡兰成：“你与我结婚时，婚帖上写现世安稳，你不给我安稳？”胡兰成支支吾吾地回答道：“世景荒荒，其实我与小周有没有再见之日都不可知，你不问也罢了。”张爱玲又道：“不，我相信你有这样的本领。”她叹了一气：“你是到底不肯。我想过，我倘使不得不离开你，亦不致寻短见，亦不能再爱别人，我将只是萎谢了。”

张爱玲与范秀美也见了面，是在胡兰成的安排之下。按说该是尴尬的场景，但也并未发生尴尬，原因无他，那是张爱玲已经对胡兰成绝望了，哀莫大于心死。

在温州待了二十天后，张爱玲带着伤感和失望离开了。张爱玲在以后写给胡兰成的信中说：“那天船将开时，你回岸上去了，我一人雨中撑伞在船舷边，对着滔滔黄浪，伫立涕泣久之。”

张爱玲只不过是胡兰成弱水三千里的一瓢罢了，而胡兰成则是张爱玲的整个海洋。不对等的爱，注定是伤害。

回到上海后，张爱玲虽曾与胡兰成见过一面，但终究无法扭转乾坤了。她还给胡兰成寄了三十万分手费和一封诀别信，信上说是经过一年半的深思熟虑后才下的决定，并让胡兰成别再来找她，也不要给她写信。即使来了也不会见，写信也不会看。这次张爱玲是真的绝望透顶了。

情不知所起，一往而深，恨不知所踪，一笑而泯。浪漫如果变成了牵绊，我愿为你选择回到孤单，这就是张爱玲。

有人说，张爱玲之所以如此这般决绝，是因为她在上海和一个叫桑弧的导演好上了，这绝对是无稽之谈。两人只不过是欣赏彼此的才华而已。如果说真有什么，那么桑弧这个谦谦君子也是发乎情而止于礼。

如果拿胡兰成和桑弧对比的话，倒真是应了北岛“卑鄙是卑鄙者的通行证，高尚是高尚者的墓志铭”这句诗。

胡兰成的庶母曾经对他说过，花有花神，读书小官人不可以采花，采花罪过。胡兰成听了只觉得今生的华丽果然是要远离伤害。而张爱玲则说，生命是一袭华美的袍，爬满了蚤子。华丽也好，华美也罢，终究没有逃得了伤害，这正是悲剧所在。

张爱玲离开了胡兰成，范秀美在胡兰成的身边也不长久，后来胡兰成去了日本，从此也就缘尽义绝。

胡兰成流亡到日本之后，寄居在一个日本人的家里，女主人是个美艳的少妇，名叫一枝。她的丈夫白天去上班，孩子去上学，只剩下她和她的后母还有胡兰成三人。

一枝虽然结婚已经十年，看起来仍像一个少不经事的女生。皮肤白皙，走起路来像是小女孩，走在路上陌生人还当她是待字闺中的姑娘。胡兰成把她比作是“松树荫下的兰蕙，幽幽的吐着香气”。

一枝的丈夫是倒插门，而且他们夫妻之间的关系不好，所以一枝在情感上就难免有些空虚。而胡兰成独自一人流落东瀛，以往的情人没一个带到身边。看着万家灯火，而他只能顾影自怜，不得不使他动起歪脑筋，尽管那时他已经年近知天命，但对于习惯于温柔乡里的他来说，女人早已成了他生命中不可或缺的东西。

看着女房东销魂的倩影，胡兰成无耻而又坦诚地说道："我是陋巷陋室亦可以安住下来，常看见女人，亦不论怎样平凡的，我都可以设想她是我的妻。所以我心里当一枝已是我的妻倒是真的。"

对女人的渴望，已经使他忘记了自己为人夫，一枝为人妇。

日本人民宿对客人无微不至的招待给胡兰成提供了绝好的机会，一日三餐都是由一枝亲自来伺候。早上过来打扫卫生，晚上过来铺床叠被，还给洗衣裳。日间如若有空，还给端茶送水。

每次一枝到胡兰成房里，胡兰成总要留她坐一会儿说话。你想想胡兰成何许人也，花花肠子里尽是哄女人的鬼话，一枝很快就对这个儒雅且又风流倜傥的中华男子暗生了好感。

没过多久，胡兰成就邀请一枝和其后母晚上去看电影。说白了邀请一枝的后母只不过是掩人耳目罢了，胡兰成的心全都在一枝的身上。

胡兰成和一枝的座位是挨着的，时值酷暑，一枝穿的是短袖衣，胡兰成就故意把手指搭在一枝的玉臂上。胡兰成还沾沾自喜地说："自己也分明晓得坏。"分明晓得坏却仍然要坏着去做，不是流氓是什么。

男人不坏女人不爱这句话仿佛是没有国界的普世法则，一枝那晚回去临睡前，竟然爱抚着胡兰成碰过的胳膊，嫣然一笑。

有一次，胡兰成在房里写文章，一枝悄悄地溜了进来蹲在他背后叫他去吃饭。胡兰成转过身去就把一枝揽入了怀中，一枝含情脉脉的看着胡兰成娇嗲着说："我的好人，你是世界上最最好的。你若叫我去死，我就死。真的，你说一声，我此刻就死。"

胡兰成能把一个异国人妻哄到这份上，也不得不让人对其刮目相看。但胡兰成叫一枝离婚与他结婚，一枝始终没有答应。一则胡兰成诚意不够，二来一枝也不可能离婚了，上有后母，下有孩子。

他们俩在一起三年的时光里，有过欢笑，有过泪水，虽非夫妻，胜似夫妻。春光虽好，鸳鸯也得作别离，自古天下就没有不散的宴席。最终胡兰成搬了出去，想必是一枝始终不肯离婚随他，寄人篱下偷来的欢愉长了也会腻歪。

情有迁异，缘有尽时。自此经年，两人再无联系。李太白诗云"永结无情契"，胡兰成就是这么一个薄情寡义之人。

但是胡兰成并没有离开日本，他也没甘于寂寞。中国古代有四大喜事，其曰："久旱逢甘雨，他乡遇故知。洞房花烛夜，金榜题名时。"胡兰成这次遇到的正是故知，而且两人喜结良缘，独占"两喜"。

佘爱珍，上海黑帮头子吴四宝的遗孀。胡兰成在汪伪政府工作时曾与他们打过交道。后来吴四宝被人杀害，佘爱珍就做了寡妇。抗战胜利后，被划归为汉奸行列。和胡兰成的命运一样，只好亡命天涯，先是到香港，后来到日本。同是天涯沦落人，相逢还是旧相识。两人谁也不嫌弃谁，搭起伙来过起了日子。

胡兰成说这是缘，佘爱珍说这是冤。无论缘也好，冤也罢，自古不是冤家不聚头。胡兰成一生有那么多女人，死心塌地地爱他，为他流泪，为他牺牲，帮他渡过危急关头，到头来真正白头到老的却是原本八竿子打不着的人。

世上哪有什么缘分，只不过都是刚好遇到而已。

胡兰成曾写道："我于女人，与其说是爱，毋宁说是知……情有迁异，缘有尽时，而相知则可如新，虽仳离诀绝了的两人亦彼此敬重，爱惜之心不改。人世的事，其实百年亦何短，寸阴亦何长。《桃花扇》里的男女一旦醒悟了，可以永绝情缘，两人单是个好。这佛门的觉，在中国民间即是知，这知竟可以解脱人世沧桑与生死离别。"

我只能送他四个字：恬不知耻！

郁达夫：情尽空余恨，恨尽是相思

我常想，过于自负或自信的人，背后往往隐藏的是某方面的自卑。正是因为有些许自卑存在，才需要用放浪于形骸之外的幻象去迷惑众人的双眸。曾经豪情写下“曾因醉酒鞭名马，生怕情多累美人”的一代民国大诗人、大文豪郁达夫，正是如此。

同时代的文人郭沫若曾经说过：“鲁迅的韧，闻一多的刚，郁达夫的卑已自牧，是‘文坛的三绝’”。他在《论郁达夫》、《再谈郁达夫》中都一再谈到郁达夫的自卑问题，说他“往往过分自贱自卑”，“自谦的心理发展到自我作践的地步”，甚至把郁达夫与王映霞的最终离异也说成是“他的自卑心理在作祟吧”？

很多人会认为自卑者必定是生活中的失败者，但郁达夫却并非如此，反而是潇洒倜傥之人。

挥毫泼墨，安排笔下人物的颠沛流离、喜怒哀乐。激扬文字，挥洒胸中满腔的奔腾热血、青云之志。除了豪情与才情之外，郁达夫的风流韵事也为人们津津乐道。郁达夫一生中为大众所熟知的妻子或情人一共有四位，分别是孙荃、王映霞、何丽友以及李筱英。

古来圣贤皆寂寞，郁达夫还在风月场所结识许多烟花女子。然而有可能令诸君想不到的是，一代风流倜傥的诗人把他宝贵的人生“第一次”，竟然也奉献给了一个无名的日本妓女，这究竟为何？

当时只道是寻常

郁达夫，名文，字达夫。光绪二十二年，即 1896 年出生在浙江富阳县——元朝黄公望的《富春山居图》描绘的就是他们那个地方。郁达夫在 1900 年，即四岁的时候就“被孤儿”了，父亲追随祖父的脚步，在 38 岁时就撒手人寰（他爷爷也是英年早逝）。

家道的没落，使得郁达夫有一种与生俱来的自卑感。他把自己的出生说成是“一出结构并不很好而尚未完的悲剧”，是“大约母体总也亏损到了不堪再育了”的最后一个孩子。

由于食不果腹，郁达夫的母亲奶水不是很足，养出来的小孩自然是营养不良。不久，年幼的郁达夫患上了肠胃病，就这样病了一年，由衰弱而发热，由发热而痉挛，全家上下都被他折腾的鸡犬不宁。郁达夫的父亲还没能看到他步入学堂，就撒手人寰。

父亲在家庭中的缺位，导致郁达夫更加的依赖女性，也愈发的不自信。看看郁达夫的父亲留下的亲人吧，寡母戴氏，30 岁丧夫，62 岁丧子；遗孀陆氏，中年丧夫，也只有 34 岁；孤哀子郁曼陀，少年丧父，16 岁；孤哀子郁养吾，少年丧父，9 岁；孤哀女郁凤珍，幼年丧父，6 岁；孤哀子郁达夫，幼年丧父，4 岁。

就这样，4 岁的郁达夫和母亲以及两个哥哥一个姐姐（所谓姐姐，名叫翠花，是他父亲的养女，准确来说应是他们家的婢女，郁达夫的亲姐姐已经做了别人的童养媳）相依为命。而他的两个哥哥常年不在家，实际上就是郁达夫和家里的女性在一块儿生活。这样一来，对郁达夫的性格产生的影响是使他对女性有一种天然的依赖感。

这样的家庭，受邻居亲戚们的一点欺凌，是免不了的，弱者总是把拳头伸向更弱者。每每心中有无限的委屈时，郁达夫的母亲只能在父亲像前痛哭一场。看见母亲流泪，年少的郁达夫也是跟着哭。而将郁达夫抱入怀里，时用柔和的话来慰抚他的，是同样泪流满面的翠花。

正是此种原因，再加上经济基础决定上层建筑，腰包的鼓瘪影响着腰板是否挺拔，郁达夫的心里有着一股自卑的情绪。

上学的时候，时常因“身体年龄，都属最小的一点”而生“形秽之感”，因自己是个乡下少年，突然闯入省府的中心上学感到“周围万事看起来都觉得新异怕人”，“所以在宿舍里，在课堂上”，“只是诚惶诚恐，战战兢兢，同蜗牛似地蜷伏着，连头都不敢伸一伸出壳来”。

然而，郁达夫的成绩是很好的，在初入高等小学堂一年级年底考试的时候，超出了八十分以上。尽管他那班学堂里的同学，有几位是进过学的秀才，年龄都在三十岁左右。

不幸的童年也使得郁达夫知道上进，奋发图强，无论是小学、中学，还是后来到了日本留学，他的成绩一直都是名列前茅，令人生羡。真可谓是“自古英雄多磨难，从来纨绔少伟男”。

由于成绩的优秀，郁达夫受到了堂长和知县的提拔，令他和四位其他的同学跳过了一班，升入了高两年的级里，在当地引起了轰动。外人终究是看些热闹罢了，谁又知道人家的艰辛呢？郁达夫的母亲好不容易给他凑齐了学费，然而令其没有想到的是，自己的儿子竟然问自己要起了皮鞋。

年龄不大，却执意要穿皮鞋，并非郁达夫不知稼穑之苦，而是试图以当当的皮鞋凿地声掩饰自己的怯懦。可是郁达夫的母亲哪里还有闲钱去给他买皮鞋呢，无奈之下，只好硬着头皮，带着郁达夫上大街上的洋广货店里去赊。

无数次的进进出出，终究还是失望。店员看她们娘俩进去的时候，都是非常客气，一口一个夫人少爷的叫着，有的还非常和善地摸摸郁达夫的脑袋，并且不厌其烦的拿出皮鞋让他试。母子两人心神不宁的试完皮鞋后非常抱歉地说无力现付只能赊账时，店员的脸色一下子从满脸笑褶，拉紧成了怒色。到了最后那一家惨遭拒绝赊欠的一瞬间，郁达夫的母亲非但涨红了脸，眼睛也有点红起来了。

万千的无奈又将与谁诉说，万般的苦恨又将抛洒至何处？怨天怨地，也没人肯赊给他们一双皮鞋啊！泪水在眼眶里打转，却强忍着不能砸下来，因为怕吓着自己的儿子。娘俩只好失落、失望的转身离开。

自此之后，年少的郁达夫终于知道了母亲的艰难，也不再讲究吃穿。然而，这也导致了他的自卑心理。郁达夫把这种自卑也延续到了与异性的交往上，尽管他的生活基本上都是与家里的女性相依为命。

当时郁达夫所在班级中，就属他年龄最小。每当自习课上无先生在时，阳气过重的教室里就沸反盈天了。班级的男生低声嘀咕着青春期男性亘古不变的话题，发育迟缓的郁达夫对此怎么也提不起兴趣来。

因自小就习惯孤独、困于家境，怕羞的心，畏缩的性，更使郁达夫的胆量变得异常的小。郁达夫有一个比他大一岁的同学，家里有几个姊妹，出落得十分漂亮，因而变成了班里的红人。

每到礼拜天或假日，同学们就到他的家里去玩儿，当然醉翁之意不在酒而在乎一览美娇娘了。那个同学也曾邀请郁达夫上他家去玩，但是自卑的郁达夫，自惭形秽，怯懦的力量堵住了欲望的堤。曾经几次，郁达夫下了决心要跟他去，但是到了门口，却又同罪犯似的逃了。

但是俗话说的好啊："Whoever is a girl does not want to be loved, and whoever is a boy does not want to be royal to his love."

郁达夫再怎么自卑，人家心底毕竟还是有喜欢的人的。当时和他大小差不多的意中人儿，大概有三个，但都是家庭条件比较好，属于典型的白富美。其中富甲一邑的商人赵某的侄女和郁达夫家住得最近。

然而，当别的同学都在绞尽脑汁地想着怎么接近她们时，近水楼台的郁达夫还在做着内心的挣扎，以为整日和女孩子们混在一道，是读书人的大耻，是没出息的行为。

因此，每当郁达夫在外的时候总无时无刻不在留心，害怕与她邂逅，却又渴望见着她。遇到的时候，也只是故作视而不见，希望她能够冲着自己微微一笑，直到走远了才万般后悔的用眼光去追赶，看着伊人的背影，怅然若失。

郁达夫自以为如此这般就没人知道他的小心思，可是凡事都是包不住火的。一个礼拜六的下午放学后，郁达夫的一个同学轻轻地拉着他的手说："今天下午赵家的那个小丫头，要去另一个女生家里，我也要去，你愿不愿意和我同去。"

郁达夫顿时就涨红了脸，仿佛自己裸奔于闹市之中，嗫嚅着说不出一句话来，拼了命地摇头，表示不愿意去。然而那个同学并不理会这些，他心里十分清楚郁达夫内心深处还是想去的，只不过始终无法跨越自己心中的那道藩篱而已。于是便拖着郁达夫去了，君子要成人之美嘛。

到了门口，郁达夫还故作不情愿地做着最后的挣扎，那哥们只好大喊一声，把屋里的三个女生都喊了出来。郁达夫满脸如同撒满了辣椒面一样，又红又辣。那位哥们话语中夹杂着滑稽的腔调将如何把郁达夫拖来的情节说了一遍之后，女孩们哄然大笑。

郁达夫倍感赧然，恨不得立即跑将出去。然而，嘴上说不要，身体却很诚实，双腿怎么也迈不出去。之后几人打起了骨牌，吃了顿饭，郁达夫总算是跨过了和女生交往的那道坎，但终究还是保持着适当的距离。

清宣统三年（1911 年），15 岁的郁达夫要从富阳县高等小学堂毕业了，那时和现在不同，毕业都在岁末年初。农历正月十三，郁达夫领了毕业文凭，晚上又参加了欢送毕业生晚会，趁着传统佳节，师徒几人喝得都醉醺醺的。作为优秀毕业生，郁达夫又得到了一份奖品——一本《吴梅村诗集》。

然而郁达夫却怎么也高兴不起来，由于富阳县没有中学，要上中学都必须去外地。这样的话，他就必须要离开她了——赵家的少女。"我得去看看她，和她作个诀别才是呀。"郁达夫悄悄地离开了酒宴，要去看看他心爱的人儿。

就这样，郁达夫踏着月光，伴着玉盘，哼着小曲儿，吹着小风，迈着小步，带着有点儿小激动的心情，来到了自己心爱的小情人家门前。

轻轻地推门进去，他看见自己心爱的人正在油灯下练习写字，她们家的女仆陪她母亲上街去买蜡烛水果等过元宵节的物品去了。

诗人就惊喜地从背后给她一个拥抱，之后两个人又耳鬓厮磨、软侬细语了一番。但见好花皆易落，鸳鸯仍需作离别。郁达夫说明了来意，两人难免伤感万分，伤感之余，自然少不了卿卿我我。但毕竟是小孩子，再怎么亲热，也只是拉拉手而已。

“你喝了酒。”娇柔的涓涓细语打破了月光下的静谧。

“是的，在学堂喝的。”悲伤的腔调回应了一下。

“明天你就要上杭州去考中学去吗？”些许的沉默后，伊人也带些伤感地问道。

“嗳，是的，明朝坐快班船去。”

不知过了几多时，门外响起了她的母亲和女仆的脚步声，她于是就忙着立起点上了洋灯。她母亲见了郁达夫后，只是说了道贺的话，之后又聊了一些无关紧要的东西，郁达夫就匆匆告辞了。

离别说了再见，你是否心酸。转身寥寥笑脸，不甘的甘愿。柳树斑驳月光下，步履匆匆的郁达夫，是否有着《匆匆那年》里陈寻似的感伤：

月光下的树影斑驳了多久时间，
白裙子的女孩路过了多少次这街，
夕阳下我多少次回望着你的眼，

你有过多少遗憾总是苍茫了爱恋。
忘川河畔盛开了多少朵红莲，
轮回中我们擦肩了多少个百年，
前世的你吟唱了多少梦萦魂牵，
如今的我多少次梦回少年蹁跹。
一百年一千年之后匆匆过去多少年，
漫漫岁月中我们许过多少诺言，
多年之后我们是否还会无悔相伴，
只为你的一笑误我浮生的匆匆那年。

扶桑少女卡哇伊

1913年，这时已是民国二年了，十七岁的郁达夫跟随长兄郁曼陀及长嫂东渡日本求学。

在性方面，日本自古以来就比中国要开放得多，例如男女共浴，甚至父女也可以共浴。这不要说在古代中国社会，就是在当下的中国，恐怕能够接受的人也不多。

郁达夫就是在这样的一个社会，考取了东京第一高等学校预科官费生的资格。在离别了长兄后，郁达夫独自一人在纸醉金迷的东京安顿下来。在这样一个灯红酒绿的繁华都市，一个漂泊在外的游子，难免会倍感寂寞。

一次，诗人在东京市外的一家公园游玩，邂逅了两个可爱的扶桑少女。她们一边赏着樱花，一边唱着歌儿，可谓是人歌樱花交相映。爱美之心人皆有之，诗人更是如此，他被这两个异国女子吸引了。

此时的郁达夫已经谙熟日本的言语习俗，就主动上前搭讪。由于诗人的才情，他们起初交谈甚欢。但当这两位少女知道诗人是中国人后，就露出鄙夷的目光。于是，这一场美丽的邂逅不欢而散。

诗人感觉到了东京这个大都市的冷漠和悲凉，就于1914年辗转离开东京这个伤心地，进入名古屋第八高等学校学习。

由于郁达夫生性孤僻，在名古屋他也没有交到几个朋友，即使是和中国的留学生交往，也都是泛泛之交的同学关系，没有一个真正的知音。

在此期间，一个叫做后藤隆子的日本女孩走进了郁达夫的世界，郁达夫称她为“隆儿”。两人在日常的交往中渐生情愫，然而身在异国的郁达夫纵使对异性有着极度的渴望，也没敢捅破这层窗户纸。只是为隆儿写了几首有所暗示的诗：

几经沦落至西京，千古文章未得名。
人世萧条春梦后，梅花五月又逢卿。
我意怜君君不识，满襟红泪奈卿何。
烟花本是无情物，莫倚箜篌夜半歌。
犹有三分癖未忘，二分轻薄一分狂。
只愁难解名花怨，替写新诗到海棠。

这段朦胧的爱恋，注定只能成为回忆。可是诗人终究是注重感情的，因此后来又写了一首《留别隆儿》——

平生窃羡蓝桥梦，略识扬州子夜春。
莫向杏坛提品第，本来小杜是诗人。

寒假的时候，同学们回家的回家，游玩的游玩。郁达夫独自一人待在冷清的旅社着实寂寞难耐。对性的极度渴望，扶桑少女的倩影又挥之不去，诗人决定冒一次险。他在一个风雪的日子里决定乘车从名古屋前往那个曾经的伤心之地，也是肉欲天堂的都市——东京。

然而他却在一个不知名的小站下了车，想必是怕碰到熟人吧。

日本的妓馆就像公共厕所一样到处都是，郁达夫顾不了那么多了，就朝其中一个走去。但到了门口，郁达夫又犹豫了，他极度渴望和一个异性有片刻的欢娱，却又害怕染上花柳病。就在他不知所措时，门外的老鸨和屋里的女人接连不断地引逗。

诗人想起那次在东京被日本女子鄙夷的场景，咬了咬牙进去了。此刻他的心中翻滚着深深的民族自卑感与旺盛的报复心态。不入地狱，哪见佛性。郁达夫做出这个决定想必也是做过巨大的内心斗争的。当时中国积贫积弱，在日本的中国留学生更没什么地位可言，处处受到歧视，他们充满了自卑。多方面的怨气怒气，使郁达夫渴望有一个发泄的途径，如今，机会来了。

郁达夫喝得酩酊大醉，之后就稀里糊涂地把童贞给了一个异国的风月女子。当他第二天在温柔乡里醒来时，懊悔不已。正如他在小说《沉沦》里写到的那样，对女性的胴体有着极度的渴望，之后却又是极大的悔恨。

情不知何起

民国时代的才子们，许多都面临着恋爱与婚姻的困境。老一辈们奉行门当户对、媒妁之言，而新一代接受的教育和社会的新风气又鼓励自由恋爱、个性觉醒。尤其对于留过洋的海归来说，接受了欧风美雨、东洋新风的沐浴，更是注重自由恋爱。对于这些人来说，老一辈的婚姻观念，如同住惯了洋房回去再让他们住土坯房一样不自在。

但是很多人却又不得不面临着家长掣肘，或是半推半就，或是全面妥协，前者譬如鲁迅先生和朱安女士，后者当属胡适和江冬秀。

鲁迅先生是半推半就，既不想让母亲伤心失望，又不想让朱安名誉受损（如果鲁迅先生真要和朱安女士离异的话，按照当地风俗，朱安不仅没有再嫁的可能，更会受人指指点点，没有生活来源），当然，他也想要自己的幸福。折中之下，只好维持表面的夫妻，最后还是勇敢的追求自己的幸福，和许广平女士结为连理，尽管如此，也负责照料朱安的生活。我说，鲁迅是有担当的真男人！

而胡适，则就是全面投降了，选择了与江冬秀共度一生白头偕老，也不失为美谈。

起初，郁达夫和胡适做出了同样的选择。他和孙荃即使按照老一辈的观点，也真的是门不当户不对。论见识，一个是海外归来的东洋学子，一个是小脚大辫的乡下姑娘；论家境，一个家道中落，一个娇生惯养。两人的婚姻是萍水姻缘还是矢志不渝，似乎早已有了答案。

然而，两人之间亦有某些契合的地方，要不然两人也不会走到一起。

孙荃原名孙兰坡，1897 年生于富阳县宵井镇一个颇有资产和地位的书香世家。父亲曾经寒窗苦读十数年，但时运不济，连个秀才也没捞到，遂抛开诗书，放弃功名，固守田园，重振家业。考场失意的他，竟然在商场混得风生水起。家境之富裕，资产之雄厚，地位之显赫，在方圆数十里之内都是数得着的。

与郁达夫相比，学识修养自然是落了下乘，但是与当地的同龄女子比起来，也算得上是典型的“白富美”。孙家有女初长成，养在深闺人仍识，爱慕者甚多，追求者颇广。但是能入孙小姐法眼者，寥寥无几。

一来二去，年近 20 岁的孙兰坡仍是孑然一身，而今看来年龄还不算太大，但是当时却已是到了剩女的年龄，父母早已急得直抓狂，孙兰坡却泰然若素。

或许冥冥之中自有注定。

当一位远房亲戚上门说起县城里已故中医郁士贤家的三公子郁文正在东洋留学，年逾 20 尚未婚配，可与孙小姐结为百年之好时，孙兰坡听了，芳心一动，就觉得万千人中这个少年便是他。

此时此刻，远在东洋的郁达夫，还处在性压抑阶段，渴望有一个女子能与他相亲相爱。忽而听闻家中已为他定下亲事，自然有几分的欣喜。但是郁达夫觉得“兰坡”二字有些土气，本来嘛，“坡”字本身就带“土”。博学多识的郁达夫心思一动就改为“孙荃”，并为此题了一首诗，诗曰：

赠君名号报君知，两字兰荃出楚辞。

别有伤心深意在，离人芳草最相思。

宋代词人秦观有诗道：“金风玉露一相逢，便胜却人间无数”，然而郁达夫和孙荃的相逢，却已经是一年后了。此间，两人好似神仙眷侣一般，常有诗歌相互唱和。而孙荃也丝毫没有千金小姐的架子，经常到郁达夫家帮忙。不说外人看起来，就是他们自家人也觉得真是天造地设的好姻缘了。

当郁达夫漂洋过海回到家乡两人初相见时，眼睛不大却目光如炬的郁达夫左看右看，忽然炙热的目光落在了孙荃的那双小脚上，两人的心同时悸动了一下。自己曾经撰文抨击封建礼教，厌恶女人缠脚，而她偏偏却是三寸金莲；自己家虽是富甲一方，也曾让未来的婆婆赞许有加，可是自己一双三寸金莲，可他又似乎不太喜欢小脚的女人。

为了这次相聚，两人连见面时的呼吸都曾反复练习，言语从来没能将彼此的情意表达出千万分之一，竟都落在尴尬里。

幸好，郁达夫待她还算不错，毕竟此时他还处于马斯洛需求层次理论的第一层。但美中不足的是，他偏偏不提婚姻之约，当然他也有基于其他方面的考虑，他想等自己有了独立的经济能力再娶妻，因此他曾给长兄写信道“母老矣，不能为弟养妻养子也”。

孙荃对此似乎不太在意，反而很支持他这种做法，觉得此举很有男子汉大丈夫的气概。准夫妻现在就开始夫唱妇随，甚好。可是双方家长并不同意啊，免得夜长梦多，就开始向他们逼婚。

经不住家长的软磨硬泡，两人终于在 1920 年完婚了。时年，郁达夫 24 岁，孙荃 23 岁。正是郎才女貌的年纪。对于孙荃来说，这是她一生唯一的一次婚姻，终其一生，她爱的人便只有他。最幸福的时候，就是和他在一起。

二人的婚礼极为至简，一顶小轿，一个小院，一对新人，匆匆了事。婚后两人携手共度了一段时间，郁达夫又远赴东洋完成学业，两年后，回家谋生。但是郁达夫是坐不住的，全国到处跑。照顾一家老小的重任自然就落到了孙荃一个人的身上。

而孙荃也心甘情愿地默默付出着，可以典当自己的衣服给郁达夫凑路费，可以做好饭菜自己一口不动等着郁达夫。上得厅堂，下得厨房，孙荃正是，因此她也是朋友圈里有名的贤妻良母。

一首名为《七年之痒》的歌这样唱道：

一个七年的魔咒
解不开也猜不透
拥着爱小心走
也不一定能都过
幸福像随风的泡沫
静静的起 悄悄地落
爱着了魔就说不清道不明
幸福像绽放的花朵
尽情的开 无奈的落
牵住了手 又何必分对和错

人的细胞七年会完成一次整体的新陈代谢，许多事情如同新陈代谢的细胞一样，到了七年，就会不以人的意志转移而出现一些问题。婚姻也不例外，此种现象，谓之“七年之痒”。

这个考验是双方感情中的转折点，一旦成功，感情便能朝向良性健康的方向发展；反之，则可能二人分道扬镳、分崩离析，最终导致感情解体、劳燕分飞。当然假若婚姻真的出现问题，不一定为七年，或长或短，可能只要一年、两年，甚至结婚不久就可能痒起来了。

郁达夫和孙荃，恰恰是“七年之痒”。两人的幸福甜蜜持续了六年，然而看似风平浪静下却暗流涌动。

那是 1927 年 1 月，此时的上海春寒料峭，笼罩在阴冷的氛围中。一个裹着妻子从北平寄过来的皮袍子的中年男子，冒着凛冽的寒风，前往法租界尚贤坊，拜访留日的老同学孙百刚。这个中年男子正是郁达夫。

一到孙家，郁达夫就注意到了孙家多了个面容姣好，气质优雅，身着旗袍，曲线优美的女子。妙龄女子一双水汪汪的大眼睛，无意中碰到郁达夫如火炬般的眼神，立即羞赧地低下了头，圆润的脸颊上像是打翻了红墨水且立即散开了。

孙百刚见到郁达夫的眼神不定，心下就知晓了几分。不待郁达夫开口，就向郁达夫介绍了起来。此举正中郁达夫下怀，他这才得知，原来这位年轻貌美的女子名叫王映霞，老家杭州，此番是和孙氏夫妇逃难到上海的。

郁达夫也有些不好意思，竟一时不知如何是好，半天才说了一句和贾宝玉初见黛玉一般的开场白："这妹妹我好像在哪里见过，好生眼熟。"

王映霞也斜了一下这个轻浮的男子，没有搭腔。孙太太见场面有些尴尬，打圆场说："兴许是在哪里见过吧。"

然而当王映霞从他们的谈话中得知这个中年男人是郁达夫时，一颗心怦然跳动了起来。她记起了自己曾经读过一本名为《沉沦》的小说，而作者不正是自己眼前的郁达夫嘛。

原来王映霞学名唤作金宝琴，生于杭州。幼年时过继给外祖父王二南做孙女，易名为王旭，号映霞。这王二南先生也大有来头，他本系南社社员，琴棋书画俱精，满腹经纶。王映霞自幼承欢在王二南先生膝下，春雨润物，受到良好的传统文化熏陶。

除了家风优良以外，王映霞毕业于杭州女师，在学校也是一时风头无两，曾参加选美被评上“杭州小姐”。抛去年龄不谈，郁达夫和她两人算得上是郎才女貌。

得此美人，夫复何求。饭点一到，郁达夫提议邀请大家一块去吃饭，饭后又一齐看电影、逛街，好似中了头彩似的，估计中了头彩也不至于那么激动。从此“我的心被王映霞搅乱了”、“想煞了映霞，不知她是否也在想我，此事当竭力进行，求得和她做一个永久的朋友。”

“竭力”二字，可以看出郁达夫是真的动了情，一定要把自己心仪的对象追到手，也就注定了此后“虽万万千人，吾往矣”。

平心而论，郁达夫作为一个有家室的31岁中年男人，去追求一个当时只有19岁的小姑娘，的确有些说不过去。就连孙百刚先生也看不下去了，甚至用了“亵狎罔念”四个字形容。

郁达夫痴情起来，让很多男子都自愧不如，这也是为何郁达夫能够抱得美人归的原因。翌日天刚亮，郁达夫便去邀请王映霞出去玩，逛街、吃饭、顺带喝点儿小酒，可以说两人过得十分愉快。

晚上，郁达夫又邀请众人去游乐场玩。他嫌人太多不能畅玩，又到酒家喝酒、吃菜，乘着酒兴，郁达夫低头吟诵起他给王映霞写的两首诗。毕竟嘛，文艺青年追女生还是要动用看家本领的。再说写诗在当时也的确是一件非常罗曼蒂克的事情，郁达夫轻声吟诵道:

（一）

朝来风色暗高楼，偕隐名山誓白头。

好事只愁天妒我，为君先买五湖舟。

（二）

笼鹅家世旧门庭，鸦凤追随愧秽形。

欲撰西泠才女传，苦无椽笔写兰亭。

其中第一首广为流传，经久不衰，因而他们后来被柳亚子赞誉为“富春江上的神仙侣”。

王映霞愿意跟着郁达夫去玩耍，说明她对郁达夫还是有意思的，最起码是不反感的。郁达夫首战告捷，往后即如法炮制，几乎天天去找王映霞。刚开始还找些理由，后来就干脆不找理由。

很快孙百刚就发现了苗头已经很是不对，一个是自己的朋友，一个是叫自己为老师的小女生，自己怎能袖手旁观，坐视不管，任由这段离经叛道的恋情发展下去？！

面对朋友的劝说，郁达夫则是淡淡回以“让事实来证明一切吧！这一次是我生命的冒险，同时也是我生命的升华”！

为了阻止他们在一起，孙百刚夫妇也是蛮拼的。有一天，王映霞去探访同学后回来，还未走到住处的后门，就看到孙太太站在后门口向她打招呼道：“你上楼之后，最好一直走进厨房里，将房门关上，暂时不要出来。若有人来敲门，也装作没听见，不可来开门，尤其是不要直接到自己的房间里去。”

虽然孙太太未向她讲及缘由，她心里也自忖多半是与郁达夫有关。因为最近一段时间，她听到了许多有关她和郁达夫的流言蜚语，心中着实委屈，却又无处诉说。终于有一天，可怜的小美女实在熬不住了，只把满腹的委屈，化作晶莹的泪水，白天不肯起来，躲在被子里嘤嘤痛哭。

正当大家苦劝无果的时候，郁达夫来了，见到伊人这般可怜的模样，简单了解情况后，走过来拉着王映霞的手让她别哭了。谁知王映霞竟然不理不睬，自顾自地哭着，梨花带雨。

诗人不愧是诗人，当见苦劝无果后，郁达夫就转而改变了策略，塞了一张纸条给王映霞，上面都是些哄小孩子的话。既然劝不了你，就来萌翻你。这招效果果然很显著，泪人儿立马就破涕为笑了。

王映霞自觉和郁达夫之间光明磊落，待郁达夫这脚刚走，她就把纸条上的内容读给大家听，读完之后自己又花枝乱颤地笑了起来。而孙氏夫妇则意识到问题的严重性。他们让王映霞先回杭州去。干柴已去，就让郁达夫这堆烈火自生自灭。

期间郁达夫也曾有过自责，他曾在日记里说："对于王女士的私情，说起来实在可笑。到了这样的年纪，还会同初恋期一样的心神恍惚。"但是"想王女士想得我要死"。"我在无意识的中间，也在思念北京的儿女，和目前问题尚未解决的两个女性。啊，人生的矛盾，真是厉害。""心里只在想法子，如何报答我的女人，我可爱又可怜的女奴隶。"

与狂热相比，这些愧疚显得是那么的渺小和微不足道。没有王映霞的日子里，郁达夫给她写了一封又一封的情书，换来的终究是无情的拒绝。郁达夫倍感失落，"也罢，把闲情付与东流水，想侬身后，总有人怜"。（郁达夫 1927 年 2 月 11 日《穷冬日记》）

但是郁达夫依旧是不甘心，随即又写一封情书说："伯刚（郁达夫称孙百刚为伯刚）那里，好几天不去了。因为去的时候，他们总以中国式的话来劝我。说我不应该这样，不应该那样，他们把中国的礼教、习惯、家庭名誉地位看重了。他们都说我现在不应该这样牺牲……不过我想我若没有这一点勇气，若不想彻底的偷偷摸摸，那我也不至于到这一个地步了。所以他们简直不能了解我现在的心状，并且不了解什么是人生。”

信的最后，郁达夫这样写道：

“我无论如何，只想见你一面，北京是不去了。什么地方也不想去，只想到杭州来一次。请你不要为我顾虑身边的危险。我现在是希望你有一封回信来，能够使我满意。”

世间留有多少爱，就有多少恨。要么是爱之后对同一个人的感情变成了恨，要么是爱一个人的时候对别人的恨。此时的郁达夫属于后者，他仍旧把好心相劝的朋友当做棒打鸳鸯的恶人一般看待。

他甚至在以后的信中说：“我恨极了孙某，以后不想再和他见面了，后天我是不去的。你若有一点爱我之心，请你以后也不要再去孙氏那里，以后请你绝对的不要再上尚贤坊去。”

要说郁达夫还是有些能力的，再加上当时他已经声名鹊起，而王映霞不过是个初出象牙塔的小女生而已。面对作家的狂追，即使他不是作家，恐怕也招架不住了。不是有人说，你给乞丐一个月的时间，也能把张柏芝追到手吗？追女人，要会软磨硬泡，坚持不懈。总结下来就三条：一、坚持；二、不要脸；三、坚持不要脸。

如若说王映霞有所顾虑，那就是郁达夫的妻子孙荃。你已为人夫，又怎么来追我。为此，郁达夫绝口不提和孙荃订婚的实情，而是说那是他三岁定下的婚姻，自己也是迫不得已。

人非草木，孰能无情。面对这样一个热情大胆的追求者，任何一个姑娘都会动心的。王映霞对于郁达夫的情感也由最初的不屑、烦恼、排斥，变为同情、好奇。

很快的，前后不过50天时间，郁达夫就俘获了王映霞的芳心，王映霞沉浸在郁达夫甜言蜜语里无法自拔。1927年3月5日这天，刚过了西方情人节不到一个月，早已回到上海的王映霞和郁达夫算是定了情。

对此，郁达夫是一边享受一边泪流。诚如他自己在日记中说的："我一边抱拥了映霞，在享受很完美的恋爱的甜味，一边却在想北京的女人，呻吟于产褥上的光景。啊啊，人生的悲剧，恐怕将由我一人独演了。"

但内心的愧疚始终敌不过爱情的甜蜜，沉溺于甜蜜之中的男人，同样会无法自拔，失去理智。一个多月后，郁达夫就跟着王映霞回了杭州老家见家长。当时王映霞已经没了父亲，跟着外祖父和母亲相依为命。

而在此之前，王映霞曾经与母亲有过沟通。但是作为人母，怎么会同意自己的女儿嫁给一个大她十几岁，且没固定经济来源的已婚男人。

即便如此，作为书香门第，郁达夫来了之后，王映霞的外祖父、母亲还是把他当成客人，以礼相待。尤其王映霞的外祖父是读书人，与郁达夫相谈甚欢。

边喝酒边聊天，颇有酒逢知己千杯少的感慨。

郁达夫是个极其有思想的人，搞定了王映霞的外祖父，何愁她的母亲会不同意。在杭州待了不过一周，郁达夫就胸有成竹地说事情定夺了一大半。

果然不出他所料，5 月 28 日郁达夫离沪到杭州养病。王映霞的外祖父亲自去请了一位懂医道的老和尚来给他看病。在此期间，中药都是王映霞的母亲所煎。而郁达夫和王映霞本人也有了进一步的了解。

按照王映霞本人的话说，在外祖父的宽容，妈妈的勉强同意下，她和郁达夫的婚约正式公开在亲友的面前了。6 月 5 日，就在杭州聚丰园请了四十多位亲戚朋友，宣布订婚。

他们的订婚，就像他们以后的婚姻生活一样充满了波折，难道一切早已冥冥之中自有注定？郁达夫写信并专程赴富阳，才把二哥请来。因为他家里人都觉得孙荃是个打着灯笼也难寻的好媳妇，郁达夫另寻新欢简直是胡闹！

郁达夫的大哥郁华（也就是郁曼陀，曼陀是他的字）出身于法律专业，写了很多信告诫弟弟这是犯重婚罪，莫要执迷不悟下去。而郁达夫则是一意孤行，答应和王映霞的事情定下来后，每月寄给孙荃一定的生活费。

为了显示自己的身份，也为了让王家觉得风光些，郁达夫决定在次年也就是 1928 年 2 月赴日本东京精养轩结婚，并印发了请帖分寄给中外朋友。但是事到临头，却因为经济上出了问题未能成行。

说出的话正如泼出去的水，吹过的牛总得要兑现。为了瞒天过海，不让王家失望，同时也为了顾及自身的面子，两人在火车北站附近租了一家小旅馆蛰居一个多月，“日日痴坐在洞房里”。

最让人惊叹的是，王映霞竟然愿意陪郁达夫演这场戏，瞒着自己的外祖父、母亲和朋友。或许，王映霞自身，也是想要争一口气，让自己的家人，尤其是母亲知道，自己并没有看走眼。可是其中的甘苦只有自己心知肚明，别人是无法体会的。

当然，我不能苛责说当时王映霞年少不谙世事，郁达夫手段过于狡诈。因为我相信，当时两人至少曾经真爱过。在某个时刻，彼此都曾认真过。

直到3月中旬，他们才在东亚饭店补办喜筵，假装是从东京回到上海，在国内再次举行一次婚礼。请了两桌客人，都是比较亲近的朋友。而由于当时大多数亲朋好友都在国内，真正知晓真相的人寥寥无几。大抵只有王映霞当时在日本东京的同学顾鹤寿夫妇知道。

婚前是花前又月下，婚后柴米油盐酱醋茶。结了婚的他们和时下许多年轻人面临的问题一样，房子没钱买是租来的，家具也是租来的。实在捉襟见肘揭不开锅时，王映霞只好把母亲给她当陪嫁的金银首饰当掉补贴家用。日子过得虽然并不富裕，但两人倒也自得其乐。

恨不知所踪

有时破裂的开始并非因为贫穷，还有可能因为依旧不能接受彼此的一些习惯和缺点。原本以为可以接受彼此，或者一方为另一方有所改变，但是结果往往事与愿违，非但不能接受，一方也没为另一方有所改变或收敛。

王映霞不喜欢喝酒，她也不希望郁达夫喝。郁达夫也信誓旦旦地向她保证，“就这一次”，或者是“从下月一日开始”，但他一看见酒，总还是十分贪杯。为此，王映霞多次与他拌嘴，每次郁达夫也都保证不会再犯。

自己再犯不再犯，戕害的终究是自己的身体。寒冬十二月的一天，外面下着鹅毛大雪，郁达夫被一个朋友叫去泡澡，结果彻夜未归。王映霞提心吊胆了一夜，到了第二天被一阵急促的敲门声惊醒，原来郁达夫醉倒在马路上，被好心路人送回了家。所幸在王映霞的精心照料下，并无大碍。

还有一年夏天，郁达夫的二哥从富阳来访，住在他们家。亲兄弟久别相见，自然是一醉方休。酒兴正酣时，王映霞不合时宜的勒令郁达夫不能再喝了。不出所料，此举拂了郁达夫的雅兴，但见他穿了一身中式的单衫单裤就摔门而去，留下不知所措的王映霞和他二哥。

原本以为郁达夫只是酒劲上来，一会儿就会回来。谁知一等二等，跫音始终未响，玉人彻夜未归，王映霞的心如小小的窗扉紧掩。翌日一早，郁达夫的二哥没等弟弟回来就告辞回家，王映霞也无话可说。

直到天说黑未黑之时，王映霞才收到一封从宁波发来的电报。发电报的不是别人，正是自己的丈夫郁达夫。电报上说他的钱和手表被窃，要王映霞马上送一百元钱去宁波。无奈之下，王映霞只好凑钱去宁波找他。最让王映霞哭笑不得的是，郁达夫竟然还有雅兴让她留下游山玩水几天再走。

后来王映霞才得知，郁达夫当天赌气离家，一个人在上海街头，喝醉了酒，遇到了扒手，钱包手表皆被偷。糊里糊涂就上了十六铺码头，坐上船任他漂流。

说实话，郁达夫和他二哥喝酒被管，王映霞也着实有不恰当之处。两人是亲兄弟，好久未见喜相逢，在自家喝点小酒，却被制止，让郁达夫脸上挂不住，不知二哥回家又怎样向家人说自己。如若只有郁达夫和王映霞两人还情有可原，但他二哥既算外人，又算家人，如此一来，把郁达夫搞得里外不是人。男人都是要脸的，郁达夫怎能不生气。

不过话说回来，郁达夫也是任性，即便妻子再怎么着，当着二哥的面也不能负气出走啊，让二哥的脸何处安放，搞不好还会让他二哥觉得弟弟、弟妹闹别扭皆因自己而起。

除此之外，当初郁达夫答应王映霞的都没有实现。起初，王映霞嫁给郁达夫时，曾让他答应以下三个条件：一、同孙荃离婚；二、不要酗酒，包括不乱花钱；三、不准在外面“胡闹”，到妓院“鬼混”有失身份。其他还有“奋发进取”“暂时不用的书不要急于购买”等等。

第一个条件，郁达夫都没能彻底完成。在他们婚礼前一个月，也就是 1927 年的 5 月 24 日，就明确表示不能同孙荃离婚。郁达夫在当天的日记中写道：“我的北京的女人，要她不加你我的干涉，承认我们的结婚，是一定可以办得到的，所怕的就是你母亲要我正式的离婚，那就事实上有点麻烦，要多费一番手续。映霞，我想你母亲若能真正爱你，总不至于这样的顽固罢！”

至于与孙荃是否离婚，王映霞其实倒不是真的在乎，再说人皆有恻隐之心，只要郁达夫能够把重心放在她这里，她就不在乎。但是郁达夫会说，“寡人做不到啊，爱妃！”

当热恋的激情化为婚姻的平淡，郁达夫也逐渐回归了理性。对于孙荃的负罪感也与日俱增，毕竟那是他的结发妻子，为自己生儿育女不求回报。人心都是肉长的，夜深人静之时，怎么会无动于衷呢?

1932 年 3 月 10 日，当王映霞打开抽屉时，惊诧的发现少了 500 块钱的存款单，而与此同时发生的是郁达夫的不告而别，这让王映霞很是咋舌。咋舌之余，王映霞也就见怪不怪了。

郁达夫这一次没有去别处，而是回了富阳老家，去看他的结发妻子，去看被他遗弃的糟糠之妻。谁甘心就这样，彼此无挂也无牵。他们要互相亏欠，要不然凭何怀缅。

“回富阳再同孙荃同居，是郁达夫对我感情的倒退，比起到妓院嫖娼更不可原谅。”王映霞如是说道。

更让王映霞感到悲愤的是，郁达夫时常把她当做妾来看待。郁达夫曾在诗中把王映霞比作苏东坡侍姬朝云：“香暗时挑闺里梦，眼明不吃雨前茶。题诗报与朝云道，玉局参禅兴正赊。”（七律《登杭州南高峰》）在后来的《毁家诗纪》中，郁达夫又把王映霞比作白乐天的侍姬樊素，还称为“下堂妾”。

而原本郁达夫保证的是，无所谓大小，无所谓正偏。而如今在郁达夫心里，她只是一个妾，这口气王映霞如何咽得下去。自己不顾他人冷眼，不顾母亲反对，没强制他和孙荃离婚，义无反顾地接受了他苦苦的追求，为他生儿育女。这一切的一切涌上心头，让王映霞气得眼泪打转，狠咬嘴唇。

匆匆那年郁达夫一时匆忙撂下难以承受的诺言，如今都变为笑谈。不怪这一段情没空反复再排练，是岁月宽容恩赐反悔的时间。再见不能红着眼，只好剩下红着脸。

当孙荃见到朝思暮想的玉人终于归来之时，没有抱怨，没有激动，平静地用家乡的佳肴来招待孩子他爸。关于爱情，孙荃早已没有了体会，或者从来未有体会到。有的，是浓浓的亲情。告别之时，孙荃掩儿携女，望着他帆影远去，无怨无悔。

激情总会回归平淡，维持婚姻的良药就是把爱情化为亲情，在这一点上，孙荃似乎比王映霞有优势。

其实有这些就已经够了，这已经足够导致他们夫妻二人的关系破裂了。更不用说郁达夫经常乱花钱买书，在烟花巷来回穿梭了。即使在兵荒马乱的日子，依然是花天酒地，“今朝有酒今朝醉”，“明日无钱亦买书”。

多年以后，王映霞回忆起往事的时候，不无辛酸地说道：“他婚后，念念不忘的是他的‘酒夫人’和‘书夫人’，有了这样两位‘夫人’，自然就不记得他曾经拼命追求的人了。”

当郁达夫回富阳老家去看孙荃后，王映霞就开始不信任郁达夫了，为了给自己以及自己的孩子一份保障，不久，王映霞就找来律师，要求郁达夫写了一份“版权赠与书”，把《寒灰集》《鸡肋集》《过去集》《奇零集》《敝帚集》《薇蕨集》《日记九中》《迷羊》及译稿《小家之伍》等书版权及附属于各书之权益全部赠与她。

“版权赠与书”一式三份，书局、律师和王映霞各执一份。

郁达夫曾希望在杭州有一个洁净的小小住宅，可以舒适地饮酒、美食、午睡、看书。真巧，向来偏爱热闹的王映霞竟然也希望有这么一个隐居之所。两人一拍即合，1935 年底就在杭州盖起了避风雨的茅庐。

凑合着几年积聚下来的一些稿费，加上从安庆安徽大学收回来的半年工资，郁达夫终于把地买下了。可是造房子的钱，从何处而来呢？王映霞又开始埋怨起了郁达夫这个不事生产的文人，假如你少买点书，多写点文章，钱不就来了。

所幸，东借西借，加上朋友赞助一点，风雨茅庐终于建造好了。王映霞和郁达夫两人详细地“协商”之后，在西面墙脚下端的界碑上刻上“王旭界”（王映霞原名王旭）三个字。如此一来，风雨茅庐的主人就是王映霞了。

情尽空余恨，恨尽是相思

郁达夫曾经说过自己平生最恨的就是做官，在他看来，中国之所以弄不好，原因就在于“那些懒惰无为的投机官僚”太多的缘故。

然而，新宅建好不久，郁达夫就无福享用了，由于战乱，加之此时主政福建的陈仪拟将福建省教育厅厅长的职位交给郁达夫，因而郁达夫只好匆忙收拾行囊南下榕城福州走马上任，变成自己曾经所讨厌的人。

此间，王映霞几次拍电报想要过去，但是均被郁达夫婉拒，原因无他，只因郁达夫怀疑王映霞移情别恋。

1939 年 3 月 5 日，郁达夫在香港陆丹林主编的《大风》旬刊第 30 期，发表了《毁家诗纪》，《毁家诗纪》共七言律绝 19 首，几乎每首都和王映霞有关。

有说自己在福州时听说王映霞“行迹不检”的，有说王映霞随许君绍棣上金华、丽水去同居的，“时闻自浙江来人言，谓许厅长新借得一夫人”；有说王映霞“与许君在碧湖过了一晚”的；有说王映霞“竟席卷所有，匿居不见。我于登报找寻之后，始在屋角捡得遗落之情书（许君寄来的）三封”的；有说“映霞失身之夜，事在饭后，许君来信中（即三封情书之一），叙述当夜事很详细。当时且有港币三十七万余元之存折一具交映霞，后因换购美金取去”的；有说“映霞最佩服居官的人，她的倾倒于许君，也因为他是现任浙江最高教育行政长官之故”的。

许绍棣则是郁达夫的昔日同学。面对不堪的现实，郁达夫强忍着悲痛说：“许君究竟是我的朋友，他奸淫了我的妻子，自然比敌寇来奸淫强得多。并且国难当前，这些个人小事，亦只能暂时搁起，要紧的，还是在为我们的民族复仇。”并填《贺新郎》一词明志：

匈奴未灭家何恃？且由他，莺歌燕燕，私欢弥子，留取吴钩拚大敌，宝剑岂能轻试？歼小丑，自然容易。别有戴天仇恨在，国倘亡，妻妾宁非妓？先逐寇，再驱雏。

真不知道郁达夫内心是怎么想的。但是，此词无疑表明了他为报国仇，宁愿放弃家恨的心志。郁达夫还曾说过，即使做不了文天祥，也要做伯夷叔齐，不为敌所用，并赋诗明志：“首阳薇蕨钟山菽，不信人间一饱难？”

我们诚然不能仅听郁达夫一面之词，对于他所提到的“三十七万元港币”一事，王映霞是坚决否认。但对于“映霞最佩服居官的人，她倾倒于许君，也因为他是浙江最高教育行政长官之故”，王映霞却未做任何辩驳。

对于“丽水同居”之事，王映霞则在后来的自传中驳斥为“纯属造谣”，所谓“情书”则辩解称那是为许绍棣介绍女朋友的信，因而被郁达夫所误解，并引述好友胡健中的文章《郁达夫王映霞的悲剧》说：“以绍棣为人之方正清廉，许、王两家儿女亲属同居者之多，及他们每次相见都有别的朋友在场，在十目所视之下，我确信他们的关系仅止于爱慕和别后的通信。”

此事公说公有理婆说婆有理，分析可知，王映霞即便如她自己所说并未同居之实，应亦有暧昧之嫌。由此可见，两人的互相猜忌、不信任已经到了白热化的阶段。

真正成为致命稻草的是，1938 年春夏间台儿庄大捷后，郁达夫随政府慰劳团到前线劳军，王映霞趁机背着郁达夫打胎一事。这件事是 20 世纪 90 年代初，郁达夫的生前好友、著名诗人汪静之披露出来的。当时因为郁达夫远在前线，医院要求打胎时必须由男人陪同，于是王映霞就找到了汪静之。而腹中胎儿的父亲，正是赫赫有名、令时人听了毛骨悚然的戴笠。

郁达夫去台儿庄劳军回来之后，就郁郁寡欢。王映霞见状以为他又要离家出走，于是就先发制人道："你又打算走么？要走，可以的，你须把三个儿子也带了走。否则，就让我走！"

王映霞原本是试探的口气，不料郁达夫紧绷的面颊，紧闭的嘴唇里啐出几个字："你走就你走。"

事已至此，两人的婚姻几乎是到了无法破镜重圆的地步。满目疮痍的婚姻，再也经不起缝缝补补的折腾。此时的郁达夫或许并不知晓王映霞为戴笠堕胎一事，只是仍为她与许绍棣过于暧昧而耿耿于怀。

郁达夫发表的《毁家诗纪》的时候，王映霞都已经跟他去了新加坡。王映霞看到郁达夫这般翻旧账羞辱自己，自然咽不下这口气，也写文章揭露自己当年身为一个不谙世事的少女如何被郁达夫骗到手，如何为他含辛茹苦生儿育女如今遭他这般凌辱。

软磨硬泡之后，郁达夫终于同意了王映霞的离婚请求。之后王映霞费尽周折回到香港，请戴望舒在《星岛日报》，程沧波在重庆的《中央日报》，请刘湘女在浙江的《东南日报》上，登载了王映霞单方面的离婚启事，原文如下：

王映霞离婚启事：

郁达夫年来思想行动，浪漫腐化，不堪同居。业已在星洲无条件协议离婚，脱离夫妻关系。儿子三人，统归郁君教养。此后生活行动，各不干涉，除各执有协议离婚书外，特此奉告海内外诸亲友。恕不一一。

王映霞启

对此，郁达夫并没有做出回应，也没表示王映霞本就是自己的妻子。后来郁达夫流亡至苏门答腊，为躲避日本人迫害，化名赵廉，在印尼与朋友经营一家酒厂，碰到年仅 20 岁的何丽有，与之结婚。

但因为精通日语最终被迫做了日军的翻译，期间他又利用职务上的便利，暗中保护了大量的文化界朋友、爱国侨民以及当地居民。1945 年 8 月 29 日，郁达夫在苏门答腊失踪。后来，外界默认这一年为其终年。新中国成立后，郁达夫被追认为烈士。

当郁达夫海外遇刺的消息传到国内，孙荃死不相信。她拒绝同乡为他竖纪念碑，她相信郁达夫一定会回来。直到几年后收到政府发来的烈士证书，才悲泣不止。

晚年的孙荃最关心的就是郁达夫作品的整理和出版，并坚信，“等到政治清明时，自然有人会去从事郁达夫研究，去研究他的作品，使他在中国文学史上有一个公允的地位。”（郁黎民《我的母亲——孙荃》）

而她所盼的这一天到来时，她却不能亲眼看到了。1978 年 3 月 29 日，孙荃与世长辞，终年 81 岁。弥留之际，她不无自豪地说：“回忆我的一生，我是会心安理得地升入天堂的。”

王映霞离开郁达夫后，在 1942 年嫁给了一个名叫钟贤道的巨贾。两人伉俪情深，王映霞也越活越精神，显然她与郁达夫的结合是个错误。王映霞在自传中说道："如果没有前一个他（郁达夫），也许没有人知道我的名字，没有人会对我的生活感兴趣；如果没有后一个他（钟贤道），我的后半生也许仍漂泊不定。历史长河的流逝，淌平了我心头的爱和恨，留下的只是深深的怀念。"

当轰轰烈烈的爱情逐渐微凉的时候，如果不能及时的转化为亲情，就会充满了猜忌与不信任，从而一步步跌向深渊。加之郁达夫生性自卑，却又偏偏控制欲极强。王映霞生性活泼，遇事也不肯忍让。两强相撞，只有受伤。

诚如后来有人评价的那样，这个世界上有的男女之爱，是天作佳缘，有的却是起初情投意合，后来你死我活的孽缘。他们在上海以狂恋开始，最终在新加坡以狂怒撕破脸皮，开头和结尾统统惊动世人。

孙荃爱的平淡，让人感慨之余带着敬佩；王映霞爱的热烈，惊艳夹杂着叹息。如我在一首里写的那样：

都说女人熟悉水性
都说女人喜爱杨花
藏在怡红楼里的宝公子
也说女人是水做成的
趋上亲手做的诺亚方舟
漂泊，漂泊到了海角
浪迹，浪迹到了天涯
究竟用了多少的泪水儿

浇灌出了玲珑的奇葩

这一片叶子儿嫩绿

沾湿了行人的衣襟

那一片花瓣儿娇粉

弄潮了多梦的红楼

多少路过的人儿，迷路了

流连忘返，温柔的春天

孑然的白衣

从幽径里迈出

一江热血奔腾的水

一座奇峻秀丽的峰

竟成了脚下的青铜

白衣，唯一的

缥缈云雾间

李叔同：禅心已作沾泥絮

“长亭外，古道边，芳草碧连天；晚风拂柳笛声残，夕阳山外山。天之涯，地之角，知交半零落；一杯浊酒尽余欢，今宵别梦寒。”若非离别，百无聊赖哼唱这首《送别》之时或许不会有太大感触。唯有等到黯然销魂之际，方知别有滋味在心头。

离别之地不一定非在长亭古道，景象不非得是芳草碧连天，时间也不必一定是晚风抚柳之际。或许是菁菁校园，或许是艳阳满天，或许是六月的鸣蝉。无论何时何地，当执手相看泪眼无语凝噎之际，一字一句从牙缝里蹦出来的时候，却不免脊背发凉，鼻头酸楚。诚如南朝才子江郎所说：“黯然销魂者，别而已。”

这首曲子的作者是美国音乐家福斯特，词作者则是中国近代大名鼎鼎的弘一法师，俗家姓名李叔同。一个遁入空门的大僧，能写出如此情意绵绵之词，是六根不清净，还是另有隐情？

宋代和尚道潜曾写下：“寄语东山窈窕娘，好将幽梦恼襄王。禅心已作沾泥絮，不逐春风上下狂”的传世名句。那时苏轼任职彭城，僧人道潜作为好友前去拜访，恰逢苏府大摆筵席、宾朋满座。推杯换盏之间，穿梭着轻歌曼舞的美娇娘。东坡一时心起，遣一歌妓向道潜索诗以助弹唱。身为和尚的道潜援笔挥毫泼墨，遂写下这四句。满座皆拍案惊奇，感叹道，真是一个有节操、有道德、有文化、有光头的“四有”好和尚。

“禅心已作沾泥絮”，乍一看仿佛是“人已老心亦衰，看破红尘，吾命休矣”的模样。可是试问哪个看破红尘之人，不曾在滚滚红尘之中摸爬滚打过。如若没曾涉足过红尘，又怎么会把红尘看破。道潜如此，弘一法师亦如此。

1942 年 10 月 10 日，国难之中的福建泉州已是秋意颇浓。病入膏肓但拒绝医治的弘一法师，看上去是满脸的憔悴。瘦骨嶙峋的他，强忍着病痛折磨挥毫泼墨，写下“悲欣交集”四字交与弟子妙蓬法师。

佛教有“极乐世界”一说，自己辞别滚滚红尘的确有些许的悲哀，但是即将前往极乐世界，仿佛又是一件欣喜的事情。生亦何欢，死亦何苦。生死即将交替之时，固然是悲欣交集。

两天后，也就是 10 月 13 日。弘一法师像往常一样，在简陋的板床之上继续打坐，庄严肃穆。夜幕降临之时，忽然呼吸加促，他知道佛祖在召唤他了，饱经沧桑的眸子里沁出了泪水。

此时此刻的弘一法师脑海里浮现的会是什么呢？他会因虚度年华而悔恨，因碌碌无为而羞愧吗？估计可能性不大。若说因抛弃结发之妻与东洋红颜而悔恨、羞愧倒是有可能。临终之前，他曾对弟子妙莲法师说：“你在为我助念时，看到我眼里流泪，这不是留念人间，或挂念亲人，而是在回忆我一生的憾事。”少帅张学良曾说，自己“平生无憾事，唯一爱女人”。那么弘一法师则就是把“爱”字换成了“负”字吧。

少年一段风与月

1918 年，中国传统节日正月十五元宵节的杭州西湖，整个天空还浸淫在南方湿冷的空气当中。一个熹微带着潮气的阳光午后，三个女子送一个头戴斗笠高大魁梧的男子在西子湖畔上舟。其中一个蹁跹的女子与男子在那里喃喃细语。两人时而像是争吵，时而却又是沉默。

忽而，男子的目光射向了肃杀静谧的湖面上，揽衣上船，神情有些决绝。轻轻一杵，小船便滑行开了，但见一桨一桨荡向湖心，直到这人带船一齐埋没湖云深处，什么都不见，男子头也不回地离去了。那位与之细语的女子恸哭而归。

如你所料，满脸泪珠的女子不是别人，正是那位男子的爱人。那位男子，也恰如你所认为的那样，正是彼时的弘一法师，往日的李叔同。她认识他时，他还是一个风度翩翩的男子，好端端的心上人怎么就变成了眼前僧。虽然上海杭州近在咫尺，但这次要不是喊上两位好友来杭州找寻，或许还不敢相信自己的丈夫早已削发为僧。

她的思绪穿越了西子湖，越过飞鸟也无法泅渡的汪洋大海，飘到了中国一衣带水的邻邦，东洋日本。那里不仅是她的故乡，还是她与他邂逅相爱的地方。

那时弘一法师还不是弘一法师，也不是李叔同，只是一个名叫李哀的清朝留学生。然而李哀也不是他真正的名字，只不过是他初到日本借此志哀亡母所取的名字罢了。和胡适类似，李叔同对于母亲有着很深刻的感情。原因无他，亦是和胡适遭遇相近，只因其父是老来得子。

李叔同的父亲名叫李筱楼，进士出身。与中国传统士子一样，学而优则仕，做了几年官宦；又与中国传统士子不一样，在宦海飘零了几载后，转而投身了商海。李家本身就是富贵人家，在李筱楼的努力经营下，成为天津盐商中的巨贾，时人诩之为“桐达李家”。

穷则独善其身，富则妻妾成群。李筱楼虽说不到成群的地步，倒也没有拖了那个时代大户人家男人的后腿，正室自然只有一个，偏室则是四个。年龄最小的王氏被纳时年仅 19 岁，而李筱楼则已到了 67 岁的花甲之年。

起初李筱楼有两个儿子，无奈长子英年早逝，次子身体羸弱，眼看李家有断绝香火之虞，他这才扶大厦之将倾，纳了 19 岁的王氏。李老爷子很给力，年轻的王氏也很争气，次年便给李家添了一名男丁。

老来得子无异于枯木逢春，李老头儿对上天恩赐他的这个婴儿自然是爱不释手，为之取名“成蹊”，就是桃李不言下自成蹊的成蹊。成蹊这个名字非常好听，好听到完全可以作为学名。但是有文化毕竟不一样，这两个字只被当作了乳名，婴儿的学名叫李文涛，俗得不能再俗的一个名字。大雅大俗的乳名与学名，让人琢磨不透。但是那时候的文化人还是比较讲究的，无论“成蹊”还是“文涛”严格意义上来说只是婴儿的名，他的字是叔同。

上天待李筱楼不薄，却是有代价的。代价就是让他纵享五年的老来得子之乐后，便把他叫走了。倘若李老爷子有知，估计极为不满意我说他被上帝带走的，若说佛祖召他而去，定是极为高兴。

当时李筱楼病入膏肓，各方郎中束手无策，他便无心求医，一心礼佛。家中整日禅音盈耳，香火袅袅。即便幼不知事的李成蹊也是耳濡目染，这和其后来成为弘一法师，难道是冥冥之中自有注定？谁又知道呢。

其实我倒并不是很认同这种三岁看老的说法，就比如说我小时候喜欢“作烟”（我们那儿习惯于把小孩儿模仿大人且出格的事情称之为“作”），现在就不想抽；小时候喜欢乱花父母的钱，现在总是少让父母操劳；小时候喜欢与数字相关的东西，现在则偏爱于文字。

若是鲁迅或者胡适，父亲病故后，大多数人会用到“家道中落”一词。坦白讲，李叔同与胡适二人的家境比较类似。但不要忘了，瘦死的骆驼比马大，即便李筱楼撒手人寰后，李家依然是资财不菲，家业鼎盛。白幔黑绸之时，据说李鸿章也曾前往悼念。可见“桐达李家”的名望绝非虚传。

撑起李家的便是那个不太健壮的次子，也就是李叔同的二哥。他大哥倒是想支撑，可惜比他爹走的还早。

“鬼才”马伯庸曾说过，之前读《西游记》里“光阴似箭日月如梭，不觉江流年长一十八岁”一句，不太能理解其中的艰辛，等到自己有了孩子之后，方才体会到其中的辛苦。想象一群和尚轮流抱着夜哭婴儿绕寺而行，边诵经边被抓脸，是何等的场面。

弹指一挥间，李叔同长成了十八岁的少年。这“弹指一挥间”，又谈何容易，同样饱含了诸多艰辛。可想而知，年少守寡的王氏把年少的李叔同拉扯大是有多么的不容易。这一点，我想胡适的母亲是深有体会的。

男大当婚，昔日襁褓中的婴儿，如今长大成人，做母亲的自然期待着能有一个年轻貌美的女人替自己去照顾儿子。对此，李叔同只能默然领受母亲的好意。

李叔同对于母亲之孝，可以从他填的一首名为《梦》的歌词里窥知一二：

哀游子茕茕其无依兮，在天之涯。惟长夜漫漫而独寐兮，时恍惚以魂驰。梦偃卧摇篮以啼笑兮，似婴儿时。母食我甘酪与粉饵兮，父衣我以彩衣。月落乌啼，梦影依稀，往事知不知？汩半生哀乐之长逝兮，感亲之恩其永垂。

哀游子怆怆而自怜兮，吊形影悲。惟长夜漫漫而独寐兮，时恍惚以魂驰。梦挥泪出门辞父母兮，叹生别离。父语我眠食宜珍重兮，母语我以早归，月落乌啼，梦影依稀，往事知不知？汩半生哀乐之长逝兮，感亲之恩其永垂。

新娘子是当地一家俞姓人家的女儿，家境殷实，算得上门当户对。如果说有什么美中不足的话，便是新娘子大了新郎两岁，属虎。显而易见，若按传统的说法，两人便是“龙虎斗”，一辈子合不来。多年后，胡适与江冬秀媒人的说辞与此如出一辙。当时究竟有没有人真的这样不讨喜说过，不得而知。

若说两人生肖相冲、“龙虎斗”不大可能。他们的相处的确平淡如水，不如胡适与江冬秀那般波澜壮阔。当然，可以牵强附会的说两人生活只是礼数与身体上的结合，其实在他们中间存在着一条难以逾越的鸿沟，这样说也未尝不可。造成这种局面的原因，应是两人的文化背景不同。成婚之时，李叔同不过十八九岁，正是读书社交的好年华。

出身于书香门第的公子哥李叔同有志于学，幼时打下坚实的国学基础，稍长后，又学习西洋文化。但是，这一切并不妨碍其出入于声色犬马之场所。关于李叔同少年风流之事，最有名的便是与津门名妓杨翠喜的绯闻。

关于杨翠喜的身世，向来是众说纷纭。唯一可以确定的似乎就是她出生于1889年，14岁豆蔻年华之时，已经惊艳津门。

很多人把杨翠喜当做是李叔同的初恋情人，说李叔同13岁时，听过杨翠喜的一场戏，便为其魂牵梦绕，并写下《菩萨蛮》词两阕：

一

燕支山上花如雪，燕支山下人如月；额发翠云铺，眉弯淡欲无。夕阳微雨后，叶底秋痕瘦；生怕小言愁，言愁不耐羞。

二

晚风无力垂杨嫩，目光忘却游丝绿；酒醒月痕底，江南杜宇啼。痴魂销一捻，愿化穿花蝶；帘外隔花阴，朝朝香梦沾。

两阕词写得的确不错，颇有赠送情人的意味。可问题是，李叔同比杨翠喜大了9岁。好事者的意思难道是说，13岁的李叔同看过4岁的杨翠喜唱戏，并爱上了她？

不过无风不起浪，1898年康梁戊戌变法失败后，李叔同为了避祸举家南迁上海。

唐代诗人杜牧曾有一首《遣怀》诗曰："落魄江湖载酒行，楚腰纤细掌中轻。十年一觉扬州梦，赢得青楼薄幸名。"李叔同到上海后，并没有用十年光景，就博得文名，且走马章台，与当地名妓唱和不断。“奔走天涯无一事。何如声色将情寄，休怒骂，且游戏。”

有人也许会问，戊戌变法失败，跟他何干。据李叔同的儿子李瑞回忆：“当时先父曾刻‘南海康君吾师’的闲章，此行有躲嫌避祸的意图。而实际上，据我家的老保姆上妈说，我父亲当时南下，是想从此脱离开天津这个大家庭，去南方扎根立业。因当时我们家资富有，上海也有我家钱铺的柜房，可以照顾我们一家的生活。”

李叔同杨翠喜二人或许的确有过交往，只不过时间并没有传说中的那样早而已。大抵是在1903年左右。那两首《菩萨蛮》也的的确确系李叔同所作，只不过作词的时间同样待考，不可能是1905年，其母亲病殁之时。也有一种说法是李叔同与杨翠喜的交往在李叔同南下上海之前，1901年北上时又曾去看望杨翠喜。

较于与杨翠喜之间扑朔迷离的关系，李叔同赠书金娃娃，与上海名妓李萍香交往，则就明朗的多了。李叔同曾给金娃娃写过一阕词：

秋老江南矣，忒匆匆，喜余梦影，樽前眉底。陶写中年丝竹耳，走马胭脂队里，怎到眼都成余子！片玉昆山神朗朗，紫樱桃，慢把红情系。愁万斛，未收起。

泥他粉墨登场地，领略那英雄器宇，秋娘情味。雏凤声清清几许？销尽填胸荡气，笑我亦布衣而已！奔走天涯一事，问何如？声色将情寄。休怒骂，且游戏！

若论热络程度，肯定要数上海名妓李萍香。清末民初的风尘女子，大多还保留着舞文弄墨的风骚。李萍香即属此类，虽说不似薛涛、苏小小等彪炳史册，但也曾是青楼梦中人。

其实越是此类女子，其身世就越是一把辛酸泪，李萍香当然概莫能外。她本是嘉兴黄氏良家女，十八岁时随母亲去上海看赛马会，一时贪玩用光了盘缠。有一位三十多岁的潘姓客人自称是嘉善县人，与她们算得上是半个老乡。念在乡谊，愿资助她们继续在上海耍。

稍微有些头脑就能判断出此人居心叵测，但正所谓当局者迷，她们母女愿意相信世界上有免费的午餐。过了几日，潘某声称所剩钱财不多，要娶李萍香为妻，其母亲竟欣然表示同意。无可奈何，李萍香只得委身于潘某。

谁料潘某已有家室，且是个怕老婆的主儿，转手就把李萍香卖到青楼，几经辗转又沦落到上海。原本就多才多艺的李萍香在风尘里开成了一朵娇艳的花，当时竟有几部诗集刊印于世。

侨居上海走马章台的李叔同与其一见倾心， 他们相识于一场酒局，在一个名叫“天韵阁”的地方。不要望文生义，天韵阁不是什么大酒楼，而是李萍香私人宴客的居室。对于天韵阁，李萍香颇引以为豪，就连散世的诗集，也均署名以天韵阁，简直是和饮冰室一个品味了。

当时李叔同受一个朋友之邀去天韵阁参加酒局。邀酒过三巡，众人纷纷舞文弄墨留赠阁主李萍香。早已心驰神往的李叔同，挥毫书就七绝三首，试录一首，以飨诸君：

沧海狂澜聒地流，新声怕听四弦秋。

如何十里章台路，只有花枝不解愁。

最高楼上月初斜，惨绿愁红掩映遮。

我欲当筵拼一哭，那堪重听后庭花。

可以说，李萍香是李叔同在留学日本之前最爱的女子。颜值与才艺齐高，世间男子怎能不为之倾倒。不过话说回来，但凡有些许抱负的人，放荡久了总会有些负罪感，“悔煞欢场色相因”。李叔同也曾多次反复追问自己，这样真的好吗？可是我想说的是，这样真的不好吗？

刑天舞干戚，猛志固常在。柔则花前月下，雄则忧国忧民。活得有血有肉，活得情真意切。既不像贾宝玉那样，一心醉在胭脂粉里，亦不似宋江那般不解风情。虽说他也意识到了纸醉金迷的生活不好，但迷途知返，并不是说就此绝了女人缘。

天有不测风云，人有旦夕祸福。真正让李叔同断绝这脂粉堆里生活的，不是国恨，而是家痛。因为那个最爱他的女人，在 1905 年初春乍暖还寒的时节，离他而去了，年仅 46 岁。

子欲养而亲不待，该是何等的悲痛。更何况，当时李叔同连欲养的念头都还没有，就这样与母亲天人永隔。对其的打击，不能说不大。稍微用脚趾头也可以想得到，其母王氏的丧礼，不可能有老李头的哀荣。别说哀荣，就连入土时，都还遭到了李叔同二哥的责难，以“外丧不进门”为由加以阻挠，毕竟王氏又不是他亲娘。这样的故事最后的结局，一般都是有族人出面调停，得以妥善解决。李家也不例外。

料理好后事的李叔同去意已决，了无牵挂的乘船漂洋过海去到东洋日本求学，自己的母亲无福消受家庭的幸福，自己也未能久尝父爱。那么自己的妻儿又何德何能堪享此福？能让俞氏及二子三人相依为命，已是对他们最大的恩赐。我非叔同，不知叔同之意，只能以我这小人之心度他君子之腹，妄加揣测。总之，他头也不回地去了日本。

只许佳人独自知

清末民初，很多忧国忧民的中国青年去过日本。有句话怎么说来着，浪漫的自由主义者大多去西洋，一如情种徐志摩，学者胡适之；革命青年大多去了东洋，一如武夫蒋介石，文人郁达夫。

堂堂李叔同，当然是舍家为国的好儿郎，纵是儿啼妻泣又有何妨，大丈夫岂能儿女情长，英雄气短！临行前他挥毫泼墨，赋词一首：

披发佯狂走。莽中原，暮鸦啼彻，几枝衰柳。破碎河山谁收拾？零落西风依旧，便惹得、离人消瘦。行矣临流重太息，说相思，刻骨双红豆。愁黯黯，浓于酒。

漾情不断淞波溜。恨年来絮飘萍泊，遮难回首。二十文章惊海内，毕竟空谈何有？听匣底、苍龙狂吼。长夜凄风眠不得，度群生，那惜心肝剖，是祖国，忍孤负。

看吧，就是挖心剖肝都在所不惜，抛弃妻子又何足挂齿，大丈夫不报国何以立！

话说当时的中国留学生都很厉害，尽管彼时的中国老大不死，整天受气，但是中国男留学生，很多都和外国妞有过感情，尤其是东渡日本的，诸如孙中山、蒋介石、戴季陶、苏曼殊、周作人、郁达夫、郭沫若等人。

李叔同到达日本后，并没有着急忙慌的去找学校，想必是心有戚戚怀念亡母。待到第二年，他才投考了东京美术学校。二十文章惊海内，少年偏爱戏剧，二十六岁却又有志于美术，不可谓不是奇才。而且，当时三十人投考，仅有五人被录取，中国人则只有两个。听起来真的是很厉害的样子，但具体有多少中国人报考不得而知，就两个也说不定。这一点，没必要去粉饰。

李叔同学习的是西洋画，人体素描是必修课。选择这门专业，想必是经过其深思熟虑后决定的，在国内时走马章台，东渡扶桑时日子也不能过得很乏味。高晓松曾说过，真正的天才都是上天把着你的手去创作，李叔同就有这样的幸运。不信，请看日本《国民新闻》记者的一段名为《清国人志于学》的新闻手记：

最近因为听说有一位叫李哀的清国人考入美术学校，而且专学洋画，所以赶快冒着老蓼的秋雨，走上谷中小道，访问了下谷上三崎北町三十一番地。在那被雨淌打蔫了的褪了红的秋海棠根旁有一道黑板墙，大约二丈多宽。它环抱着其中一片凋零的草花坪。一走进那不像正门的正门，只见一间三叠大小的门房间，有一根并无装饰的粗削的柱上，挂着一顶麦秆编的帽子。经过一声招呼之后，从里屋出来一个女人，看来是女佣似的一个矮小的半老的妇人。“李先生在家吗？”听到记者一问，从邻室飘然漫步出来一位身材有五尺六寸的魁梧大汉，后来知道这位就是李哀先生。他是个圆肩膀儿青年，在“久留米”的“绀絣 ”的和服外衣上，系上一条黑绉纱的腰带，头上留着漂亮的三七分的发型，用泰然的声音说："请里边坐！"把我引了进去。这也是三叠大小的房间，是他的书斋。乐器、书架、椅子、茶几掩蔽着四周墙壁看来很是局促。说声"请"，就劝我坐在一只椅子上。那末，我这个来客是谁，干什么来的？在他看来好像不大自在的样子。看了我的名片后才芜然地点头说："是槐南诗人的新闻社吗？""是的，槐南先生的诗也常刊登，您认识他吗？""是的，槐南、石旗、鸣鹤、种竹请诗人，都是我的朋友，我最喜欢诗，一定投稿，请赐批评。""乐器怎么样？……""正学拉小提琴，以外大概都搞一下，其中喜欢的是油画。""您的双亲都在吗？""都在。""您不想故乡吗？"他摇头说："不。""太太呢？""没有，是一个人，二十六岁还是独身。"说着笑了起来。"什么时候进了美术学校？""九月二十九日。""日本语的讲课听得惯吗？""听不懂。下午的功课我不听，我听英语的讲课，英语我比较可以对付。"

喝了一杯"涩茶"之后，他一面说明贴满在壁上的黑田（清辉）画伯的裸体画、美人画、山水画，中村及其他的画等，一面引我进入里面的六叠的房间，得意地介绍了那就几上作画的苹果的写生。"真是潇洒的笔致啊！"我赞赏说。那位女佣听了从旁插了一句："那是早上刚刚一气画成的。"李君谦然地说："是，"露出了一排白齿。"今后一定拜访贵社，《国民新闻》是很好的报纸。"

聪明的你，从这段新闻手记中读到了什么呢？首先不难看出，当是李叔同画功的确了得，应是下了一番功夫的。其次，李叔同在采访中说自己的双亲都在，且 26 岁都是独身一人。究竟是出于何种原因呢？说自己双亲都在，尚可理解。毕竟人之常情，回避家事。

但是说自己独身一人，就不知是何用意了？难道也是不想谈家事？还是说，家中糟糠之妻不值得一提？抑或是宣告自己独身希望有崇拜自己的女子前来投身？

无论出于何种考量，都不得不惊讶于李叔同的魅力。他很快就结束了在日本的单身汉生活。

李荣浩的《模特》里这样唱道："除了你以外，还能依赖哪一个……像单纯的蝴蝶，为玫瑰的甜美而飞着……"西洋画人体素描需要模特，李叔同也需要自己的专属模特。

想要找一只单纯的蝴蝶并不容易，但幸运的是，他找到了。有人说，愿意帮助你的人，还会再帮你，看来上苍亦是如此吧。否则，他为何总是如此眷恋李叔同。 模特是一名日本女子，有人叫她诚子，然而更多资料则显示她叫福基。据说，福基是房东的女儿，李叔同作为她家的房客，对其基本生活起居的照顾，则是福基每日必不可少的工作。

正当李叔同苦于裸体模特之事时，发现了自己要找的人不在天边而是近在眼前，真是踏破铁鞋无觅处，得来全不费工夫。那时的日本虽然说比中国风气开化，但当李叔同提出要她当裸模的时候，她还是觉得非常唐突，一时面感赧然。李叔同原本以为此事就此不了了之了，没想到几日后福基竟然答应了。

对于李叔同来说，既在他意料之中又在他意料之外，总而言之，两人的关系更近了一步，直到两人终成眷属。曾有一则关于李叔同的轶事说，有一天，李叔同的日本岳母来探望女儿，临走时天下起了雨，他丈母娘想借一把伞回去，但是李叔同却说道："当初你女儿嫁我的时候，并没有说过要借雨伞的。"这段文字见诸亲身参与过中国话剧创始时期活动的徐半梅先生的《话剧创时期回忆录》，至于真假无从考究。

或许，李叔同真是一个这样较真的人。在日本期间，与其见面要事先约定，否则，吃闭门羹是理所当然的。就算事先约好，如未能按时赴约，李叔同也是拒而不见的。对此，戏剧家欧阳予倩有过切身的体会。一次李叔同约他八点相见，但是两人相距甚远，欧阳予倩迟到了五分钟，就被李叔同挡在门外，只得悻悻离去。

估计会有人说道，看来堂堂李叔同的情商也不高，不然的话怎么会让朋友如此难堪。可是，何谓情商？简而言之就是自我情绪的管理，并不等同于皆大欢喜和和稀泥，更不是模糊了自己的原则。所以，从这些事情来看，我并不觉得李叔同的情商欠佳。相反，他很好地控制了自己的情绪与理智，不受人情世故等外界因素所左右。

和很多那个时代喝过洋墨水的年轻人一样，李叔同在旧式婚后遇见了爱情。爱情并非第三者插足，劈开了婚姻，而是旧式婚姻率先被抛弃，抛弃它的人转而投身到了爱情的怀抱。爱情何辜，往往被人误以为与婚姻互掘坟墓。可谁又知，手中拿着掘墓铲既非爱情也不是婚姻，充其量二者都是待宰的猎物。

沉浸在爱情中的李叔同，在自己的诗作《朝游不忍池》中洋洋得意地写道：小桥独立了无语，瞥见林梢升曙曦。他何止瞥见林梢升曙曦，简直都快阳光灿烂了。爱情中的男人太可怕，这并非空穴来风，看看这段时间李叔同做的事情就一清二楚了。

有了自己爱人兼职的模特，李叔同的西洋画功突飞猛进。除此之外，他还投身于音乐与戏剧。音乐上的造诣自不必说，不然怎能填出流传至今的《骊歌》呢。至于戏剧，则就仁者见仁智者见智了。

在日本期间，李叔同见识到了与中国传统戏剧不同的日本“新派剧”，其实说白了就是话剧。可是在那样一个什么都是新鲜玩意的年代，他对此表现出了极大的兴趣。

物以类聚，人以群分。李叔同身旁聚集了大量的墨客骚人，其中不乏表演人才，中日两国皆有之，里面就包括吃过李叔同闭门羹的欧阳予倩。一群人在一起成立剧团， 搞演出。

他们不是思想的巨人，行动的侏儒。在1906年底成立社团“春柳社”后，翌年年初就在东京公演《茶花女》，日本人称之为《椿姬》。其中女主角玛格丽特就由李息霜，也就是李叔同来扮演。

很多文章称赞李叔同为男扮女装做出了巨大牺牲，演出大获成功。其实我倒不这么认为，角色反串并非李叔同首创，中国传统戏剧的旦角，哪一个不是男子反串的呢？不然的话，梅兰芳又何以扬名天下呢？角色反串的多了，就难免使人作呕。平心而论，李叔同在《茶花女》中的出演非常一般。扮相在今天看来，着实不怎么样。深眼窝呆滞的小眼睛，没有任何的光彩神韵；散乱的长发，让整个角色看起来，除了蓬头垢面之外，没有任何的美感。就包括男装照中，也是和众人所称赞的英俊魁梧大相径庭。

欧阳予倩评价说：“只就茶花女而言，他的扮相并不好，他的声音也不甚美，表情动作也难免生硬些。”

虽是这样说，但毕竟因为这种演出形式是中国人“开天辟地头一次”，在当时也引起了不少的反响。欧阳予倩也正是受此刺激，才去主动接近李叔同与他的春柳社。在此之后，他们又演出了《黑奴吁天录》。众多角色中，李叔同偏爱反串，为了饰演艾米柳夫人一角，他还专门斥巨资租用了一套行头。社里的人，就数他最愿意为兴趣花钱，当然也就数他家最阔绰。尽管家道中落，终究瘦死的骆驼比马大。

《黑奴吁天录》一场戏后，春柳社基本上就各自分飞了。唯有李叔同和欧阳予倩几个人，还恋恋不散。但他也逐渐把心思回归到了绘画上，让自己的爱人福基继续做自己的专属模特。

有人曾经说过，当你愿意写某一个人的时候，你肯定对这个人是充满感情的。或是虔诚的带着朝圣的心境，或是怀有扒皮的大恨。而我则只是想看看过往烟云的本来面目。不想跪地膜拜，也不想在尸体上再踏上一脚。

禅心已作沾泥絮

1911 年大地回春之时，李叔同也着手准备回到阔别多年的祖国了。但同时，他也面临着一个非常棘手的问题，那就是他的专属模特提出要与他正式结婚并且随他归国的请求。对于李叔同来说，无异于富士山爆发。拒绝吧，于心不忍；同意吧，怕回国后一场风雨。原本想着只是做一场露水情人，连夫妻都算不上，结果女方太认真，给了男方一个措手不及。

想必李叔同对于福基也是动了情的，最终带她一同归国。但是，领回国可以，带回家断然不能。回国后，李叔同把福基安排在十里洋场的上海。而他自己，则是先跑到天津一所学堂当绘画老师，再跑到浙江省两级师范学校（后来改名为浙江师范学校）任教。

从北到南，就是不肯常伴福基。不知他是怀着少男手淫之后般的负罪感与愧疚感，还是说辛亥以后这个国家并没有如人们所愿那样变好，让他深深地失落与迷惘，无暇儿女情长。当然，此话也不尽然，因为李叔同每个月还是要回上海两次的。毕竟，手淫后的少年虽有负罪感，但每个月还是会乐此不疲去做的。

寻常人往往只专长于某一领域或手艺，但是天才与常人不同的就是做每件事都能做到极致。跑到浙江教书的李叔同，同样是一位出类拔萃的大师，不然怎么会带出丰子恺这样的弟子。

丰子恺曾在自己的文章中回忆恩师道："李叔同做教师，以身作则，不多讲话，但使学生衷心感动，自然诚服。每次上课，他一定先到教室，板书齐整，然后端坐讲台等学生到齐。而对待学生的态度，李先生是'爸爸的教育'，是'温而厉'的态度。"

那么有人或许会纳闷，就算此时的李叔同志趣发生了转移，但毕竟还是在滚滚红尘之中摸爬滚打，不至于摇身一变就六根清净啊。坦白来讲，在浙江一师期间，对李叔同影响还是比较大的。

起初，李叔同还只是读读宋明理学，过段时间，案子上便摆了《道德经》，转而信奉起老子来。一次他的好友夏丏尊在日本杂志上看到一篇有关断食的文章，说断食是身心"更新"的修养方法。不管是佛教的释迦牟尼，还是基督教的耶稣，都曾有过断食的经历，力陈断食能够锻炼人的意志。

夏丏尊就把这篇文章说与了李叔同，两人都对此表现出极大的兴趣，并表示愿意一试。夏丏尊只是说说而已，没想到李叔同却当了真。一年后的阳历年假，李叔同并没有像以往那样去上海，而是到了杭州的虎跑寺去断食，共三个星期。

断食后的李叔同自我感觉良好，非但身体没有受损，反而有飘飘欲仙之感。得意之余，还取老子“能婴儿乎”之句，易名“李婴”。我估计，他这哪里是什么成仙了，而是饿得麻木了。值得一提的是，断食后他食量大增，而且无肉不欢。所以在此也奉劝那些试图节食减肥的妹子们，真有这个决心和毅力，还不如多运动，健康饮食呢。毕竟，吃饱了才有力气减肥。

阳历年过后是阴历年，阴历年的年假，李叔同仍旧没有回去，依然去了虎跑寺。不过这一次，不为道教，只为佛。有人也许会奇怪，李叔同怎么又是信道又是礼佛的。须知在中国释道本来就是一家亲，要不然怎么会有如来佛祖、观音菩萨、玉皇大帝轮番上台的神话故事。

彼时的李叔同，准备寄住在虎跑寺，做一居士，吃斋念佛。夏丐尊得知消息后，无异于晴天霹雳。对于夏丐尊来说，他与李叔同之间早就建立了一份伟大的友谊，毕竟两人已做了七年的同事。之前一家南京的学校恳请李叔同去任教。盛情难却，李叔同便接过了聘书。而这厢夏丐尊也舍不得他离去，苦苦哀求他留下来。李叔同自然亦是不忍拂夏丐尊之意，便经常坐夜车杭州南京两处跑。

而这一次，夏丐尊自觉兹事体大，心情也十分的低落。终于，他爆发出了积压在心里的委屈，如情侣之间负气般的说道：“你这样的居士究竟不彻底，索性做了和尚，倒爽快！”

原本只是气话，希望李叔同迷途知返，还能一起愉快的玩耍。没曾想，李叔同却是默然无语，一笑而过。到暑假的时候，便把书画衣锦散于众人，当真跑到虎跑寺剃度出家做了和尚。

夏丐尊兴师问罪道：“不是说暂时做居士，在这里住住修行，不出家的吗？”

“这也是你的意思，你说索性做了和尚……”李叔同淡然回答道。

浪迹于花花草草之间，多才多艺的李叔同，到最后竟然因为一个男人的话皈依了佛门，让那些等待他的女子情何以堪。

近在上海的福基是从李叔同挚友杨白民那里得知消息的。杨白民亦是中国近代教育大家，李叔同甫到上海时，两人便相识了。所以，李叔同就委托他帮忙把福基送回国。

得知消息后的福基，还抱有一丝的希望，因为在日本僧人是可以有家室的。她苦苦央求要见李叔同最后一面。到了杭州之后，此时的弘一法师同意与其在西湖之畔会面。她纵有千愁万绪，他也只能抱歉一声阿弥陀佛。还卿一钵无情泪，纵使相逢未剃时。

李叔同给福基留下一块怀表，如同凉白开一般的声音说道：“你有技术，回日本后也不会失业的”。而这一字一句，却是如同一锅滚油浇在了福基的心头。说完后，李叔同便头也不回地离开了，徒留失声恸哭的福基孤单在湖畔成双。自此一别，两人便消散在茫茫人海间。

有人说在西湖之畔与李叔同作别的是他的发妻俞氏，但这一说法被其侄孙女李孟娟否认了。出家后的李叔同第一次正式给结发之妻的孩子寄了信，据其次子李端回忆说：“当时我正在中学上学。信中说他已出家当了和尚，让我们一家人也吃斋信佛，还嘱咐我们弟兄要用功读书，长大后在教育界做事。看到这信，我们一家人都哭了。记得这封信的信笺是在白纸上印着一个和尚坐在那里的图案，线条为貉石色。看得出，是印刷较好的信纸不是临时画的。”

至于李叔同的发妻俞氏，则是受了很大的刺激，为了消磨时间，就去刺绣学校学绣花解闷，后来在寒冷的正月初三病故，得年四十有余。家里人给李叔同去信报丧，他终究没有回去，从此天人永隔。留给俞氏的除了两个孩子外，是一生的泪水与寂寥。

做和尚时李叔同 39 岁，已近不惑之年。做了和尚之后，李叔同也一直没闲着，专事佛法。为振兴律学，不畏艰难，深入研修，潜心戒律，著书说法，实践躬行，到底声名远扬。

丰子恺先生曾在《我的老师李叔同》中由衷感叹："李叔同是一个万事皆认真的人。少年时做公子，像个翩翩公子；中年时做名士，像个名士；做话剧，像个演员；学油画，像个美术家；学钢琴，像个音乐家；办报刊，像个编者；当教员，像个老师；做和尚，像个高僧。"

是呵，大师毕竟是大师，凡事都做得那么极致，那么让人感慨。

贰 恨君不似江楼月

苏青：路归路来桥归桥

三国魏人曹丕的《典论·论文》里曾说："文人相轻，自古使然。"不错的，文人只要舞文弄墨，能够忽悠住那么一两个人，便自觉不可一世，从此老子天下第一。倘若一人尚好，多了就容易相互瞧不顺眼起来，你看不起我，我看不起你。而老话又说：女人天生是同行。同行到底是冤家，大抵都是相互仇恨的，即便不至如此，也不至于把酒言欢、推心置腹。君不见商店门口常有告示牌曰："同行莫进，面斥不雅。"

在民国的文人圈里亦是如此，拉帮结派，相互攻讦，丝毫不亚于如今的左右之争。说起民国女作家，估摸着诸君首先想到的是张爱玲。张爱玲兼具了文人和女人的特质，她曾经傲娇地说："如果必须把女作者特别分作一栏来评论的话，那么，把我同冰心、白薇她们来比较，我实在不能引以为荣，只有和苏青相提并论是我甘心情愿的。"

当然，张爱玲说此番话自然有她的资本。而她所心甘情愿与之作比较的苏青，也是真正的才女。当年苏、张二人可以说是不分伯仲，经常被拿来作比较，并称为上海文坛的“双璧”，如同今日的韩寒与郭敬明。

略微不同的是，苏、张两人的风格不像韩、郭那般迥异。如若非要分个高下，单就当年的影响力来说，苏青不在张爱玲之下，故时称“苏张”。苏青的《结婚十年》《浣锦集》，比张爱玲的《传奇》《流言》还要畅销。而今时过境迁，大多数人只知有张，鲜知有苏。

但无论如何，苏、张二人算不上敌人，也不似周瑜和诸葛亮，她们二人可以算是精神上的闺蜜。喜欢苏青的人一般都会喜欢张爱玲，反之亦然。曾经有人这样说过：“50年代的上海，哪怕只剩下一个旗袍装，也应当是苏青，因为什么？因为她是张爱玲的朋友。”

苏青是其笔名，她的本名唤作冯和仪，字允庄，她曾一度把笔名改用冯允庄，不过最为熟知的，还当属苏青这个名字。

凤凰于飞，和鸣锵锵

1914年5月12日，苏青出生于浙江宁波乡间外婆家里。她的外祖父是个落榜的秀才，虽没有飞黄腾达，但家境尚算殷实，称其为当地的名门望族亦不为过。可惜的是，早在苏青出世前12年，外祖父就死了。

苏青的父亲冯松雨（一说冯松卿，经考证冯松卿乃苏青的伯父，冯松雨才是其生父），早年就离家在外读书。待到苏青出生时，他又考取了以庚子赔款去美国留学的名额，横渡太平洋，进哥伦比亚大学攻读银行学。她的母亲鲍竹青也是新时代的女性，不愿整天与锅碗瓢盆为伴。丈夫走后，她进入了女子师范，把苏青留在外婆家里。

因而苏青从出生到6岁都是寄住在外婆家，后来因为外婆家妯娌之间发生龃龉，加之苏青到了入学年龄，就跟着母亲回到了自己的家中。

苏青的家位于浙江宁波城西一个绿水环绕名叫浣锦村的冯家大院。这是一个大家庭，家中地位最高的就是祖父冯丙然，字止凡，一位清末的举人老爷，在乡民之中颇有声望，即便是到了民国十年，仍受到乡民的尊敬。

起初冯丙然给苏青起了“和仪”这个名字，典出“鸾凤和鸣、有凤来仪”。“鸾凤和鸣”语出《左传·庄公二十二年》：“是谓凤凰于飞，和鸣锵锵。”意指鸾鸟凤凰相互应和鸣叫，比喻夫妻和谐。“有凤来仪”语出《尚书·益稷》：“箫韶九成，凤皇来仪。”指有凤凰来配合某个事物。

由此可见，冯丙然对自己可爱的孙女是寄予了美好的希望。

小时候的苏青生性顽皮，不似一般女孩子文静，是个不折不扣的孩子王。最让人大跌眼镜的是，堂兄弟姊妹都受其影响不时口吐一两句脏话。冯丙然看着孙女这般顽劣，就决定亲自管教这个与众不同的小孙女。

伊始，苏青的母亲还担心自己的女儿在爷爷那里会吃尽了苦头。令她万万没有想到的是，和爷爷奶奶在一起惯了的苏青非但没有受苦，反而一点都不思念她这个生母。

原来她是被爷爷奇光幻影的故事和奶奶甜蜜的豆酥糖给收买

了。一段时间过后，苏青俨然是一副淑女模样了。

在苏青 7 岁的时候，她的海归父亲要到上海去工作，于是就把她们母女二人接到了上海，苏青也被送入了学堂。

天有不测风云人有旦夕祸福，在苏青小学毕业的前夕，他的父亲由于投资失手，在忧愤中撒手人寰，家庭的重担落到了苏青妈妈的肩上。妈妈只好带着姐弟俩回到了宁波老家，即便如此，那个年代一个女人拉扯一家老小的难度可想而知。

据苏青自己回忆，在其初中的时候，恰逢她 10 岁的弟弟进入高小学习，为了要省十几个铜板的航船钱，弟弟住在学校里半年不得回家。

小家伙只能每天在校门口翘首以盼，期待着自己的妈妈会带着好吃的东西去看他，然而每次的希望换来的都是无限的失望。小家伙每星期六下午不回来的原因，不是怕荒废学业，只是图省十几个铜板的航船费。等到他放假回来时，身上已经生满白虱了。

而苏青自己在初中的时候虽是风云人物，能说会写，却从来没有当过傧相。并非是自己人缘不好，而是自惭无新衣服，借故推却了。事后才知道新娘家原本打算送衣服的，又后悔不迭，哭了好几夜。

转眼间，女儿即将进入高中，儿子又要进入初中，这可难倒了苏青的母亲。这个可怜的寡妇曾经想过把祖传的几十亩田卖一些，但是思量再三，又不想落个败家娘们儿的名声，只好作罢。

天无绝人之路。有人常不满道："长得好看能当饭吃吗？"事实证明，能的。前面说过，苏青在初中的时候可是个风云人物，喜欢参与各种活动。初中毕业的联欢会上，她参演了话剧《孔雀东南飞》，饰演刘兰芝一角。

苏青是个认真的女子，凡是她做的事情，就没有做不好的。刘兰芝的悲惨命运被其诠释得淋漓尽致，使她的母亲都情不自禁地联想起自己的身世而濡湿了眼角。

想当年苏青的父亲冯松雨去美国哥伦比亚大学留学时，苏青的母亲鲍竹青曾在经济上给予他很大的支持，把陪嫁的金银首饰及珠宝都卖掉，换来的钱当做他去美国读书时的零用钱。我们总把自己最好的给了对方，而对方却只觉得理所当然，爱往往是不平衡的。

等闲变却故人心，冯松雨留学回来后在上海民新银行任副经理。男人有钱就变坏，此话虽不是真理，却也是一个生活经验。人模人样的冯松雨包养起了小三，那是一个时髦的女人，能跳舞又会开车还会吃西餐，这在当时很时髦，于是冯松雨渐渐地不喜欢苏青的母亲了。而如今，那个薄情寡义的男人又直接撒手不管，一命归西，苦了鲍竹青娘几个。看到自己女儿扮演的刘兰芝，再想想自己，鲍竹青怎能不潸然。

在话剧中，一个叫做李钦后的男生饰演一个不重要的角色，可恰恰是这个男生帮了苏青的大忙。李钦后是苏青的同班同学，由于入学晚，比苏青大两岁。

具有语言天赋的人，数学大抵都不太好，如钱锺书。苏青亦是如此，说起国语和英语，苏青绝对是翘楚，但说起数学，仿佛真是体育老师教的一般，一窍不通。

相对于苏青，李钦后的数学倒像是数学老师教的。因而，苏青经常向其讨教问题，所以说两人也算很熟的。这次演出，李钦后的父亲作为家长也观看了演出。想必李钦后曾在家里提到过苏青。

话剧演完后，苏青就卸了妆来陪伴母亲，此时李钦后也带着他的父亲走了过来。两家人就这么认识了，从此两家也就成为通家之好。

对苏青的婚姻情形颇为了解的张爱玲曾这样说："她起初的结婚是一大半家里做主的，两人都是极年轻，一同读书长大，她丈夫几乎是天生在那里，无可选择的，兄弟一样的自己人。"

但是苏青的妹妹苏红（苏红是其笔名，本名冯和侠，字允静）却不这么认为："李钦后的父亲是个新发财主，道德好，后来成为宁波首富，他看中我们家的门第，一看到我姐姐就喊'大学生，大学生'。说实在的，我母亲看重的是财。过年过节时，我常与我哥哥住到李钦后的家里，那里专门有厨师，有吃有喝，又有戏看。一句话，我姐姐的婚姻是别人做媒介绍的。"

苏青的母亲虽是答应了这桩亲事，但她有一个要求，那就是等到苏青大学毕业的时候才能结婚，毕竟她答应这桩亲事就是为了苏青能够顺利地完成学业，不为学费所难倒。

苏青以自己的终身大事为代价，终于如愿以偿地进入了高中。这一年是 1930 年，她 16 岁。

苏青就读的高中是浙江省立第四中学。这是宁波一个有名的中学。浙江籍的名流陈布雷、张其昀、陈果夫常到这所学校来讲学。

苏青被编入了高中部乙组，而他的未婚夫李钦后，被编入了高中部甲组。开学伊始，苏青就感到了深深的悔意，倒不是为别的，而是因为她一进校，就领到了贫寒子弟补助金，完全可以解决学费问题，不需要为了完成学业就那么仓促地把自己交待出去了。

好在苏青进了高中，仍然像在初中时一样叱咤风云，各类大小活动总不乏她的身影。苏青不仅学习成绩优异，受到全校关注，更被同学看做是“天才的文艺女神”。当时语文老师也曾给予她很高的评价：“不独为宁中（指浙江省宁波中学）之秀，抑且为中国之光。”

即使如此热衷于参加课外活动，苏青也没有忘记她的爱情，虽说是媒妁之言，但到底是自己学生时代的情人。

当时平日里同学间的通讯，称呼要用：“我天天怀念着的爱友呀！”或“我的唯一的同学呀”！按理说，苏青和她的未婚夫李钦后同在一个学校，完全可以见面，但也乐此不疲的通过书信往来。密密麻麻写了几张纸的信，投在校门口的邮筒里，再由邮差送回来。这也算是一种小小的浪漫吧，彼此之间有所等待，方知在一起的珍贵。

良辰美景奈何天，安逸的日子过了没多久，1931年“九·一八”事变就爆发了。祸不单行，“九·一八”事变爆发后，翌年上海又发生“一·二八”事变。战争就在身边，学生们岂能坐以待毙。苏青也积极投入到抗日救亡的运动中来，发传单、游行，化装宣传，一切工作做得有声有色。

在这个时候，浙江省教育厅下令各个中学都要组织义勇军。人尽其才，物尽其用，苏青被委任为营本部的秘书处长。可惜的是随着政府当局执行不抵抗政策，学生义勇军也就此不了了之。

当然苏青也有烦恼的时候，那就是自己的数学一如既往的烂。苏青曾在她所撰写的《算学》一文中写道：“这几天东跑西走不免辛苦了些，我每夜必在梦中做算学习题，苦苦地想了又想仍不得其解，急出一身冷汗就醒了过来……在加分数的利诱与扣学分的威迫之下，个个闹得头昏目晕，又怎能还得清这一批批接踵而来的数学债？于是，抱‘只得由他’主义，好在五十五人一级，被喊到的总不过一半光景，难道晦气的活该是我？”

苏青对数学的无力感，作为文科生的我感同身受，那滋味简直是如同让你在粪堆里面做出销魂的表情。初中的时候，不堪忍受数学折磨的苏青与邻座的某女生做起了交易，国语英语的时候苏青帮她；数学课的时候，她再帮苏青。

如今读了高中还是难逃数学的魔掌，苏青简直要崩溃了，就如同孙悟空翻了那么多的跟头，却仍旧没有逃脱如来的手掌一样。假如数学老师有点情调也能活跃一下课堂气氛，可偏偏数学老师是个理科呆子，教条背得挺好，就是调动不起来学生的积极性。

苏青也只好硬着头皮学，甚至通宵达旦地背练习题。高中毕业前夕，学校都有所谓的会考，这个优良的“传统”保留至今。不过和现在走走过场不同的是，当时的会考可是动真格的。为了应对会考，学校甚至从初一的课本开始复习。

其他的还好说，数学可真真是要了人命啊。醒来是数学，梦里还是数学，即使如此日夜想兹念兹，依然是百思不得其解。

哪里有压迫，哪里就有反抗。最后实在逼得没办法了，苏青就联合其他学生反对会考。最后折中结果，会考照常进行，但是分数仅作为参考，是否毕业取决于平时分数。

一脚跌入婚姻的坟墓

当年苏青的祖父给她取名“和仪”的时候，就希望她能够“鸾凤和鸣、有凤来仪”，有一段美好的姻缘。谁曾想，这段姻缘未曾“和仪”却不合时宜地开始了。

1933年19岁的苏青高中毕业，蟾宫折桂的她作为宁波府所属六县的唯一一个女生，考入了首都南京的中央大学外文系，从此她也就告别了令她痛不欲生的数学，投入到了文学的怀里。而他的同学兼未婚夫李钦后，则考入位于上海的东吴大学法律系（当时东吴大学的法律系设在上海）。

进入大学的苏青，如鱼得水，才华得到充分的展示。青春靓丽，才华横溢的她很快就成了众星拱月的人物。以至于被好事者称为“宁波皇后”。

毋庸置疑，她收到的情书可谓是“一片两片三四片，五片六片七八片，九片十片千万片”，但最终都是“飞入梅花皆不见”。问其为何，答曰：“我已订婚，决不负人。”

还卿明珠双泪垂，恨不相逢未订时。

可是风言风语还是穿越了山川，传到了李家。而此时在上海就读东吴大学法律系的李钦后也被他父亲担心会缺乏约束醉倒在十里洋场的温柔乡里无法自拔。所以，李家决定马上结婚，等办完婚事后继续读书。

说过的话怎么可以轻易反悔，泼出去的水又如何能轻易收回。不是说好了大学毕业以后才结婚的吗？苏青一千个不情，一千零一个不愿，可是，胳膊怎么能拗过大腿，谁又会去聆听你一个小女子的内心。

婚礼往好听的说是中西合璧，难听了说是不伦不类，不中不西。就如同蝶恋花和蝇恋屎是一样的道理，可人们总是偏爱于说蝶恋花，未曾见人说蝇恋屎。

婚礼定在基督教青年会举行，而苏青却要坐着中国传统的花轿前往，好在苏青对此不以为然，但或许冥冥之中注定了这不是什么好姻缘。

就在幸福开始时，悲剧却在倒计时，人间美好是片刻。

婚礼上，苏青就发现自己的丈夫与别的女人有暧昧。那个女人在苏青的自传体小说《结婚十年》里被称为瑞仙，是李钦后外婆的长孙媳妇，李钦后的表嫂，结婚才两年丈夫便害痨病死了，年纪轻轻的就守了寡。说起来也是个苦命人，但人常说“可怜之人必有可恨之处”，并不无道理。

苏青的花轿到青年会礼堂，还未出轿，一个脸孔苍白、嘴唇涂得红菱般的少妇就把脑袋伸了进来，乍一看还以为遇到了女鬼。只见那少妇对着轿里的新娘上下打量了一番，就回头悄声对旁人说：“这个新娘子是宁波人打扮，呒没上海派头。”

还未成亲，就如此这般，怎能不让人生气。但是不管怎样，苏青还必须隐忍着，毕竟这是她的婚礼。

新婚后第二天，苏青患上了感冒。晚上刚从公婆处请晚安回来疲惫不堪地向新房走去。房里有男女夹杂的笑声就不自觉地传入了耳中，男的分明是丈夫的声音。关于谈话内容，苏青在她的《结婚十年》里这样描写道：

“看你对我们这样，昨夜同着你的新娘，又不知怎的……呢！”

“别瞎说，”是贤的回答声音（“贤”是小说男主人公的名字，代指苏青的丈夫李钦后——张溥杰友情提示），“昨天夜里，我真的同她一些关系都没有。好嫂子……”

“得哩得哩，”瑞仙的娇声又接上来了，“你同她有没有关系干我屁事！瞧，人家今天疲倦得已经连眼圈都有些黑了，鼻子红红的，都是你太狂，才害得她伤风！”接着，便是吃吃的娇笑了一阵。

新婚伊始，丈夫和别的女人偷情也就算了。自己得了风寒，丈夫非但没有关心之语，却还和别的女人以此打趣自己。此情此景，又有几人能不生气。

这注定是一场不幸的姻缘。在错的时间里，遇到了不对的人，只能是不幸。

结婚过后没多久，苏青返回了大学校园。但是很快她就发现自己的肚子一天比一天大了，很显然，她怀孕了。向校方请示过后，本以为可以先休学一段时间，等生过孩子之后继续读书。偏偏现实就是那么的残忍，校方让她退学。

多少年的梦，实现了却又破灭。拥有后再失去，远远要比从未拥有痛苦得多。就像吃惯了五谷杂粮也不觉得可怜，吃惯了山珍海味后突然让你去吃五谷杂粮，而且再也吃不到山珍海味了，想想该是何等的失落与悲伤。

即便如此，又能怎样？眼泪咽下去化成苦水，也只能自己独吞了。

消息传到李家之后，他们自然很高兴。李钦后和苏青双双回到了宁波老家。坦白地讲，苏青嫁到李家之后李父是很满意的，逢人就夸自己的儿媳妇有修养有学识，而且人也漂亮。

有了身孕之后，李家更是把苏青当成宝贝一样供奉着。人无百日好，花无百日红。李家之所以把苏青当成宝贝一样供奉，是因为不知肚中胎儿是男是女。从李家人的平日表现来看，很显然，他们和众多中国老人一样，希望她肚中胎儿是个男娃，以便继承香火。

要知道，世间的事情往往都是与人的初衷违背的，这就叫事与愿违。正如同苏青想读完大学一样，上天偏偏就不让她读完。李家人想抱孙子，上天非让苏青肚子里是个女孩儿。不过这样一来，可就苦了苏青，不知道上天是惩罚苏青还是看不惯李家人。

生了女儿之后的苏青自然就不如之前受李家人待见，就连苏青的母亲也觉得脸上无光。她的婆婆几乎再也没进过她的房，甚至连刚生下的女儿也不让她喂，尽管她的奶水很足。产后一周，她的丈夫也返回了上海。

产前的热闹与产后的寂寞让苏青很是气愤。难道女孩儿就不该生下来？如果都不生女孩儿，谁又来给你做妻子？后来的苏青把这种不满化成了文字，写成了《生儿与育女》一文。

生完孩子后，苏青在家里着实无趣，家里的人都不喜欢，时时予她以难堪，她便不大和她们谈话，闲下来躲在房里抱抱孩子，孩子睡着了，便看些书。她看书因为是消遣性质，所以只看小说戏剧之类，家中订阅的杂志只有《论语》及《人间世》两种，苏青对于前者尤其爱好。

看得多了，苏青手痒难耐，想想自己生女儿所受的苦，便挥毫写就了《产女》一文，然后投给了《论语》。当时《论语》的编辑是陶亢德，他把题目改成《生儿与育女》后，就刊登了出来。

在文章的开头苏青这样写道：

古国古礼，无子为七出之一，为人妻者，无论你的德容言工好到怎样程度，可是若生不出儿子的话，按法据理，就得被丈夫逐出去；即使“夫恩浩荡”，不忍逼令大归，你就得赶快识趣，劝夫纳妾图后，自己却躲在“不妒”的美名下噙着眼泪看丈夫与别个女人睡觉。反之，情形就不同了：母以子贵，儿子若做了皇帝，你就是圣母太后；说得小一些吧，就是儿子是白痴，只要他知道性交，你的丈夫的祖先总可不作若敖氏之鬼，你也不失为X门中的一位功臣。

结尾处，苏青又是这样揶揄那些重男轻女的人们：

男人要老婆，而不要自己老婆替人塑老婆；苟将来科学的力量能使精卵会合时必男不女，则来日之“老婆”将供不应求矣。还是请上帝开个瓦窑，则既可预防公妻主义，且亦替女人受过，功德无量！

《生儿与育女》虽不是苏青发表的第一篇作品，但也被她视为处女作，用她自己的话说就是：“因为家里穷，学校所在地又偏僻，没有什么可消遣的，只得看些书，而所看的书又是新文艺居多数，于是也就试着投稿，居然有几篇被采用了，心中自然高兴，但绝没有做一个终身写作者的愿望，这是我的写文章的开始。”意思是之前那都是过家家，现在是玩儿真的。随后，苏青又一鼓作气写了一篇《我的女友们》刊登在《论语》的第七十期上。

丈夫李钦后还有一年大学要读，李父担心学校里环境太嘈杂，不利于儿子读书，就打算让他在外面租房居住，并让苏青跟随前往照应他的生活。至于孙女，则留在家里由他们老两口照看。

对此苏青倒是很乐意，一来在家里的生活着实无趣，二来她想在上海找些事做，毕竟学生时代，她都是忙得不亦乐乎。

理想总是很“猪八戒”，现实却偏偏是“白骨精”。1935年秋，冯和仪和李钦后在上海安了他们的小家，家不大，倒也住得下他们夫妻二人还有跟来的林妈。到上海后不久，夫妻二人就“聚少离多”。李钦后白天在中学教书，晚上6时到9时上课，两个人说话的时间都很少。

无所事事的苏青，找了无数的消遣方式，最终只好看英文戏剧书籍，自娱自乐。秋末冬初换季时节人的体质容易发生病变，苏青患了重伤风，卧床不起，听着外面的上海话在高声谈笑，有一种天涯沦落人的凄凉之感。

夫妻在一起生活，柴米油盐酱醋茶，事事都少不了钱。当时这个小家庭生活的主要来源是靠李钦后家里的接济，尽管饿不死，但的确撑不着。李钦后又是个自尊心极强的人，觉得自己已经娶妻生子，却还腆着脸问家里要钱着实不妥。苏青没有工作，身无分文，家里的日常生活都由她打理，因而不得不向丈夫要钱。而每当此时，李钦后总是摆着一副臭脸，仿佛在说：“你向我要，我又向谁要呢？”

李钦后有怨言，苏青难道就没有吗？我离开母亲和女儿，和你来到上海照看你吃照看你喝，又没有工作，总不能向我母亲要吧，言下之意是说：“我不向你要，又向谁要呢？”

积攒多时的火药终于爆炸了，夫妇二人第一次为了类似的生活琐事发生了争执，他打了她，还放下狠话：“你是人，我也是人，凭什么你伸手问我要钱！”

凭什么？凭你是男人！

苏青曾在和张爱玲共同接受记者访谈的时候说过：“用母亲或是儿子辛苦赚来的钱固然不见得快活，但用丈夫的钱，便似乎觉得是应该的。因为我们多担任着一种叫做生育的工作。故觉得女子就职业倒决不是因为不该用丈夫的钱，而是丈夫的钱或不够或不肯给她花了，她须另想办法，或向国家要求保护。”

自己动手丰衣足食，苏青自己想了办法，而没有向国家求助。可是举目无亲的苏青又能做些什么呢？

天无绝人之路，正巧此时，之前采用过苏青稿子的《论语》杂志编辑陶亢德来了一封信，请苏青为林语堂先生新创办的半月刊《宇宙风》赐稿。苦于无事可做的苏青自然喜出望外，欣然应邀奉上《科学育儿经验谈》、《现代母性》两篇文章。

苏青的文风幽默而不失睿智，林语堂很是喜欢。很快两篇文章就刊登了出来，分别刊在第一期和第二期上。每篇五元的稿费算不上多，但也足以让苏青手舞足蹈了。

林语堂对苏青大概是很看重的，他曾约她见面。但是由于当时苏青有了身孕不方便，没有应约。之后林语堂就远赴重洋到了美国，两人终究无缘。然而，苏青的文坛之路也由此开启了。

苏青曾在《谈女人》一文中说：“许多男人瞧不起女人，以为女人的智慧较差，因此只合玩玩”。最终，苏青没有做这样的女人。

此后，苏青在《宇宙风》相继发表了《女生宿舍》、《小天使》、《搬家》、《上海事件纪念》等文章。在此期间，苏青又生了一个女儿，但这并没有影响到她的写作。

1937 年 5 月 16 日，对于苏青来说注定是个值得纪念的日子。这一天出版的《宇宙风》刊登了她的第十三篇文章《算学》。发表文章对她来说已经不算什么了，为什么说非常值得纪念呢？因为从那天起她启用了一个笔名——苏青。从此以后，苏青这个笔名在中国的文坛上熠熠生辉。

国家不幸诗家幸，赋到沧桑句便工。与文坛上的一路高歌相比，她的国、她的家可谓是不幸的。

这一年7月7日，爆发了震惊中外的卢沟桥事变，日本发起了全面侵华战争。一个月过后，战火蔓延到了上海，就在“八·一三”事变前夕，苏青又生下了他们的第三个女儿。在后来的逃亡过程中，苏青把她寄养在了一个农民家庭，等战火稍微平息再回去寻找的时候，发现早已经夭折。

一个在炮火声中出生的生命呀，不及等到炮火终止，便给磨折死了，仅仅度过21个月的苦难人生，她的来去何匆匆，毕生不曾见到过太平。对此，苏青有着深深的负罪感。

路归路来桥归桥

战火平息后的上海成为了一座孤岛，夫妇二人先后回到了上海。李钦后大学毕业后在一家洋行里找到工作，收入不菲。饱暖思淫欲，此时的李钦后步入了他老丈人、苏青父亲的后尘，成为风月场所的常客。

不知是巧合还是造化弄人，苏青的父亲当年也是在银行任职，然后“等闲变却故人心”。而如今李钦后又是。不信命吗？不信，它却偏偏跑出来证明给你看，让你不信也得信。

期间李钦后的弟弟李钦若在此寄住，哥哥李钦后经常不着家。风华正茂、温文尔雅的弟弟李钦若就填补了苏青情感上的空白。两人虽说大多是精神上的慰藉，比如倾听对方谈话，交流共同的兴趣点，但毕竟心里有愧。

偷来的欢愉刺激是刺激，终究掺杂着恐惧。苏青很快就结束了这段不伦之恋，可是在心底她毕竟是渴望的。

苏青曾经这样想过："我需要一个青年，漂亮的，多情的男人，夜夜偎着我并头睡在床上，不必多谈，彼此都能心心相印，灵魂与灵魂，肉体与肉体，永远融合，拥抱在一起。"

丈夫李钦后辞掉了洋行的工作，自己开了一家律师事务所，事业蒸蒸日上。而苏青的文学之路走得也很顺畅。期间，苏青生下了他们的第四个女儿，较之于前三个的命途多舛，诚然这个女儿是幸运的，过着衣食无忧甚至可以算得上是锦衣玉食的生活。

上帝是公平的，给了你一扇门就不会再给你开一扇窗。与两人事业的蒸蒸日上相比，他们的婚姻继爱情之后，也在一步步走向坟墓。

小人物的命运总是被大时代裹挟着，无论你情愿与否。在时代的裹挟中，有人逆来顺受，有人逆流而上。逆来顺受，或能站在风口浪尖，但终究身不由己，却也能苟延残喘。逆流而上，或能乘风破浪，中流击水，但如有不慎，便是粉身碎骨。

1941 年 12 月 7 日，日本偷袭珍珠港成功后，侵略中国的日军精神为之一振，越过苏州河全面攻占了公共租界，接管了英美在上海的一切事务。 昔日的英国米字旗、美国星条旗被日本的太阳旗取而代之。在中国大陆上飘零长达四年之久的"孤岛"就此沦陷。

上海沦陷后，李钦后失去了律师的工作，而苏青肚子里则正怀着他们的第五个孩子。丢了工作的李钦后，本事没长，脾气倒见长了，三天两头就欺负苏青。怒上心头时，不由分说就在苏青脸上扇了几巴掌，有时候当着别人的面亦是如此。

越是没有本事的男人越会欺负自己的妻子，他要把在外面受的气，在自己家庭中撒出来，这正是“踢猫效应”。更可气的是，李钦后还勾搭上了邻居作家徐訏的妻子赵琏。

生活已是如此艰难，却还有人口要添。1942年农历正月初四，苏青终于生下了一个男婴，这也是她唯一的儿子。然而，这个生不逢时的小生命，除了给他的爷爷奶奶带去欢愉之外，并没有拉近父母的距离。苏青和李钦后早已经背道而驰，越走越远，唯一的联系，似乎只剩下了共同的孩子。

然而夫妻二人最终连仅有的关系也忍受不下去了。起因是一个画家来找苏青讨论插图的问题，下楼的时候正好碰到李钦后。李钦后看到自家楼上下来一个男人，恼羞成怒，不分青红皂白就把苏青给打了。

多年以来积攒的委屈终于在那一刻爆发了，苏青眼眶里泪水在打转。想想结婚将近十年，自己何曾有过片刻的欢愉。为你放弃学业，为你来到上海，为你生儿育女。纵使眼泪哭干，也哭不完十年的委屈。

当天下午，苏青就离家到朋友家暂住，从此之后两人一直到离婚都是分房而居。两年后，也就是1944年，两人正式离婚。新中国成立后，李钦后因为贪污被枪毙，苏青还兴致冲冲地跑过去看，嘴里念念有词道：“共产党总算为我出了一口气。”

多少恨尽含其中！

娜拉走后会怎样

没有了男人，生活还得继续，你若不坚强，软弱给谁看。

鲁迅先生曾在北京女子高等师范学校文艺会上做了一个演讲叫做《娜拉走后怎样》。

娜拉是挪威剧作家易卜生经典作品《玩偶之家》的女主人公，在经历一场家庭变故之后，终于看清了丈夫的真实面目和自己在家中所扮演的“玩偶”角色，在庄严地声称“我是一个人，跟你一样的一个人，至少我要学做一个人”。之后，娜拉毅然走出了家门。

走的时候固然潇洒，可是其中甘苦，也只有自己心知肚明了。那么娜拉走后会怎么样呢？鲁迅先生给出了答案：要么堕落、要么回来，还有一种可能就是饿死。

鲁迅先生接着说道：人生最苦痛的是梦醒了无路可以走。做梦的人是幸福的；倘没有看出可走的路，最要紧的是不要去惊醒他……然而娜拉既然醒了，是很不容易回到梦境的，因此只得走；可是走了以后，有时却也免不掉堕落或回来。否则，就得问：她除了觉醒的心以外，还带了什么去？倘只有一条像诸君一样的紫红的绒绳的围巾，那可是无论宽到二尺或三尺，也完全是不中用。她还须更富有，提包里有准备，直白地说，就是要有钱。

苏青正如同娜拉一样，要么回去，要么堕落，要么死掉，要么有钱。毋庸置疑，苏青选择了后者。

没有了依靠，生活还得继续。为了养家糊口，她得更加努力夜以继日的写稿。据苏青自己回忆说：“日间我带领两个孩子，晚上写文章，稿费千字二三十元不等的，我常独坐在电灯下直写到午夜。暑天的夜里是闷热的，我流着汗，一面写文章一面还替孩子们轻轻打扇，不然他们就会从睡梦中醒来，打断我思绪，而且等写完快要到五更了。”

其中辛苦，可见一斑。即使如此拼命，也不是每份付出都会有收获：“我虽然这么勤于写，编辑先生可未必都是勤于登的，有的选登倒还迅速，便是稿费迟迟不发，倒害得我真个望眼欲穿了。”

这种境地，也是可以料想到的。之前家庭的主要收入是靠李钦后，而苏青的稿酬只不过是锦上添花。这一下子没有了顶梁柱，只靠苏青的零星收入撑起一个家庭，其难度可想而知。

没日没夜的辛苦，苏青的身体自然吃不消。不到半年时间，苏青的身子就垮了。经检查她是患了严重的肺结核，就是我们俗称的痨病。在当时那个年月，痨病基本上是不治之症。鲁迅先生的小说里多次提到这个病，患了此病的主角无一例外的被折磨致死。

大难不死必有后福，苏青苟延残喘地活了下来，这要得益于她的朋友苏曾祥医生。苏曾祥是苏青之前为了谋职去日语补习学校学习时认识的。两人一见如故无话不谈，苏青由此得知苏医生在青年时就与丈夫离婚，富有同情心。而这次苏青大病，也正是因为苏曾祥的出手相救。更主要的是，苏曾祥给了她继续生活下去的鼓励和勇气。

宋代理学大师程颐曾经说过：“饿死事小失节事大”，意在告诫天下妇人即使死了，也不能失去自己的贞操。

对于那个年代，所谓“节”就是贞洁、贞操。而这里所说的“节”，则是民族气节。

病愈之后的苏青继续为生计孜孜不倦地工作着，她的伯乐，最早刊登她文章的编辑陶亢德请求朋友帮忙，介绍苏青在“中华联合制片股份有限公司”担任编剧。令苏青万万没想到的是，该公司是由日本人控制，用作对中国进行文化殖民。里面的中国员工，自然而然地就成了文化汉奸。

兵荒马乱的年代，一个急于求生的小女子又怎么会顾得了那么多。即使如此，一个月后，随着公司编剧们的集体辞职，她也被迫失业了。

就在此时，上海的《古今》杂志向她抛来了橄榄枝，苏青虽借由此杂志暴得大名，却也由此几乎背负了一生的骂名。

苏青第一次在《古今》杂志上露面，是在 1942 年 10 月 16 日出版的第 9 期杂志上发表了散文《论离婚》。

这篇文章开宗明义的就点出了离婚仿佛成为了一种时尚，同学、姐妹都在离婚，并分析了离婚的原因，以及对男女各自的影响。

其中一段写得非常俏皮，录如下，以飨读者：

性的诱惑力也要遮遮掩掩才得浓厚。美人睡在红绡帐里，只露玉臂半条，青丝一绺是动人的，若叫太太裸体站在五百支光的电灯下看半个钟头，一夜春梦便做不成了。总之夫妇相知愈深，爱情愈淡，这是千古不易之理。恋爱本是性欲加上幻想成功的东西，青年人青春正旺，富于幻想，故喜欢像煞有介事的谈情说爱，到了中年洞悉世故，便再也提不起那股傻劲来发痴发狂了。夫妇之间顶要紧的还是相瞒相骗，相异相殊，我不使你看到早晨眼屎，你不让我嗅着晚上脚臭，始有美感；我不懂你文章多好，你不知我刺绣多巧，便存敬意。闹离婚的夫妇一定是很知己或同脾气的，相知则不肯相下，相同则不能相容，这样便造成离婚的惨局。

但是不要忘了，《古今》是汪伪政府所创办的刊物，汪精卫、周佛海、陈公博、梁鸿志、江亢虎等政治大佬以及周作人、周黎南、文载道、周越然等都是其撰稿人。

而苏青这篇文章，正是被时任上海市长，也就是大汉奸陈公博看中了。觉得鸡蛋好吃，何必要认识下蛋的老母鸡呢，这是钱钟书的逻辑；觉得鸡蛋好吃，就要认识下蛋的母鸡，这是陈公博的逻辑。

苏青得知之后，就开始投桃报李。她一个小女子对一个政治大佬自然无以回报，唯有以文相许，很快她洋洋洒洒写就了一篇《〈古今〉的印象》并且刊登了出来。

文中苏青首先表明自己喜欢读陈公博的文章，其次又对陈公博本人赞赏了一番："陈氏是现在的上海市长，像我们这样普通小百姓，平日是绝对没有机会可以碰到他的，不过我却见过他的照相……他的鼻子很大，面容很庄严，使我见了起敬畏之心，而缺乏亲切之感……当我再走过辣斐德路某照相馆，看见他的半身放大照片的时候，我觉得他庄严面容之中似乎隐含着诚恳的笑意，高高的、大大的、直直的鼻子象征着他的公正与宽厚，因他在《古今》上面之文字感动力，使我对他的照片都换了印象。"

不久，苏青就应邀出席了在静安寺路金门大酒店举行的欢迎"日本文化使团"茶话会。不到两个月后，她又出席了《古今》社举办的一个作家茶话会。

万绿丛中一点红，苏青是与会十六个作家里面唯一的女的，自然就是众星拱月。这次茶话会，苏青可谓收获不小，结交了周佛海、文载道、周越然、金雄白、柳雨生等人。

从此，苏青可以说是混得风生水起。当然，这不仅仅是因为她有"贵人相助"，更多的是靠她自身的努力。本身没本事，就是穿上龙袍也是沐猴而冠。此时苏青的《结婚十年》小说已经享誉上海市井之间。

后来苏青把它结集出版，人们争相购买，盛况空前。这本书一共印了36版，可谓是创造了当时出版行业的一个奇迹。正因为《结婚十年》这本小说，苏青因此和张爱玲并称为上海文坛的双璧。

苏青的热闹不仅于此，陈公博还给苏青介绍了两个工作：一是做他的私人秘书，二是做市政府的专员。考量过后，苏青决定做专员。作家不愧是作家，对事物的观察偏僻入里。入职后不久，就写出了一篇酣畅淋漓的《谈做官》。正是因为言辞的犀利，导致刚刚三个月，陈公博就把她委婉的辞掉了。出于照顾，薪资照付，算是留薪停职。

对苏青照顾的不仅有陈公博，还有周佛海夫妇。周佛海的夫人杨淑慧和当时许多的上海市民一样，是苏青《结婚十年》的书迷。经人介绍后，杨淑慧认识了苏青。两人相谈甚欢，得知苏青正在为安家费发愁时，杨淑慧赠予了苏青一万块钱，这算是读者对作者慷慨的打赏。行笔至此，张溥杰真心有点小小的羡慕呢。

陈公博得知后，也不甘落于杨氏，随即赠送苏青十万元支票。

苏青是个要强的人，此时的她觉得现在天时地利人和，因而要干出一番事业。没过多久，她在陈公博和周佛海夫妇的支撑下创办了天地出版社同时刊发《天地》杂志。

因为苏青的人脉和名气，办得可谓是风生水起。陈公博、周佛海父子、周作人、胡兰成、谭正璧、朱朴、张爱玲、纪果庵、柳雨生等政治界和文艺界大佬均是其撰稿作家，《天地》杂志的发行量也节节攀升。

必须要说的是，苏青的敬业精神很让人钦佩。首先她坐在装运白报纸的车上亲自押车；其次亲自到报摊收款；还有就是为了编好杂志，费尽心机地催稿。无论是政界大佬，抑或是文艺界巨擘，都被苏青催过稿。

人怕出名猪怕壮，正是苏青和汪伪政府人员关系过密，尤其是和陈公博过于暧昧（苏青正是在陈公博的怂恿之下和李钦后离婚的），再加上担任过“中日文化协会的秘书”。故此，苏青难免招来一些骂名。

因为其行文大胆赤裸，故被一些人戏称为“文妓”。又因为她出版刊物十分卖力，为人精明，又被人称为“犹太作家”。这些尚好，1945 年日本投降后，一个叫司马文森的人编著了一本《文化汉奸罪恶史》，历数 16 位文化汉奸罪状。毫无悬念，苏青和张爱玲榜上有名。

对此两人态度是截然不同的，张爱玲选择了沉默，苏青选择了辩白。在《关于我》一文中苏青这样写道：“我在上海沦陷期间卖过文，但那是我‘适逢其时’，亦不得已耳，不是故意选定的这个黄道吉日才动笔的。我没有高喊打倒什么帝国主义，那是我怕进宪兵队受苦刑，而且即使无甚危险，我也向来不大高兴喊口号的。我以为我的问题不在卖文不卖文，而在于所卖的文是否危害民国的。否则正如米商也卖过米，黄包车夫也拉过任何客人一般，假如国家不否认我们在沦陷区的人民也尚有苟延残喘的权利的话，我就如此苟延残喘下来了，心中并不觉得愧怍。”

平心而论，苏青的确没有写过向日本谄媚的文字，最多是写过向日本走狗陈公博等人谄媚的文字。但这一切，就足够了。对于旧相识陈公博，苏青也是有话要说的。

1946 年 6 月 3 日，汪精卫的继承人，大汉奸、伪南京政府主席陈公博被处决。翌年苏青在出版的《续结婚十年》中说："我回忆酒红灯绿之夜，他是如此豪放又诚挚的，满目繁华，瞬息间竟成一梦。人生就是如此变幻莫测的吗？他的一生是不幸的，现在什么都过去了，过去了也就算数了，说不尽的历史的悲哀啊。"

满目繁华，瞬息间竟成一梦。陈公博如此，苏青又何尝不是。少女时代的梦是念完大学，梦碎了之后又想着相夫教子。谁知连生四女的她感受不到家庭的温馨。好不容易生子后，却面临着婚姻的破裂。功成名就如同小孩子吹出的泡沫，虽曾光彩耀人，却是充满了口水，容易破碎的。

行笔至此，有人或许会对苏青的一生唏嘘不已，其实大可不必。

就拿苏青的丈夫李钦后来说，张爱玲对其评价道："其实她丈夫并不坏，不过就是个少爷，如果能够一辈子在家里做少爷少奶奶，他们的关系是可能维持下去的。然而背后的社会制度的崩坏，暴露了他的不负责。他不能养家，他的自尊心又限制了她职业上的发展。而苏青的脾气又是这样，即使委曲求全也弄不好的了，只有分开。"

两人分开后，苏青除了和陈公博眉来眼去，和其他男人亦是暧昧。如果按其自传体小说中描写的那样，她简直就是一个风月惯手。日本投降后她还想和陈公博一起出逃，没想到陈公博锒铛入狱。陈公博被处决后一段时间，苏青和胡兰成也有过暧昧。

胡兰成曾在《谈谈苏青》一文中说："倒是在看书写字的时候，在没有罩子的台灯的生冷的光里，侧面暗着一半。她的美得到一种新的圆熟和完美，是那样幽沉的热闹，有如守岁烛旁天竹子的红珠。"

仔细咂摸一下，这是何等的暧昧。夜色已深，一个离婚女人旁边坐着一个男人，此人不是她的丈夫，亦不是她的男朋友，却静静地注视着她伏案读书写作。试想，如若不是非同寻常的关系，又怎么会有如此有情调的场景。

苏青一生走来尽管起起落落，也算有失有得，待到白发苍苍之时，或许可以骄傲地说：这世界我曾经来过。

生命如同一袭华美的袍，上面爬满了虱子。张爱玲的这句话，形容苏青再好不过了。1982 年 12 月 7 日，一生跌宕起伏的苏青，驾鹤西去，得年 69 岁。是是非非，都由她去了。

吕碧城：绛帷独拥人争羡

诸君也许会纳闷，听说过第一家庭，也听说过第一夫人，这民国第一女子是怎么回事。且莫着急，听我慢慢说来。在民国那个年头，是新旧交替的时代，什么样的人都会出现，乱世英豪，文学巨擘，贩夫走卒是你方唱罢我登场。

要说当时的女性，也个个是巾帼不让须眉，争奇斗艳。

有一女子却是冠盖群芳独秀一枝，坐拥诗人、政论家、社会活动家、资本家、中国第一位女性撰稿人、中国新闻史上第一个女编辑、中国第一位动物保护主义者、中国女权运动的首倡者、中国女子教育的先驱者、20世纪在欧美提出禁止杀害动物的先驱者等光芒耀眼的头衔。除此之外，她还有“近三百年来最后一位女词人”这个响当当的称号。如果吕碧城不是民国第一女子，谁还是？

当这个奇女子谈及自己的感情问题时，则说：“生平可称心的男人不多，梁启超早有家室，汪精卫太年轻，汪荣宝人不错，也已结婚，张謇曾给我介绍过诸宗元，但年届不惑，须眉皆白，也太不般配。我的目的不在钱多少和门第如何，而在于文学上的地位，因此难得合适的伴侣，东不成、西不就，有失机缘。幸而手头略有积蓄，不愁衣食，只有以文学自娱了。”

看来，还真是个有故事的女人。

身世浮沉雨打萍

江南好，风景旧曾谙，日出江花红胜火，能不忆江南。这是唐朝诗人白居易笔下的江南胜景。“民国第一女子”吕碧城虽是出生在三晋大地的山西太原，其祖籍却是位于江南之地的安徽旌德县。

江南的水气和北方的寒风同时融进书香世家出生的吕碧城的气质中，因而她既有南方女子温婉多情的一面，也有北方人豪情奔放的“女汉子”气质。

光绪九年 (公元 1883 年) 阴历六月，吕碧城出生在山西太原，那时她的父亲吕凤岐在山西担任学政，官居三品，是总揽一省数万考生前途的最高官员。吕凤岐的元配蒋氏，生下两子后一命呜呼。后来，续弦严氏，即是吕碧城的母亲。她生了四个女儿，吕碧城排行老三。

严氏亦是出身名门，决心亲自教授四个女儿。四朵金花在母亲精心栽培下散发着沁人心脾的幽香。苦心人天不负，后来吕碧城和她的两个姐姐吕惠如、吕美苏均博得大名，被时人赞为“淮南三吕，天下知名”。

后来吕碧城兴办妇女教育，也是因为她从自己的母亲身上看到了女子教育的重要性。

在吕碧城三岁时，吕凤岐刚好任期已满，加之他早已厌恶了官场上的乌烟瘴气，遂携全家回到了故乡。吕碧城曾有一诗追忆童年时期在故乡欢愉时光，诗曰：

清明烟雨浓，上巳莺花好。
游侣渐凋零，追忆成烦恼。
当年拾翠时，共说春光早。
六幅画罗裙，拂遍江南草。

寥寥数笔，江南的美景与童年的欢愉就跃然纸上，天生聪慧的吕碧城在良好的家庭教育下，据说是5岁能诗，7岁能画。

有一次年幼的吕碧城和父亲吕凤岐在花园赏春游玩，看见垂柳依依，吕凤岐诗兴大发，随口吟诵道："春风吹杨柳。"平心而论这算不上什么好句子，只是简单地描述了一下眼前的景象而已。

而小碧城听到父亲的吟诵后，便漫不经心的脱口而出道："秋雨打梧桐。"其实这也算不上什么好句子，但是出自一个5岁的小女孩之口，也是能够让大人目瞪口呆的了。

从此吕凤岐更待这个女儿不同，孜孜不倦地教诲着她。其实，这也是吕凤岐化解悲痛的方式。同样是在吕碧城5岁这年，她的异母哥哥因为逃学受到老师和父亲的责备，一时想不开寻了短见，死时才19岁。

祸不单行，福无双至，就在长子离世四年后，吕凤岐再次受到了丧子之痛，他的小儿子，吕碧城的另外一个异母哥哥因病去世。对于吕凤岐这个旧时代的知识分子来说，意义还远不是少了两个儿子，而是意味着断子绝孙啊。

不堪打击的吕凤岐患上了头痛病，也就更把心血花在四个女儿身上。

光绪二十一年，吕碧城年满 12 岁，她的诗与画已经有了相当高的水平。吕凤岐的好友樊增祥，不吝溢美之词道：“聪明天赋与娉婷，记取前生瑭朗星。练就才人心与眼，为谁暖热为谁青。”

但见好花皆易落，在这一年的秋天，吕凤岐的新宅和藏书室经过三年的精心营造终于竣工，藏书竟达数万卷之多。不久又是他 59 岁的寿辰，当地名流都来到新宅为他贺喜。可能是久悲忽逢两喜事，大悲大喜之间吕凤歧竟然溘然长逝。

突如其来的变故对于吕家来说远不止家里没了顶梁柱，更有族人的冷漠无情。由于吕凤岐两个子嗣夭折，在那个旧时代女子又不被看做继承人，因而族人就觊觎他们的家产。

利欲熏心的族人们，在吕凤岐尸骨未寒之际竟然把吕碧城的母亲非法囚禁起来。万般无奈之下，小小的吕碧城只好写信向父亲的旧时朋友求助。

诚如多年以后，吕碧城所回忆的那样 ：“众叛亲离，骨肉、伦常惨变”。既然是才女，吕碧城对这段不堪回首的记忆，也写有一首词，词曰：

空记藐孤家难日，伊谁祸水翻澜？长余风木感辛酸，囊萤书惯读，手线泪常弹。

东望松楸拚一痛，无由说与慈颜。虚声今日满江关。重泉呼不应，多事锦衣还。

所谓的骨肉亲情，在利益面前，有时是那么的不堪一击，反倒不如外人来得宽容。当然，这也不是绝对的，还要因人而异。

一波还未平息，一波又来侵袭。由于吕碧城 9 岁的时候，就已经被家里人定了娃娃亲，而此时因为家道中落，男方家庭看吕碧城小小年纪便有如此锋芒，在那个女子无才便是德的年头，吕碧城自然算不上好媳妇的标准，于是男方毅然决然要求退婚。那时，一个女人被无故退婚，简直就是奇耻大辱。

塞翁失马焉知非福，或许正是因为这场退婚而少了一出人间悲剧，多了一个风华绝代的民国女子。也正是由于如此一系列的家庭变故，使得吕碧城下定决心以后为中国女权奔走呼吁。

无奈之下，吕碧城的母亲只好放弃家产，草草将长女嫁了出去，然后带着吕碧城等三个剩下的女儿回了娘家。

燕子飘零桂栋摧，乌衣门巷剧堪哀。登临试望乡官道，一片斜阳惨亓。

多年以后吕碧城以她所擅长的笔墨记述下了这段不堪回首的往事。

孟夫子说：天降大任与斯人也，必先苦其心志，劳其筋骨，饿其体肤，空乏其身，行拂乱其所为，所以动心忍性，曾益其所不能。

在孟老夫子说过这句话之前以及之后，大多数名士基本上都是照这个路子生长的，当然也免不了一些意外。

严氏终究是个大家闺秀，目光非一般妇人短浅。为了不让女儿整日与锅碗瓢盆打交道，她又带着吕碧城辗转来到了塘沽，找到了在直隶塘沽任盐课司大使的兄弟严凤笙，那一年吕碧城只有 13 岁。

有了栖身之所，吕碧城便嗜书如命，经史子集，唐诗宋词，凡是能得到的书本，她全部都翻了个遍。古人说，读万卷书，行万里路。七八年的时间，吕碧城已经横扫了无数文字，已经成年的她再也不愿意困守空闺，与书为伴了。她想要像一只金雀那样，飞跃牢笼，一览花花世界。

冷红吟遍，梦绕芙蓉苑。银汉恻恻清更浅，风动云华微卷。水边处处珠帘，月明时按歌弦。不是一声孤雁，秋声那到人间。

这首吕碧城的词表明了她当时的心迹，冷红吟遍，终究还是“孤雁”。孤僻的性格，也使得她变得争强好胜，固执己见。

光绪二十九年(1903 年)春天，20 岁的吕碧城得知舅舅署中秘书方小洲的夫人要去天津，也想跟去看一看，探访一下女学。

谁知换来的不是舅舅嘉许，而是冷冰冰一句“不守本分，不守妇道”的呵斥。这句话彻底激起了吕碧城心中的怒火，什么是不守本分，什么又叫不守妇道。男人可以满世界跑，女人就不可以?

吕碧城虽然选择了隐忍，但是心中早已经有了打算。翌日，吕碧城便不带行李不带盘缠只身一人逃到了前往天津的火车上。一个充满未知的世界牵绕一颗少女的心，二者的距离在火车的牵引下，逐渐缩短。

花花世界虽然让人充满了向往，但是终究有其残酷的一面。当吕碧城来到她朝思暮想的天津时，她傻眼了。倒不是因为天津不够好，而是因为她身无分文，举目无亲。

天无绝人之路，幸好她在火车上遇到了一个好心人，天津一家照相馆的老板娘。当她得知吕碧城的尴尬境遇后，主动邀请吕碧城去她家住宿。吕碧城也没想那么多，譬如为什么邀请我去她家呀，是不是有什么不可告人的目的啊。

吕碧城到底是个涉世未深的少女，不如一般人那样有所顾虑，就跟着那老板娘去了。不要把人都想象得那么好，也不要把人都想象得那么坏，吕碧城遇见的是好人。

整日无所事事的吕碧城既不能、也不想就这么灰头土脸地回去，她要为自己争口气。但是她又没什么好去处，只好就这么在天津闲逛。无意中她得知方小洲的夫人住在天津滨江道的《大公报》社，于是她就抱着试一试的态度，向其写了封信。

无心插柳柳成荫，这封信并没有到达收信人手中，而是到了《大公报》总经理兼总编辑英敛之手里。他看了之后，既同情吕碧城的遭遇，又深深为吕碧城的文采所折服。

觉得鸡蛋好吃，还要想见一下下蛋的老母鸡，这是诸多男人的通病，英敛之也不例外。他决定登门拜访一下这个让他为之倾倒的女子，并邀请她住在报社，委以编辑之职。

虽没能上成女学，但吕碧城却一不小心成为有“华北第一报”之称《大公报》的第一位女编辑，也是中国有史可考的第一位女报人。

可是刚安顿下来没多久，吕碧城的舅舅严凤笙却被撤职，这样一来吕碧城就得跟其一块儿回安徽。但是吕碧城不愿就此罢休，她早已不是那个任人摆弄的小麻雀了。得知消息后，她委托英敛之代觅学堂，试图以上学的名义留下来。

严凤笙拗其不过，只好拜托英敛之夫妇照顾好自己的外甥女。此时的吕碧城可谓是山高任鸟飞，海阔凭鱼跃。

英敛之当然为吕碧城找不到合适的学校，原因无他，盖因吕碧城国学底子深厚，没有学校能够教得了她。既然如此，那只好自己动手丰衣足食了。

恰巧此时有人来找英敛之商量创办女学之事，英敛之也是“久蓄兴女学之志，惟苦于师范无人，不克开办，今得此天假之便，乃奔走组织为天津公立女学堂”。同时，英敛之拉来了吕碧城，邀请她参与其中，并传授给她法语。

随后不久，吕碧城的舅舅一家以及她的大姐吕惠如、二姐吕美荪都加入到了女学创办的活动中来。英敛之此人不同凡响，曾因批评时政逃往海外，后来特赦回国后，于1902年创办《大公报》，当代知名演员英达为其第四代后裔。

创办女学过程中，吕碧城在其帮助下结识了诸多津门名流，进而也获得了天津道尹唐绍仪乃至袁世凯的鼎力支持。

彼时，吕碧城苦于没有经费，四处筹措。而时任直隶总督兼北洋大臣袁世凯也正在积极推行新政。虽说女子教育并未被学部的“癸卯学制”列入正规学校体系，但袁世凯对女子教育也颇为重视，于是大手一挥，便划拨了一千元的创办费。除此之外，天津海关筹款局每月提供百元作为日常经费。

值得一提的是，吕碧城舅舅严凤笙之所以帮忙筹备女学，正是奉了袁世凯之命。严凤笙虽无地自容，但也只好“忍气权从”。这算得上吕碧城呼吁“女权”以来的第一次胜利。为此吕碧城曾揶揄道：“然予之激成资助以迄今者，皆为舅父一骂之功也。”

吕碧城的影响可谓是深远的，她所参与创办的北洋女子师范学堂，培养出了一大批巾帼英雄，邓颖超、刘清扬、许广平、郭隆真等，都曾亲聆过吕碧城授课。

在创办女学的同时，吕碧城还利用《大公报》这个良好的舆论平台，发出自己的声音。昔日的文字只是在亲友之间传阅，到底是小众圈里有点名气。就比如你买了件新衣服，却只能给亲友炫耀一番，终究达不到自己心里所渴求的要让全世界人都知道的那种地步。现如今，吕碧城想要更多人一睹她的才华。

是骡子是马，牵出来遛遛。都说吕碧城行，到底她行不行呢?

当时西学东渐，无数的壮志儿郎将目光投向了与民族复兴息息相关的个人觉醒，一些人也注意到了女子的权益。英敛之就是其中的代表人物。当然有了男性还不够，还要有女性自己的觉醒，那么吕碧城就是其中的典型代表。

吕碧城在《大公报》上发表了大量文章，主要涉及两个方面，一是提倡女性教育。归结起来就是“兴女学，倡女权，破夫纲，求平等”。二是关于女性地位和女性独立。

她曾在 1904 年 5 月 10 日的《大公报》上发表了《满江红·感怀》一词，词曰：

晦暗神州，忻曙光一线遥射。问何人女权高唱? 若安达克，雪浪千寻悲业海，风潮廿记看东亚。听青闺挥涕发狂言。君休讶!

幽与闭，如长夜，羁与绊，无休歇，叩帝阍不见。愤怀难泄，遍地离魂招未得，一腔热血无从洒。叹蛙居井底愿频违，情空惹。

当年岳飞一首《满江红》，回荡着一种浩然正气以及忧国忧民的英雄气概。而吕碧城的词，字里行间则闪烁着为女权高歌的飒爽英姿。

这阕词一经发表，很快就有了回声，京津两地的社会名流争相唱和。其中就有袁世凯之子袁寒云、李鸿章之侄李经羲。各界名流纷纷发文称赞，丝毫不吝溢美之词，譬如：“飞将词坛冠众英，天生宿慧启文明。绛帷独拥人争羡，到处咸推吕碧城”、“余事填词，亦复俊丽绝伦，殆今之易安居士欤”、“三千年彤史中无此英杰”。

其实我倒觉得，社会各界的心态，并不是真正为吕碧城所提倡的女权感兴趣，而是一种围观心态。仿佛群氓之中突然出现了一个风姿绰约的女人，争相搭讪之，调戏之，仍然笼罩着男权色彩，这也是时代的局限性，避免不了。

但无论如何，吕碧城由此赢得了中国女权首倡者的美名，被时人拿来和李叔同一并当作当时天津的名片，正所谓：男有李叔同，女有吕碧城。

可以说，吕碧城是借由《大公报》声名鹊起，蜚声华夏。

其中还有一个好玩的事儿，革命女侠秋瑾原本也以碧城为号，《大公报》刊发吕碧城的文章伊始，有人还以为是秋瑾呢。当秋瑾得知还有一个碧城后，便专程过来拜访，两个“女汉子”一见如故，相谈甚欢。

不过当秋瑾说服吕碧城和她一道东渡扶桑实现“驱除鞑虏”的革命伟业时，吕碧城则表现出了更高的一层境界，她说她是世界主义者，没有种族偏见，何况满汉已经融合了那么久。道不同不相为谋，两人就此分别。秋瑾遇害后，吕碧城痛心疾首，夜不能寐，写文悼念，也算有情有义。

吕碧城初生牛犊不怕虎，虽和秋瑾理念不同，但是也自有一股侠气在。光绪三十四年（1908 年），光绪皇帝与慈禧太后相隔几天先后亡故，一大批人如丧考妣，惶惶不安，仿佛国将不国。其实想想，纯属傻子不分年代，谁离了谁不能活啊，地球离了谁不是照转啊。就有人看不下去了，填了一阙《百字令》，把慈禧给痛骂了一顿：

排云深处，写婵娟一幅，翠衣轻羽，禁得兴亡千古恨，剑样英英眉。

屏蔽边疆，京垓金弊，纤手轻输去，游魂地下，羞逢汉雉唐鹅。

其意不言而喻，和林白水的讽刺诗“今日幸西苑，明日幸颐和，何日再幸圆明园。四百兆骨髓全枯，只剩一人何有幸。五十失琉球，六十失台海。七十又失东三省！五万里版图弥蹙，每逢万寿必无疆！”是有的一拼。而且更为尖锐的补了一刀，我看看你慈禧到阴曹地府，怎么面对吕后、武则天。

词的作者不是别人，正是吕碧城。不得不说女人挖苦起女人来，真是入木三分。还好当时的清政府尚存几分自信，没有请吕碧城去“喝茶”，也没有威胁她所在的单位。岂有文章倾社稷，从来奸佞覆乾坤。

在《大公报》期间，吕碧城和英敛之的关系也发生了一些微妙的变化。

1905 年，英敛之将吕氏三姐妹的佳作集成《吕氏三姊妹集》出版，并亲自撰序题跋，对吕碧城的文才、思想给予极高评价：“诚以我中国女学废绝已久，间有能披阅书史、从事吟哦者，即目为硕果晨星，群相惊讶，况碧城能辟新理想，思破旧锢蔽，欲拯二万万女同胞出之幽闭羁绊黑暗地狱，复其完全独立自由人格，与男子相竞争于天演界中。”

毫无疑问的说，英敛之对于吕氏三姐妹是极为欣赏的，尤其是对吕碧城，而且很愿意提携她 ，但是他们二人之间的关系却开始恶化。由于吕碧城早年时期的家庭变故，使得她个性极强，其为敏感，很难与人相处，英敛之甚至在日记中多次数落吕碧城。

“与碧城、梅生略谈学堂情形及办法。碧毫无定见。未尝出一决断语。予默念日后艰难。及众人退缩状，自顾绵力，虽任怨任劳，奈反对者辈为抵隙蹈瑕之计，而共事者又未必与我心心相印，息息相通也。为不快者久之！”“送碧城回学堂。路中略话，甚不合。”

由此可见吕碧城的目中无人、固执己见，让英敛之颇为不快，“可鄙”、“可恶”等字眼多次被其拿来形容吕碧城。除此之外，英敛之喜欢俭朴，而吕碧城却偏爱奢侈。

其实这也不难理解，当初父亲死后吕碧城一家颇受虐待，生活艰苦。如今名与利俱来，不带有报复心理的狂妄奢侈一下，感觉都对不起自己当年吃的那么多苦。对此，英敛之虽然反感，但也是能理解的，要不然也不会那么极力地提携她。

因而，对于吕碧城，英敛之也只能止于欣赏，再说，他比吕碧城大了 16 岁，也早在认识吕碧城之前有了家室。但如果说英敛之对吕碧城丝毫没有感觉，也不尽然，那样也显得吕碧城多没魅力。诚然，也不能为了突出吕碧城有魅力就附会说人家英敛之有意思，这一切都是有根有据的。

英敛之曾在 1904 年 5 月 13 日的日记中这样写道：

五点起，信笔拟填：

稽首慈云，洗心法水，乞发慈悲一声。秋水伊人，春风香草，悱恻风情惯写，但无限悃款意，总托诗篇泻。

莫误作，浪蝶狂蜂相游冶。叹千载一时，人乎天也。旷世秀群，姿期有德，传闻名下。罗袂琅琅剩愁怀，清泪盈把空一般。

怨艾颠倒，心猿意马！午后，内人，碧城等楼上写字。内人闲谈近两点，伊欲进京读书。

英敛之“怨艾颠倒”，“心猿意马”皆为何事？只为伊人也。伊人自然不是他的妻子，而是吕碧城。他的妻子正在醋意大发出走呢，“伊欲进京读书。”好端端的，英敛之妻子为什么想要进京呢？要真好端端的那就好了。

这得从吕碧城离家出走只身一人来到天津说起。当时吕碧城的舅舅也来过天津一次，为了求得舅舅的谅解，吕碧城决定回去一趟。英敛之为其践行，虽是“暂时惜别”，英敛之还是感到“相对黯然”。

回到家后，一脸戚容的英敛之发现自己的媳妇“因种种感情，颇悲痛，慰之良久始好”，之后更是连日练字、读书。由此可以看出，英敛之的妻子和吕碧城相比，有些自惭形秽，所以才那么勤奋的让自己变优秀，女为悦己者容嘛。但是，谁知自己的努力丈夫看不见，反而更加无事向吕碧城献殷勤，所以就想着赌气出去一段时间。

这也就不难理解，英敛之为何会对吕碧城有诸多不满，这正是爱之深责之切呀。真正在意一个人才会去为她生气，为她着急。如若不在意，是死是活，是好是坏又与我何干。

君生我未生，我生君已老

吕碧城还和近代名人严复有着一段暧昧的关系。

吕碧城原名吕贤锡，字遁天，号碧城。后来，她师从严复，严复在她的课本上面题写“明因读本”四字，遂改以“明因”为字。一个女子的名字里面有着一个男人的烙印，意味着什么？不要放在嘴里，要放在心里琢磨一下。

吕碧城和严复的相遇其实也是有一番波折的，早在1904年，二人相继到过天津，但是由于差了几天便彼此错过了。有人也许会说，来来往往的人那么多，岂能又都认得。

此言差矣，两人有一个共同的纽带就是英敛之。严复在 1900 年结识英敛之，1902 年英敛之创办《大公报》之时，严复更是赞叹有加。

虽说两人当时并未得见，但随着吕碧城的声名鹊起，以及英敛之通信给严复的介绍，两人也算“神交”已久。两年后，也就是 1906 年，在英敛之的介绍下严复和吕碧城终于在天津见面。

那一年严复 54 岁，吕碧城 24 岁。君生我未生，我生君已老。

从此以后，两人书信来往不断。严复还为吕碧城的《女子教育会章程》作了序。

男女之间最浪漫的事，莫过于写信吧。或是张狂或是娟秀的笔迹可以感受到一个人的温度，发信和收信时的等待，更是一种无以言说的美丽。有温度，有等待，如果不叫浪漫，那什么可以称得上？

两人的关系热络了起来。严复甚至在给他最心爱的外甥女何纫兰写信时，也不忘夸吕碧城两句，称其“学识之优，品谊之卓”“神驰左右”。

别小看严复这个外甥女，那可是当时严复心爱的掌上明珠，同时也是他的忘年知己。在给一个女人的信里夸赞另外一个女人，那么被夸赞的那个女人在这个男人心里的地位可见一斑。

两人书信来往以及晤面最频繁的时期当属 1908 年，在这一年他们发展成师生关系。严复教授吕碧城名学（逻辑学），而他也在吕碧城的督促下，把耶芳斯的《名学浅说》（Primer of Logic，初译名为《名学启蒙》）一书翻译成中文。

该书序文中严复这样写道：“戊申孟秋，浪迹津沽，有女学生旌德吕氏谆求授以此学，因取耶芳斯浅说排日译示讲解，经两月成书。”

字里行间洋溢着一种无以言说的欢欣，哎呀，这是那个谁谁让我写的啦，两个月终于完成。些许骄傲，些许自得。

“不能忘记你，把你写进日记里。”无数个夜晚，坐在灯下埋头挥笔写日记的严复或许会经常情不自禁地哼起来，假如当时有这首歌的话，可惜没有。不过他多次在日记里提及吕碧城倒是真的。

所记内容，咂摸起来颇有味道。今儿个教碧城《名学》啦，明儿个碧城来我这儿啦，碧城要走我去送她啦，生病难以咽食，矫情地给吕碧城去信一封啦。诸如此类琐事，严复不厌其烦地重复记载着。

人怕出名猪怕壮，当然这句话用在吕碧城身上有些丧失美感，但就是那么一个意思。随着吕碧城的声名鹊起，加上她的特立独行，社会上关于她的谣诼也日益多了起来。

一时间吕碧城仿佛成了唐僧肉，是人都想咬两口，咬到了长寿，咬不到沾沾仙气儿也是极好的。可不就是嘛，别人有了名气，你去骂上两句，骂得好了自己也跟着出名，骂得不好也发泄一下心中的愤懑。

所以说在中国，出人头地者大抵会遭受到两种境遇，一曰先捧再棒，二曰先棒再捧。

先捧再棒就是说，先把你捧起来，捧得高高的，于万人之上。然后乘其不备便当头一棒，把你捧得越高，摔得越惨。

先棒再捧则是说，当你蠢蠢欲动，小有名气之时，就试图把你捻死在萌芽状态，死了便是死了。如果生命力足够强大，冲破重重阻力，成为参天大树，便又有人会来捧你。

无疑，吕碧城属于前者，先是被捧得高高的，然后招致诸多毁谤。当然世界并不是那么的二元对立，除了黑白以外还有赤橙黄绿青蓝紫。就在吕碧城与英敛之等人出现矛盾，外界掺杂刺耳之音的时候，你若问严复是否还支持她？毫无疑问，严复会回答说支持。当然，严复也可能会说无可奉告，但他心里还是会支持的。

可是高处不胜寒的滋味是很孤寂的，谁又能理解吕碧城的心思呢？严复可以，他曾经无不怜惜的说过："此人年纪虽小，见解却高，一切尘陈腐之论不啻唾之，又多裂纲毁常之说，因而受谤不少。初出山，阅历甚浅，时露头角，以此为时论所推，然礼法之士疾之如仇。自秋瑾被害之后，亦为惊弓之鸟矣。现在极有怀馋畏讥之心，而英敛之又往往加以评骘，此其交之所以不终也。即于女界，每初为好友，后为仇敌，此缘其得名大盛，占人面子之故。往往起先议论，听着大以为然，后来反目，则云碧城常作如此不经议论。以诟病之。其处世之苦如此。"

骄傲着吕碧城的骄傲，忧伤着吕碧城的忧伤，这就是严复。

有人还以剩女为由中伤吕碧城，因而严复开始关心吕碧城的婚事。吕碧城都是奔三的人了，如今还是孑然一人，她自己不着急，严复都替她着急了。严复曾在日记中这样写道："下午，吕碧城来视，谈极久。此儿不嫁，恐不寿也。"

原来严复老夫子认为女汉子如果不赶快找个男朋友是会折寿的，为了不让吕碧城折寿，严老夫子就赶快想法子了。当然他自己不能毛遂自荐以身相许，而是找到了对吕碧城仰慕已久的驻日公使胡惟德，彼时老胡原配已殁，正寻佳偶。

但是郎有情，妾无意，吕碧城婉拒了。要是严复真把自己推出去，兴许几率还大点儿。谁知严复非但没有，却还推来了他人。想必吕碧城心里很不是滋味，你们把我当成什么了，我既不是玩具也不是附庸，岂能让你们这般让来让去？

严复为什么会这样呢？他真的对吕碧城没感觉？非也非也。

盖因严复是不主张恋爱自由的，他推崇长辈之命，媒妁之言。

在他看来年轻人毕竟太年轻、太单纯，有时过于幼稚，容易看走眼。而他作为一个长者，阅历丰富，见多识广，西方书籍哪个他没看过？大名鼎鼎的《天演论》都是他率先翻译过来的。

既然推崇“长辈之命，媒妁之言”，严复又怎能与吕碧城“自由恋爱”，只能作为她的长辈做媒而已。既然吕碧城婉拒了，于他来说倒未尝不是件好事，估计他还有点沾沾自喜呢。

不久吕碧城提出自己要到美国去游学，让严复帮她疏通门路。严复就以她不精通英文及北洋人士变动为由，表示自己爱莫能助。想必严复自己也有私心，舍不得她走吧。

但两人自始至终都是这么不冷不热的，不过严复的一首名为《秋花次吕女士》诗仿佛能说明问题：

秋花趁暖开红紫，海棠着雨骄难起，负将尤物未吟诗，长笑成都浣花里。绿章乞荫通高旻，剑南先生情最真。金盘华屋荐仙骨，疏篱柴几皆前因。故山丛兰应好在，抽叶悬崖俯寒濑。山阿有人从文狸，云旗昼卷声绰绦。修门日远灵均魂，玉虬飞鸟还相群，高丘无女自将暮，十二巫峰空黛颦。

君不见洞庭枇杷争晚翠，大雷景物饶秋丽，湖树湖烟赴暝愁，望舒窈窕回斜睇。五陵尘土倾城春，知非空谷无佳人，只怜日月不贷岁，转眼高台亦成废。女娲琴渺楚山青，未必春申尚林际。

红紫的秋花与美娇的海棠虽好，怎奈日月不能贷给我一些年岁让我再年轻一些，也只能负了尤物了。严复虽然曾经去过西方，阅读过大量的书籍，可他终究迈不过那道坎，有着传统君子的遗风。算得上是见闻开放，行为保守。

恨不相逢未娶时

1911 年 10 月的一声枪响，震醒了沉睡的大多数国民。不久之后，中华民国从天而降，神州大地呈现了新的气象，女校如雨后春笋一般的在各地生长。吕碧城选择急流勇退。当大家都在沉睡的时候，你是报晓人，既然大部分都醒了就没必要再叫了。

此时的吕碧城把目光投向了政治领域，虽说慈禧掌权了那么多年，但毕竟不是真正意义上的女性参与政治。当年武则天被人讥讽为“牝鸡司晨”，而吕碧城就要再在政治领域“牝鸡司晨”一下。

袁世凯从孙文手里接过了中华民国临时大总统的位子，由于之前吕碧城和袁家的关系，因而被袁世凯聘为总统府秘书。

说到吕碧城和袁家真正有关系的时候，还得说一下秋瑾。话说秋瑾和吕碧城分别远渡日本后，于 1906 年回国继续参与反清的革命活动。翌年秋瑾又在上海创办了以兴女权为宗旨的《中国女报》，邀吕碧城撰写发刊词，吕碧城欣然从命。

然而由于报纸内容过于激进，刺痛了清政府的神经，刚出了两期就被勒令停刊。随后秋瑾辗转回到绍兴，继续在谋划浙皖两省起义之事。

谁料出师未捷身先死，1907 年 7 月 6 日，秋瑾同徐锡麟在安庆刺杀安徽巡抚恩铭，被捕后旋即被杀，安庆起义遂告失败。徐锡麟弟徐伟供词牵连秋瑾，但秋瑾拒绝离开绍兴，认为“革命要流血才会成功”。最终被捕，惨遭毒手。

然而，树欲静而风不止，秋瑾虽死，可是她的住处仍遭到搜查，她与吕碧城的来往书信被发现，加之之前吕碧城曾为《中国女报》写发刊词，于是吕碧城就被打为秋瑾的同党。

清政府虽镇压革命，但还是按照程序办事，未敢逾矩。批捕公文火速送达北京，要求捉拿吕碧城。袁世凯的二公子袁克定早就听闻吕碧城的大名，并且仰慕不已，他看到公文后，觉得兹事体大，就报告给了袁世凯。

身为直隶总督的袁世凯认为吕碧城是个人才，况且她的女学也是在自己的支持下创办起来的，如果惨遭不测，着实可惜。于是当他收到法部的公文后，就替吕碧城挡了下来。

吕碧城为答谢救命之恩，专程进袁府以示感谢。府中谁家少年，歌诗谈笑间。期间，吕碧城邂逅了对她仰慕已久，且有救命之恩的袁克文，当时袁克文正在学唱昆曲《西厢记》。吕碧城虽留意到了这个翩翩公子哥，但是没去贸然搭讪。后来吕碧城才知道那是袁家的二少爷。

袁世凯曾取出袁克文 17 岁时的诗作给吕碧城看：

醉陟翠微顶，狂歌兴已酣。

临溪坠危石，寻径越深潭。

云气连千树，钟声又一庵。

苍茫归去晚，胜地此幽探。

吕碧城美艳含羞，丹唇轻启，读完之后，啧啧称奇。袁世凯遂介绍两人相见。一个是豪门阔少，一个是翰苑世家。若说没奇缘，今生偏又遇着他。若说有奇缘，如何公子早成家？一个枉自嗟呀，一个空劳牵挂。

吕碧城虽比袁克文大 7 岁，但袁克文早已成家。袁克文身为公子哥，却不喜政治，从小招蜂引蝶，惯看秋月可以不在乎，但是吕碧城在乎呀。不要忘了，她是女权界的一姐。

吕碧城被聘为总统府秘书后也多次与袁克文唱和，但终究是，也只能是“一个是水中月，一个是镜中花”。

多年以后，有人说袁克文是她的红颜知己时，吕碧城莞尔一笑道：“袁属于公子哥儿，只许在欢场中偎红倚翠耳。”从此也可以看出，对于男人，吕碧城是看得一清二楚，心知肚明的。

吕碧城虽说当了总统府的秘书，但她很快发现梦想很美好，现实很残酷，自己根本无法施展才能，而袁世凯也只是把她当做花瓶作为点缀，于是她就不把这个职位放在眼里了。不久之后，吕碧城侍奉母亲严氏于上海，从此便流连沪上。

十里洋场为名媛们提供了绽放光彩的天地，吕碧城也不例外，她参加了柳亚子、陈巢南等人组织的诗社。除了结识了很多墨客骚人，她也与政客有联系，比如吴佩孚。1920 年她曾将诗集寄给他，他亦有回信。但是当袁世凯决定恢复帝制的时候，吕碧城毫不犹豫地甩了那个花瓶职位。

后来的执牛耳者也曾多次邀约吕碧城“共襄国事”，但吕碧城死活也不肯再蹚浑水。有些事情，做过一次就好，没必要留恋其中。

值得一提的是，吕碧城利用丰富的人脉资源，与外商合办贸易，享尽了“资本主义的荣华富贵”。上海静安寺路，自建洋房别墅，屋内家具彰显欧罗巴格调，家有印度仆役，出有洋车代步，极为奢华。

1920 年在她出国留学前，吕碧城将十万巨金捐赠红十字会。在海外，她又两次捐款，竟然是为了宣传保护生态环境。

她取道美国赴欧洲时，在美国寄居纽约号称世界第一的大旅舍，房金甚巨，西方的土豪们大多住不到一个星期，而吕碧城竟然留至六个多月。吕碧城又成了万众瞩目的焦点人物，名媛命妇，皆闻名争与定交，每值隆重宴会，定邀请她参加。她的衣服更是多得数不清，每赴一宴必更换一件，衣着光鲜的她屡屡成为宴会的焦点。

风华绝代一女子

古人说，读万卷书，行万里路。

吕碧城读没读万卷书无从考证，但她绝对行了万里路。

她常常一个人游历名山大川。我想这正是孤独所在吧。出行无需左男右女相伴，只需清风明月相随。好多人好多事，皆入眼帘。我总是觉得，习惯于独来独往的人才是真正的勇者，只有弱者才成群结队，如若不信且看单打独斗的狮子、老虎，再看看那结伴而行的山羊。

而独来独往的人，他们的内心又往往是极为孤独敏感的，风吹草动，都会在心里激荡起无边的涟漪。正因为如此，独自行走的时候会想起好多人好多事，脑子飞速转动的时候，是最不需要别人打扰的。

有时候虽然享受众星拱月的快感，但其实内心还是孤寂的。一切喧嚣，只不过是麻痹自己的孤单，诚如歌词所说那样：狂欢，是一群人的孤单；孤单是一个人的狂欢。

虽和许多男人擦肩而过，但是吕碧城还是对爱情充满了向往，这从她所填的一阕《浣溪沙》里可以看出来。

残雪皑皑晓日红，寒山庸俗旧时同。断魂何处问飞蓬？地转天旋千万劫，人间只此一回逢。当时何以莫匆匆。

乍读此词，我觉得应把“莫”字改为“太”字才好，但是仔细咂摸过后，觉得“莫”字为妙，当时为什么不、不要那么匆匆呢，双重否定表肯定，意思就是当时为什么会那么匆匆呢，似有一种遗憾在里面。如果是“太”，则就少了一种趣味。

女神虽是憧憬爱情，给人一种没人疼没人爱的感觉，但她们却从不缺追随者。之所以一不留神做了剩女，只不过是乱花渐欲迷人眼，不知道要哪个才是。而有的人是要哪个都行，依然孑然一身。

在吕碧城的追随者里面，不仅有中国人也有外国人。一次她去庐山游玩，想必是风景极胜，浑然不知身在何处，佳人迷途。犹豫彷徨泪光在双眸闪烁，一副可人模样之时，一个身着白衣，金发碧眼的男子出现在了她的面前。

外国男子把吕碧城送回住处之后，含情脉脉地送了她一朵路上摘的野花。翌日天刚亮，男子就早早地跑来找她玩儿，吕碧城不好拒绝，毕竟是有恩之人。于是二人出去游山玩水了一天。但是当男子再来邀请她之时，她婉拒了。

是洋人又如何，帮我找寻过归程又如何，她知道自己想要什么。哪像现在有些女人，见到老外恨不得马上扎人家怀里去。

还有一次，吕碧城自加拿大乘船返国途经日本横滨之时，一个日本青年导游开始向吕碧城大献殷勤，就像微信上一些男生和陌生女孩聊天一样，开始调查户口，从哪儿来，到哪儿去，所学什么专业，然后主动递上自己的名片，望保持联系，勿忘我。

但是吕碧城是何许人也，骂过慈禧，痛恨过各国在华的不平等条约，民族之情绪必然饱满。但是吕碧城毕竟又是来自礼仪之邦，别后将那日本人的名片扔到海中，默念道："沉者自沉，浮者自浮，我吕碧城绝不认敌为友！"

今人看之或许有人对其颇有微词，觉得两国敌对，和人民又有什么关系呢？你可以不认同她的做法，但是你不能苛责她的信念，更不能苛责吕碧城的一颗中国心。

或许正是由于过于孤高吧，凡人之中吕碧城已经几乎找不到知己，她便把目光投降了玄幻的宗教，试图寻找到心灵的慰藉。

她曾一度沉迷于道学，但是由于布道者教授她道学时想男女双修，吕碧城果断放弃了，转而皈依了佛门。

关于宗教问题，英敛之曾多次去信力劝吕碧城信仰基督，尽管两人关系早已破裂。两人为此来往信函几多辩论，但是终究谁也没有说服谁，你念你的哈利路亚，我叹我的阿弥陀佛。

这也就不难理解吕碧城为何会成了动物保护主义者，为何频频捐出巨款。心中有佛，所以慈悲。

吕碧城的一生都可谓是在漂泊，生在太原，长在江南，又转到天津，后来是全国各地。再后来是去欧美游学。1918 年先到美国哥伦比亚大学攻读文学，后转往欧洲，漫游欧洲大陆的名胜古迹，最后定居在瑞士的日内瓦湖畔，致力于“戒杀护生运动”，长年吃斋。

1930 年，吕碧城正式皈依佛门，成为在家居士，法名“曼智”。吕碧城是那种痴心的人，她搜集了各国佛教的相关发展资料，编纂成《欧美之光》一书，于 1932 年出版。1940 年，从瑞士返回香港，定居九龙的“东莲觉苑”。1942 年，将毕生著作编辑为《梦雨天花室丛书》出版。

她就像一朵蒲公英，风吹到那里，就停留在哪里，没多久就能营造一片蒲公英的灿烂。然而，这朵蒲公英再也不能飞回到她的故乡，1943 年 1 月 24 日，一代奇女吕碧城病逝。按照她的遗嘱，遗体火化后将骨灰撒入广阔的南中国海。这个终身未嫁的女子，选择了与海水为伴。

有人或许会为她感到可惜，觉得这么明媚、聪慧的一个女子，竟然以大海作为最终的归宿，实在让人叹惋。是呵，人们欣羡于爱情的美好与故事的圆满，却忘了残缺也是一种美丽。

这也正应了一句话，找不到合适的伞，宁愿淋雨。或者更可以文雅一点儿说，禅心已作沾泥絮，不逐春风上下狂。

萧红：敢爱敢恨的蒲公英

初知萧红是在高中语文选读的课本里，以及鲁迅先生的文章当中，一直觉得她是个并不那么出色的作家。直到近来，才觉得那是偏见。正如同我一直觉得马尔克斯不过是被人们捧得名过其实，读他的作品也只是附庸风雅罢了，但直到读了他的《百年孤独》与《霍乱时期的爱情》，才发现他真的是一位伟大的作家。

萧红是近代中国比较传奇的一个女性人物，敢爱敢恨，一生漂泊不定，就像一朵被风吹散了的蒲公英。看似随遇而安，但骨子里又有那么几分不甘，可以说是新女性的代表人物之一，敢于追求女性的权益与自由。

两千多年前的公元前278年，披头散发的楚国士大夫屈原眼睁睁地看着祖国沦入他人的铁蹄之下而自己无力回天。在农历五月五日这天，书就了生命绝唱《怀沙》的屈子，行走在汨罗江畔，望着滔滔江水，心中无限感慨。“长叹息以掩涕兮，哀民生之多艰”的他，最终抱石含恨投江了结了自己的生命。

这一天，也被后来的中国人祭奠成了一个节日，是为端午节。往事越千年，1911 年清政府风雨飘摇，端午节的黑龙江畔，面对山河破碎，没有士大夫披头散发踌躇满志，有的是一个女婴诞生在了富足的张姓人家。而这个女婴，也注定是个不平凡的人物。

和那个年代无数闯关东的家庭一样，张家祖籍山东，且是较早一批闯关东的汉人，到了小女婴出生的时候，已是当地比较富足的人家。尽管绝大多数中国人对端午节日很重视，但是在此日出生的婴儿却被视为不祥。

毕竟张家到底有些耕读之家的样子，何况还是齐鲁后裔，对待女婴的态度远非同时代的中国传统家庭一样重男轻女。当然，我们不能就认为张家不存在这个问题，只是说相较之下，算是不错的。

尤其是一家之主张维祯，这个已经年过六旬的老头儿对新到来的孙女宠爱有加，似乎对小孩子有一种天然的好感，或许是因为自己原本膝下无子，好不容易从别处过继来一个儿子，到耳顺之年才又有了第三代。

新晋的父亲名字叫做张廷举，12 岁的时候过继给伯父张维祯当儿子，此时的张维祯已经是 39 岁了，在那个时代，这个岁数得子已是很晚。所以张廷举当时也是得到了张维祯厚爱，原本他的养母范氏是不准备让他读书的，幸而在张维祯的庇护下才学有所成，毕业后归乡工作，先后担任小学校长、义务教育委员会委员长、当地出版社社长等职。

新晋的母亲名为姜玉兰，出身书香门第，她的父亲是当地颇有名气的儒匠。尽管姜玉兰本人没有正式上过学，但是在门风的耳濡目染之下，也是知书达理、举止优雅的淑德之人。

新生的小女孩乳名叫作荣华，由其祖父所取；学名唤作秀环，乃其父亲所唤，后来由其外祖父改为乃莹。当这个女孩羽翼渐丰之后，便给自己取了一个流传后世经久不衰的名字——萧红。

小女孩人小鬼大、古灵精怪，在同伴中显得卓尔不群。李太白曾有诗云：“古来圣贤皆寂寞”，然也。

外人、尤其是通读了萧红作品的人，就能略知一二。同是作家的茅盾先生对于萧红的心境是很理解的，他曾在给萧红《呼兰河传》序中，多次提到“寂寞”一词：

“即使在那时，萧红的心境已经是寂寞的了”，“可是我不知道她之所以想离开香港因为她在香港生活是寂寞的，心境是寂寞的，她是希望由于离开香港而解脱那可怕的寂寞，并且我也想不到她那时的心境会这样寂寞”，“等到我知道了而且也理解了这一切的时候，萧红埋在浅水湾已经快满一年了”，“《呼兰河传》给我们看萧红的童年是寂寞的”。

说她寂寞，其实萧红的身边是很热闹的。但是，寂寞并非由外在所决定，并不是说你周围有朋友就不寂寞了。寂寞是一种心境，是钟子期死、伯牙摔琴的那种寂寞。这一点，想必朱自清先生感同身受：“热闹是他们的，我什么也没有。”（《荷塘月色》）

当代女作家迟子建也曾发出“我为她忧伤的文字难过得慌”的感慨。

和许多孩子一样，萧红小时候很淘气。比如说在她小时候已经有个皮球的情况下，一心想再要个新皮球。小孩子嘛，总是喜欢新的东西。萧红的家庭也和很多家庭一样，以旧皮球还没有毁坏，不能买新的为由否决了她的要求。要是一般孩子准会是软磨硬泡，或者是放弃。而萧红则不然，她把皮球狠狠踩在脚下试图破坏，以此来达成买新皮球的目的。

小女孩的力气毕竟是有限的，无论小脚丫如何踩踏，皮球依然是完好无损。无计可施的萧红便转而向宠爱她的祖父求救，让他来帮忙踩坏皮球。祖父自然没有满足她愿望。

小女孩的愿望没有得到满足，就偷偷溜出去自己买，没想到却迷了路。情急之下的萧红只好向旁人求助，被求助的人是一个洋车夫。萧红就跟他上了车，不断地说着自家周围都是有哪些特征。

此时，小萧红没有想车夫是不是坏人，而是突然想起了祖母曾经给她讲过乡巴佬坐东洋驴子的故事，于是淘气的她就想试试，乡巴佬到底是怎样一种蹲法。到了自家大院的时候，调皮的萧红得意洋洋地叫喊："大家快出来看我呀，看我乡巴佬蹲东洋驴子！"祖父祖母都笑着跑了出来。她想让大家都关注她，小孩子嘛，总是喜欢在大人面前展示自己的淘气。

小萧红自是玩得高兴，然而她的祖父把那洋车夫给揍了。原因无他，而是觉得车夫不应该让小孩子蹲在车上。于是连钱都没付二话不说就把人家赶了出去，他只觉得自己家的宝贝孙女又不是乡巴佬，何苦蹲在车上惹人侧目。小孩子不懂事儿，你洋车夫一个大人也纵容她那样么？

估计当时年幼的萧红心里也有几分懊悔，自己不该这般淘气连累了车夫。曾经看到一个新闻说让小学生去考场当监考老师，因为小孩子心里总是充满了阳光与正义、爱与友善，这也是张廷举作为一个父亲来讲，在女儿的心里不如祖父那样可爱的原因。

有一次因为房租的事情，萧红的父亲张廷举试图扣押房客两匹马，然而祖父张维祯却给还了回去，为此父子二人没少争吵。人皆有恻隐之心，年幼的萧红看在眼里，自然同情房客，理解祖父，不理解父亲。

坦白来说，张廷举为人还算不错，之所以那样做也是为了一大家子的生活，不要忘了张廷举是个知识分子。萧红在其作品中也承认他是一个具有新思想的父亲，在萧红童年乃至长大读书的时候，基本上没有像一些守旧的家长那样干预女儿，而是采取一种比较开明的教育方式。

如果说张廷举没有态度恶劣的时候，那也是不尽然的。最明显的一次是在萧红祖母的葬礼上。养母去世，养子为了不授人以柄，自然得办的隆重风光，尽量周到。但是年幼的萧红还不知道人世间的诸多礼节，和远道而来的亲戚家的孩子玩得不亦乐乎。这厢哀乐悲鸣，那厢嘻嘻哈哈。作为家里的长女，父亲张廷举自然骂了她，这也侧面反映出了萧红率真的一面。

人常说严父慈母，尤其是在上个世纪传统家长制的社会，按理来说母亲会更和蔼点儿。可凡事就怕比较，萧红曾在《呼兰河传》中写道："祖父非常地爱我，使我觉得在这世界上，有了祖父就够了，还怕什么呢？虽然父亲的冷淡，母亲的恶言恶色，和祖母的用针刺我手指的这些事，都觉得不算什么了。"平心而论，这种说法有些欠妥。

当然，《呼兰河传》毕竟也是文学创作，不能完全代入作者生活现实。萧红的母亲姜玉兰，前面已经说过，乃是名门出身。而且姜玉兰每次回娘家的时候都会抱着萧红，萧红稍大后，都会时时把她带在身边认字。除此之外，姜玉兰在娘家的时候孝敬父母，在婆家的时候伺候公婆，深得公婆的欢心。

这也不能完全怪萧红，在她三岁的时候，母亲姜玉兰就生了个男孩，虽然不久夭折。但是三年后，也就是在萧红六岁的时候，姜玉兰又生了一个男孩，即后来和萧红关系很好的弟弟张秀珂。两年后，又有一子诞生，即后来的张秀琢。面对一个大家庭，相较之下冷落一下萧红不是没可能的。说是这么说，但面对一个大家庭，父母偏向于年幼的孩子精力多一点也无可厚非。

究其根本，还是萧红把祖父张维祯的爱当作了参照物。萧红的弟弟张秀琢曾经说过，“我家生活状况是比较优越的，从某种意义上讲，对姐姐也算得上娇惯了。”当时姜玉兰抱着萧红回娘家的时候，娘家人也常说“荣华这孩子，都让他们（指她的祖父、祖母）给惯坏了，说话都学着咬舌了，可惯不得了。”由此可以看出，她的祖母也并不坏。

其实，家长就算偶尔严厉，也是为了扮黑脸平衡一下其他人的宠爱。很多人小时候都听过这样或者类似的一个故事：有一个人由偷盗到抢劫，最后图财害命犯了死罪，在行刑的时候，他向监斩官提出了一个请求，他要最后再吃一口他母亲的奶。

当时他那可怜的母亲就在现场，虽然儿子已经长大成人，这个请求不免有些可笑，但她从来就没有拒绝过儿子的任何要求，她不顾众人的目光，含着眼泪把自己的乳头送到儿子的嘴里……接下来她一声惊叫，原来乳头被儿子咬掉了！

她那心爱的儿子愤怒地说：“知道为什么吗？如果不是你的娇惯，我会有今天吗？开始我偷回来东西时，你只是装看不见，后来呢，你就夸奖我有本事！你自己好好想一想，难道不是你害了我？

难道你不是罪魁祸首？”

所以说家庭中不同角色的平衡对于孩子很有裨益。萧红虽然不像喜欢祖父那样喜欢父亲，但是她从没有否认过父亲是一个具有维新思想的人，某些方面能够为不赏识的人所认可，可见该方面已经做到极致了。

张廷举在家并不讲究所谓一家之主的权威，子女可以与父亲随意的交流。他常说，我们张家不管小子姑娘，一样同等对待，谁能出人才，我们就供他读书，女孩子有本事更要抬举，我们张家不讲男尊女卑。

萧红在十六岁之前的读书道路一直是很顺利的。1926 年，萧红高小毕业了。与现在的很多毕业生面临一样的问题：是选择继续深造呢，还是工作挣钱养家呢？张家虽说家势渐微，可还没沦落到靠女儿补贴家用的份上，供她上学还是绰绰有余的。

毋庸置疑，聪颖好学的萧红当然是渴望继续求学，以她的成绩，无论是哈尔滨的正式中学还是齐齐哈尔的省立黑龙江师范学校都是不错的选择。唯一的区别是，前者费用要高些，后者因为是公费，花销相对少些，对于张家来说，钱不是问题。

有人也许会纳闷，上中学在萧红老家呼兰县岂不是更好？张廷举也是这样想的，但要命的是呼兰县中学不招收女生。这一点张廷举不会不知道，他之所以告诉女儿去呼兰县的中学，言下之意就不想让她去哈尔滨。

为此萧红和家里人斗争了半年，激烈时父亲就会骂她：“你懒死啦，不要脸的。”这时，处于青春叛逆期的萧红就会顶回去：“什么叫不要脸呢？谁不要脸？”

这样的责骂背后有着深层次的原因。当时的神州大地，经过五四运动的洗礼，风气大开，何况哈尔滨是相距俄国不远的“东方小巴黎”呢？萧红童年时期唯一崇拜的人物——她的伯父道出了实情：“不用上学，家里请个老先生念念书就够了！哈尔滨的文学生们太荒唐。”“女学生们靠不住。交男朋友啦！恋爱啦！我看不惯这些。”彼时彼刻，伯父在萧红心中的地位已经沦落到和她父亲一样，不再可爱，迂腐了起来。

但是，萧红终究是萧红，聪明的她是有办法的，按照她自己的话来说是：“当年，我升学了，那不是什么人帮助我，是我自己向家庭施行的骗术。”

那么究竟是什么骗术呢？我们不得而知。

风一起，她就飞走了

萧红与家里抗争的结果是上了哈尔滨东省特别区立第一女子中学，那么当初她父亲和伯父所担心的有没有道理呢？中国有句古话叫做姜还是老的辣，老祖先们可不是闲着没事儿胡乱说着玩儿的。

虽说那时已经民国多年，但萧红进的那所女中依然是很保守。教女人如何相夫教子，如何做一个贤妻良母，还是封建时代的那套说教，搁到现在，就是一些所谓的淑女培训机构，糟粕多于精华。

和很多具有新思想的女生一样，萧红亦是不满学校的风气。好在美国人不都是美人，保守女中的教师不都是校长那样保守。这里有男子教师，有开明的教师。他们读鲁迅、郁达夫，他们教授西方绘画技巧。对于一心求进的学生来说，自然是天大的喜事。

扮男装，喜欢与有思想有文化的男生交往，参与反日维护路权请愿、示威游行，搞对苏作战的社会募捐，青年学生们感受到了新思潮的沐浴。

无论萧红多么喜欢女扮男装，多么喜欢有思想有文化的男生，她的家里都已经给她定亲了，男方是萧红六叔张廷献在阿城省立第三师范学校同班同学汪大澄的弟弟汪恩甲。很多书上说男方叫做王恩甲，是当地游记帮统王廷兰的次子，应该是不准确的。

当时汪大澄是三育小学校长，萧红的六叔张廷献是一个税务分局的局长。两人住得近，加之是同学，关系就比一般人要好。一次汪大澄让张廷献给自己弟弟介绍对象，眼看弟弟也老大不小了，他这当哥哥的也挺着急。那时汪恩甲就在汪大澄当校长的学校任教，条件还算不错。

张廷献就想起自己读中学的侄女，于是就把萧红介绍给了汪恩甲。据萧红继母梁亚兰的妹妹梁静芝回忆说，在萧红 18 岁那年，由于参加活动经常和男同学往来，保守淳朴的家人怕传出些风言风语有损声誉，就赶快给萧红定了亲。两下无话，亲事结成。

在哈尔滨期间，萧红与未婚夫汪恩甲接触比较密切。星期天她很少回呼兰，而是去顾乡屯的汪家。订婚没多久，汪恩甲的父亲去世，萧红的继母还曾带她去汪家吊孝，虽是未进门的儿媳，萧红也是做得比较隆重，戴了重孝，因此得到汪家二百元赏钱。

当时梁静芝住在张家，张家的一切动态她都了如指掌，况且她和萧红年龄相仿，不同于一般的亲人，她们是无话不谈、经常睡在一起的好闺蜜，所以梁静芝的回忆还是相对有权威的。

这一切足以证明萧红对她的未婚夫汪恩甲还是比较满意的，最起码说不讨厌，要不然也不会经常跟着他回家。

萧红是个三观很正的爱国学生，后来她发现汪恩甲吸食鸦片，也便“恶屋及乌”，逐渐疏离了他。但是两人的亲事并未解除。

1929 年初中毕业前夕，想要深造的萧红提出去北平读书的要求。用脚趾头也能想得到，家里肯定不同意。同样用脚趾头就能想得到，萧红当然不会就此妥协。

她是怎样做的呢？她有一个表哥叫陆振舜（一说陆哲舜），是姑母的儿子，其实两家并无血缘关系，只是认的屯亲，两人商量好了去北平闯荡，已有家室的陆振舜为表诚心先行跑到北平入读中国大学。

有资料说，萧红与陆振舜貌似有恋爱上的瓜葛。汪家对此当然大为恼火，便与张廷举商议，告知校长，取消萧红的学籍。好歹张家在当地也是有头有脸的人物，萧红闹出这档子事儿，简直是有辱家门。然而，这也更加坚定了萧红出走的决心。很多事往往就是这样，适得其反。

在北平陆振舜、萧红二人对外以甥舅关系相称，即陆振舜是萧红的舅舅，萧红是陆振舜的外甥女。此举是为了掩人耳目，也的确骗过了很多人，包括他们身边的亲朋好友。

远离了父母的孩子犹如蛟龙得水，飞鸟脱笼。经常是三五成群的聚会，其中一个名叫李洁吾的北大青年是陆、萧二人的常客。当然最能说得来的还是和萧红，李洁吾几乎是每周都要去看她，尽管后来门前渐渐鞍马稀，可是他却从未缺席。

离家的孩子虽说得了自在，可也是吃苦在外面，没有那好衣裳也没多少钱。陆、萧二人很快就陷入了窘境，别说请老妈子了，连原来住的小院都待不下去了，两人只好搬到外院的一间房子里，陆振舜则住在平台上。

有一个笑话说，从前有对孤男寡女迫于形势不得不同床共枕，临睡前女人在床中间比划了一下，说道："要是越过这道线，你就是禽兽。"第二天一早醒来，女人怒视着侧卧在线那边纹丝不动的男人，上去就是一巴掌："你他妈连禽兽都不如。"

陆振舜不愿意连禽兽都不如，更不是柳下惠。有一次李洁吾去看他们，萧红就递给他一封信，让他回学校再看，陆振舜则是脸憋得通红。李洁吾见状当即就把信给拆了，心中顿时翻滚 PH 值趋近于 1 的液体。继而涌到喉咙，化作唾沫星子把陆振舜骂了一通。原来信中，萧红直斥陆振舜对她无礼。

李洁吾灌了一肚子气回了学校，事后想想也挺搞笑，人家俩人的事儿与自己何干呢。当事人萧红充其量也就是用文字说说，自己何故发那么大火呢。她又不是我的谁，我也不是她的谁，于是便去信言归于好，三人又热络了起来。

有过波澜的感情重修于好时，要么倒退，要么更进一步。就如同浴火的凤凰，要么涅槃要么灭亡。从此之后，无论陆振舜在或不在，李洁吾来了都会与萧红聊上一阵。

他们谈论家庭，祖父母与父母；他们谈论爱情与友情，哪个更能持久。意见不一致，那又何妨。有些人看似意见一致，可却早已各怀鬼胎。有些人看似各执一词，却总是志同道合。

白昼无法阻挡黑夜的浸染，夏扇不能逃脱秋风的追赶，陆振舜、萧红二人也无法抵挡家里一遍遍的风刀霜剑。

萧红的家里频繁来信，无一不催促她回家结婚，除了白纸黑字，别无他物。天气渐冷，没有厚衣也无钱两，只能靠陆振舜家里的支援度日。然而好景不长，陆振舜终究没敌过家人的强硬，再加上初来的新鲜感一丝丝的褪去，只好和萧红于 1931 年 1 月狼狈地回到东北。

一个中学女生，别人的未婚妻，当地名流张家的大千金，跟着一个男人跑到了千里之外北平，成何体统？学校颜面何在？未来婆家颜面何在？自家颜面何在？颜面，束缚住了多少自由的鸟儿。人生一世，几人为颜面而活，又有几人为自己的内心而活。想必是前者众后者寡，所以后者才更显得弥足珍贵。

所以我们也就不奇怪萧红回家后的一些遭遇。汪家向张家提出解除婚约，黑龙江省教育部门以张廷举教子无方，撤销了其省教育厅秘书的职务，贬谪到呼兰旁边的巴彦县教育局；萧红最亲近的弟弟张秀珂也不堪忍受别人指指点点转学。想必纵使她的祖父在世，也会些许失落吧。

萧红的行为使得父亲成为最大输家，张廷举因公职变动很少在家，继母梁亚兰又怕约束不了萧红。余怒未消的张廷举决定让梁亚兰和萧红搬到老家阿城县福昌号屯去住，名曰暂居，实则软禁。那里住着萧红的叔伯、姑姑等一大家子人，相当于把她雪藏在了家族的羽翼之下，而她的一举一动也难以逃出家族的监视。

陆振舜把这件事儿写信告诉了身在北平的李洁吾，说萧红因此患上了精神病，并表示假使能有五块钱作为路费的话，她就能够逃出来。李洁吾由原本的忧心忡忡，倏尔恍若绝处逢生，凑齐了五块钱在一本书里夹寄了过去。

萧红最终从囚禁她的牢笼里逃脱了出来，不知道李洁吾的那五块钱是否派上了用场。关于她是如何逃出来的，众说纷纭，有人说她在福昌号期间看到伯父逼债，顿时正义感爆棚、义愤填膺前去指责，遭到伯父毒打并被关进黑屋，晚上在小婶和小姑的帮助下，躲在去城里送菜的车上到了城里，再乘火车逃往哈尔滨。

这种说法难免有些夸张的成分，那时萧红都自身难保了，按陆振舜的话说都有精神病了，怎么还有心思去管别的事情。后来这种观点也被一些当事人的回忆否认。

还有人说是她父亲一再逼婚，无奈之下只好逃离。这种说法只是揣测萧红逃跑的原因与动机并未说明她是如何脱身的，而且就算是揣测动机也站不住脚。

无论如何萧红到底逃了出来，至于用的何种脱身之计，和她当年怎样使家人同意她去哈尔滨读书一样，成为了一个谜。但是，萧红也为她的特立独行付出了代价：一向开明的父亲，竟然宣布开除了她的族籍，他日父女二人街头相见，将形同陌路。

离家出走的萧红又能去哪儿呢？俗话说，在家靠父母出门靠朋友。萧红只能去找一些昔日的同窗好友去叨扰。她曾去敲表哥陆振舜的家门，始终无人应声。她曾路过章台柳下，被人误以为是烟花女子。她曾遇到过她的弟弟张秀珂，两人喝了一次咖啡就分道扬镳了，还好没断了联系。

最终走投无路的萧红去投靠了自己的未婚夫汪恩甲，这一点似乎出乎所有人的意料。不知汪恩甲是还对她抱有一丝的怜爱还是出于别的什么目的，就收留了她。1931 年 12 月末，两人住进了哈尔滨的东兴旅馆，萧红暂时结束了漂泊不定的状态。

早熟的少女最可怕，她们有热气腾腾的身体和奋不顾身的心。

过了没多久，也就是在次年2月底的时候。远在北平的李洁吾收到了一封来自哈尔滨的电报，发报人的名字叫做陆振舜。

电报上说萧红已经乘车回北平，李洁吾粗略估计了一下时间，当天中午伊人就会悄然而至。兴奋不已的李洁吾恨不得化作一道闪电赶到车站。紧赶慢赶，还是没有接到萧红。

狗咬尿泡空欢喜一场的李洁吾连休息一秒的时间都没有，立即折返之前萧红落脚的西巷，结果被告知萧红已去学校找他。他又赶忙冲到学校，终于见到了在宿舍等候多时的萧红。不知道两人是否执手相看泪眼，竟无语凝噎。

或许是舟车劳顿，或许是水土不服，来到北平第二天的萧红竟然发起了高烧，李洁吾自是形影不离的照顾有加。不曾想，一次两人闲谈的时候，忽然来了一位不速之客。

萧红看着来客，呆滞了起来，仿佛脸颊是刚刚用泥雕塑成的。李洁吾则是既困惑又尴尬，眼前的这个男人他不认识，但冥冥之中感觉萧红和此人的关系非同一般。良久，李洁吾告辞，这一次萧红没有相送。

是的，来者正是汪恩甲。萧红当时南下北平的时候，除了陆振舜之外，没告诉其他任何一个人。但令她万万没想到的是，汪恩甲竟然找了过来。有人说萧红是不甘愿当亡国奴（当时日本在东北已经开始扶植傀儡政权），才偷偷瞒着汪恩甲南下北平的。这样说有些牵强，如果说她是为了进入北师大附属女中求学或是舍不得北平这帮朋友才这样做的，或许更为恰当些。

李洁吾自从知道来的那人是萧红的未婚夫后，就再没去找过她。期间虽有人还去找过萧红，但都是在汪恩甲的监视之下。过了没多久，汪恩甲就带着萧红回到了东北，回到了那家旅馆。

月光下的囚徒

一晃七个多月过去了，两人整天纸醉金迷，不但资财挥霍一空，而且还欠下一屁股债。汪恩甲让身怀六甲、大腹便便的萧红等着，他回家拿钱。谁知这一走，再无归期。

我想此时的汪恩甲大抵变了心意，如果说之前他对萧红还存有一丝的怜爱，那么此时完全就是玩弄的心态。诚然，这样说近乎无情，可是并非信口开河。

店主清楚地知道这个被抛弃的女人是无法还债的，他自认倒霉，当务之急就想着把她赶走，总不能白吃白喝白住供养着一个孕妇，每天旧债未清再添新债吧。

店主有店主的算盘，萧红有萧红的想法。她也清楚地知道如果她离开了旅馆，别无安身之处。

“去年在北平，正是吃青杏的时候。今年我的命运，比青杏还酸。”

萧红的处境变得越发举步维艰，欠的债日益增多。举目无亲的萧红只好寻求外界的帮助，当时在旅馆百无聊赖的她经常看一份《国际协报》的报纸。于是就抱着试试看的态度给该报纸投书，大谈她是如何反对父母包办婚姻，追求自由恋爱而离家出走并与家庭断绝关系的。因为没有生活来源上当受骗，被困旅馆，再不还钱就有被卖进青楼的可能，只好向贵报编辑寻求援助。

收到萧红投书的是《国际协报》文艺副刊的主编裴馨园，人称老裴。老裴收到萧红的投书之后，与报社里的人商量一下怎么样去把萧红解救出来。伊始，他是让萧军陪同他一起看望萧红，但是萧军拒绝了。

萧军当时还不叫萧军，他原名刘鸿霖，用过田军、三郎等笔名。或许在他的心中，一个流浪被困的女人远没那么重要。试问哪天没有受苦受难、流离失所、等待救援的流民呢?

在裴馨园带人探望回来当天晚上，大宴同仁，希望每人都能慷慨解囊，助解救萧红一臂之力。席间有人表示愿拿出部分薪水资助，有人提议给她找份工作。萧军则表示心有余而力不足，除了几个月未理的头发，其他一无所有。如若头发能换钱，他倒愿意“成为明珠一颗，照破山河万朵”。

总而言之，在解救萧红及为其筹划未来出路的时候，萧军极为不上心。如果仔细翻翻萧军出身的资料，可以理解他这种几近冷漠的态度。萧军的童年用悲惨来形容并不为过，远不及萧红童年幸福。在萧军七岁的时候，母亲不堪忍受父亲的残暴吞噬鸦片自杀。

上学被开除，入伍被赶走，当个小差愤而辞职，一系列遭遇使得萧军把人情看得很淡薄。1932年哈尔滨沦陷的时候，萧军准备去打游击，他把妻子送回老家之后对她说，自己此去行踪不定，生死未卜，不用等他归来，遇到合适的就嫁了吧。不知道当时萧军的妻子听了他这番话是什么感受。

第二天，萧红又打电话来说她有些无聊，想找几本书看看。当时恰巧萧军正在裴馨园身边，就被派了过去。

萧军亮明身份说明来意后，店主领着到了萧红困居的屋子里。敲开门后，萧军在充满霉气、昏暗的房间内看到了一个衣衫褴褛、蓬头垢面、大腹便便的女子。他把老裴交代给他的事情办完以后，正要起身离开。萧红眼眸里充满哀求地问他是否可以谈一谈。

萧军答应了她的请求，绘画、诗歌、文学在两人的唾沫星子里闪烁着。最后两人谈到了爱情，萧红一双明亮的眼睛，配以浅浅的微笑，问道："你对于爱的哲学是怎样的呢？"

"爱便爱，不爱便丢开。"萧军的眼里充满坚毅，嘴角的肌肉抽搐了一下。

"如果丢不开呢？"

"丢不开，便任他丢不开。"

诚如《霍乱时期的爱情》说的那样："诚实的生活方式其实是按照自己身体的意愿行事，饿的时候才吃饭，爱的时候不必撒谎。"

两人相谈甚欢，有一种相见恨晚的感觉。告辞的时候，看了萧红桌子上的残羹冷炙，萧军从兜里掏出了仅有的五毛钱。这个曾大言不惭说除了头发别无所有的男人，心头软了一下。

萧军还怒气冲冲地警告旅馆的人说，钱不会少，但不要心存不良。旅馆的人则回道，没有心存不良，欠债还钱，谁有钱谁就可以把她领走。

当晚，眸子明亮了一天的萧红写下了炽热的诗句："你美好的处子诗人，来坐在我的身边，你的腰任意我怎样拥抱，你的唇任意我怎样的吻，你不敢来在我的身边吗？诗人啊，迟早你是逃避不了女人！"

和第一次不情愿来截然不同的是，第二天萧军鬼使神差地就来了。这一次，郎情妾意的两人终于实现了灵与肉的融合。为此，萧红写下了一系列的情诗，走向了文学的道路。荷尔蒙是文艺青年的催生剂。

灵与肉的欢爱能得片刻欢愉，能解一时之忧，但终非长久之计。文人固穷向来是这个国度的传统，何况这还是一个在山河破碎国将不国时期默默无闻的编辑。纵使有心英雄救美，到头来也是无力回天。萧红欠的钱还不了，她就不能离开旅馆。

好在不久之后，也就是 1932 年 8 月，大概离萧红向报社投书一个月的样子，哈尔滨的一场暴雨帮萧红解了围。杜子美曾有诗道："好雨知时节，当春乃发生"，那么这场雨则是"豪雨知时节"。

终日以泪洗面的天空，把松花江都给哭决堤了。哈尔滨市区一片汪洋，看来这座城市当时没有良心。昔日的东方小巴黎，此时变成了东方威尼斯。不过人们却没有闲情逸致去享受，因为这的的确确是洪水猛兽，民房被淹，民众流离失所。

趁人们各自逃命的时候，原本还在阁楼上苦苦等待着心上人的救援的萧红，跳到了一只小船上。待到萧军赶到时，已经人去楼空。萧红按图索骥，根据萧军之前给她的地址找到了裴馨园的家。老裴是个热心肠子，他给萧红安排了住处。不一会儿，萧军也赶了过来，并给老裴的家人一一作了介绍。

萧红当时的模样可以说是落魄极了，脸色苍白，身着一件旧旗袍，脚丫子上套着一双半旧的鞋子，脚踝赤裸裸的露着，没有穿袜子。可能是刚脱难的缘故，神情有些恍惚，不太爱讲话。吃过前饭后萧红便在裴家的客厅里住了下来，老裴一再叮嘱家人不要去打搅她，让她安心休息。

萧军几乎每天都来看望萧红，两人相谈甚欢。可是萧军走后，萧红就把自己给囚禁了起来，终日躲在房间里读书，与裴家人很少接触。长此以往，裴家人就觉得萧红太过孤傲，不通人情世故。想想也是，寄人篱下，却连招呼都不肯打，难怪别人会多想。裴家的家人就向老裴的夫人黄淑英抱怨："真是没事儿找事儿，让这样一个人住在家里，吃在家里……"

随着萧红的肚子一天天膨胀，为了方便照顾她，萧军也搬到了裴家。萧红一人入住，都已经给裴家带了诸多不便，更何况现在又来了萧军。两人想必也是为了避免太多的尴尬与叨扰，白天一大早就去街上闲逛，天黑了再回来。

这也引起了女主人黄淑英的不悦，她说："你们不要在街上走来走去，在家里可以随便，街上的人太多，很不好看呢！人家讲究着很不好呢，你们不知道吗？在这街上我们认识许多朋友，谁都知道你们是住在我家的，假设你们若不是住在我家，好看与不好看，我都不管的。"

衣裳褴褛，就连走在街上的资格也没有了么？穷人，就连恋爱的权利都被剥夺了么？二萧怀疑这是裴馨园叫妻子说的这番话，因为不久之后裴馨园就带着全部的被褥搬走了，房子留给了他的岳母。

屋漏偏逢连夜雨，萧红临盆的征兆越来越明显。肚子疼得十分厉害，在土炕上滚来滚去，汗珠从青筋上爬出来，她恨不能撕破自己的肚子。萧军急得像弓矢上的箭一样，转瞬间消失在倾盆大雨中。茫茫雨中四处奔波筹钱的萧军终于在报馆从裴馨园那里借得一元钱。

浑身湿透的萧军回来了，但是他顾不得给心爱的女人太多的安慰，又消失在了雨中，任凭她是怎样撕心裂肺的喊叫。疼痛稍轻时，她试着爬下来喝点水。杯子刚到手里，就做了一个垂直下落，和地面亲吻后便粉身碎骨。破碎的声音惊到了裴馨园的岳母，枯黄色的脸皮嗫喏着："也太不成样子了，我们这里不是开的旅馆，随便谁都住在这里。"

此时的萧红已经不理会谁在耳边指桑骂槐，她奋力地在床上滚动着，甚至把肚子压在炕上，减轻疼痛。

萧军雇来了一辆马车，抱着萧红便让车夫飞奔去医院。一路上萧红疼痛难忍，觉得每一个路人都是那样的面目可憎，恨不能一步便到医院。偏偏此时马儿不愿前行，只在水里打转。高大魁梧的萧军跳了下去，一把扯过马勒。

赶到的时候医院已经关了门，可是萧军依然把它敲开了，可见爱的力量是多么的强大。医生告诉他们来得太早，应该一个月后再来。萧军只好再把萧红带了回去。路过公园时瞥到马戏场的大象，精神稍好的萧红对萧军说："你看大象笨得多乖"，言下之意就说自己如果能像大象一样乖巧该多好。

萧军给了车夫五角钱，至于一个月后十五元的住院费，他"山人自有妙计"。俗话说，光脚的不怕穿鞋的。萧军不打算再四处求爷爷告奶奶去借了，只要蛮横不讲道理一切都好办，反正现在世道那么乱。

尽管他们一无所有，可还是把萧红安排进了医院。萧红生下了一个女婴，当女护士走来把这个消息告诉她的时候，萧红就像躲瘟疫一般连忙摆着手道："不要！不……不要……我不要呀！"乱世之中飘零的浮萍，大人尚不能果腹。更何况刚出生的婴儿，但愿她能被富人家收留，一生衣食无忧。

婴儿最终被别人抱了去，人非草木孰能无情，在这几天中萧红也曾有过内心的挣扎。她曾梦见因为没交住院费，自己的女儿给院长当了丫鬟，被院长打死。醒来后孩子还在隔壁哭着、呕吐，她以为院长要谋杀她的孩子，赶忙下床去，结果晕倒了。

但是，这也暴露了一个问题，那就是他们真的没钱，一直欠着医院的费用。每当萧军出去的时候，总会被索要一遍住院费。可他早就练就了“四两拨千斤”的本领，任凭你怎样，我就是不给。

一次萧红的肚子突然疼痛起来，医院以其旧债未清为由不予治疗，使得萧军勃然大怒，摆出一副亡命之徒的架势，放狠话道：“如果你们医不好我的人，她若是从此死去，我会杀了你们全家，一个都不剩……”

病中的萧红看到这一幕，心里自是欢喜的，因为有这么一位“霸道总裁”爱护着她。医院的大夫、护士看到萧军这般架势自是不敢怠慢，只求这对活菩萨尽快离开医院，也不再向他们讨要医药费。

其他产妇们皆是抱着小孩坐着汽车出去，萧红则是既没小孩也无汽车，只带了一身的病痛回去，苦头还在后面等待着他们。

回到裴家他们依然与裴家人不对付。据裴馨园夫人黄淑英回忆，不知为了一件什么事，好像是黄淑英在萧军面前说了萧红的闲话，说着说着就与萧军争吵了起来。

萧军是众所周知的暴脾气，要不然也不会威胁医院，可年轻的黄淑英也不是吃素的主儿，两人就吵了起来，彼此伤了和气。翌日血气方刚的萧军就带着萧红离开了裴家，二萧再次开始了飘忽不定的生活。

离开了裴家他们能去哪儿呢，总不能风餐露宿吧，何况萧红还拖着一副病怏怏的皮囊。如此一来，旅馆就是他们的首选。同样是旅馆，欧罗巴这个名字听起来很洋气，可是住宿环境却与别处差很多倍。就如同同样是德华，一个成了“天蓬元帅”，一个成了天王巨星。

萧红口渴想要喝水时，萧军本打算端着脸盆去接水，幸运地在盆子里发现了刷牙的杯子，这才用杯子去打水。喝完水萧红终于躺在了床上，抚摸着床单、枕头，生怕片刻就失去它们。

萧红的担心并非没有道理，就在此时，传来了阵阵的敲门声，跟随敲门声到来的是一个俄国女茶房和一个中国茶房。中国茶房问是否租铺盖，二萧异口同声的回答“租”。当茶房说五角钱一天时，两人又不约而同喊出“不租”。

晚饭之前，两个人一直是吻着搂着度过的，以求暂时忘掉饥饿和寒冷，饱暖思淫欲，不饱暖的时候以此获得饱暖的虚幻。人总是在最无助的时候寻求点温情，证明这世界还存在。

他们的晚饭是一黑一白：黑面包和白盐。很多作家都是吃货，在他们笔下食物仿佛都鲜活了起来，熠熠生辉。萧红也写过，只不过笔头流露出来的是浓浓的饥饿感。

作家未曾亲身经历某些东西也能写的头头是道。但如果真的亲身经历过，写出来则是别有一番滋味。就如同汪曾祺写吃，萧红写饥饿。

北方的冬天比其他地方来得要早，更不用说北国之北的哈尔滨了。漫天飞舞的雪花一片片抖落了下来，百无聊赖的萧红睡醒了之后看着漫天的鹅毛思绪蹁跹，从早到晚飞来飞去的雪花该是多么的无趣，一如她无物可吃嘴却张开着。

此时此刻她是多么的渴望他能够回来，当然还要带着热气腾腾的食物。门外任何的风吹草动，都足以让她紧张不安。茶房不合时宜地进来了，问她是否要包夜饭。当她问明了价格后，毫不迟疑地摇了摇头，唯恐对方强买强卖。

萧红如同安徒生笔下那个卖火柴的小女孩一样，幻想着肉饼、炸黄的番薯、切成大片有弹力的面包围绕在她的周围。直到萧军哒哒的脚步声响起的时候，才敲碎了她童话似的梦。使她从温暖虚幻的天堂，一下子坠到了寒冷现实的地狱。

萧军从头到脚都已经湿透，萧红只好先给他擦干脚让他上床暖一下。她拿着换来的钱，下去买了馒头，就着蒸汽缭绕的开水大快朵颐，恨不得连桌子上的铜板也给吞进肚子里。虽是填了个半饱，他们还是心满意足地睡着了，睡着了什么就都有了，什么也就都没了。

睡再久终会醒来，醒来还是饿。饿到极点时，想到了偷。萧军还在均匀地呼吸着，饥肠辘辘的萧红嗅到了别人门上挂着的面包的香气。香气透过缝隙溜进来，似乎故意挑逗着萧红，把她肚子内的馋虫唤醒，来一点点啃噬着她。

她鬼使神差地摸下床，打开房门，透着将亮的天光，看到面包在周围的房门上挂着，牛奶也在房门上挂着，光虽暗，可是看得分明！昏暗中仿佛又有别的力量拉着不让她前行，良久，她喃喃道：“我饿呀，不是‘偷’呀！”

孔乙己说，读书人的事儿能算得上偷么，的确不能算，那算“窃”。一而再再而三，萧红到底没有付诸行动。她还是保有理智的，怕身边的男人知道后与她为“敌”。天亮了，街上热闹了。她的肚子更加卖力的吼叫了。

来钱最好的方法就是去借，萧军借过，萧红也借过。但举债毕竟不是长久之计，找工作才是硬道理。后来萧军找到一份教授孩子武术的工作，顺便也搬到了雇主家里去住。搬到哪儿，饥饿困苦就跟到哪儿。但总算不用再住旅馆，有了落脚之处。当然，一旦有了钱他们也会去吃顿总花费不到一毛钱的大餐，安慰一下忍辱负重的肚子。

黄金时代

人在最无助的时候就会想到抱团，有个组织、有个团体远比单打独斗要好过得多。他们遇到了中共党员金剑啸，在他的引领下，开始了左翼文学活动。从此两人的命运就改写了，两人真正的走向了文学生涯。

萧红的《弃儿》《看风筝》《王阿嫂》等作品均是在这一时期发表，两人还合著了《跋涉》自费出版。该书上市后在东北地区引起不俗的反响，两人也由此声名鹊起。

1932 年伪满洲国在日本人的扶植下成立后，作为下等臣民的中国人日子并不怎么好过。随着时局越来越紧，东北的共产党活动陷入了低谷，左翼作家频频更换笔名。尽管如此，一些有识之士依旧遭到迫害， 为了留得青山在，大批左翼人士选择南下逃入关内避难。

1934 年 6 月 12 日，二萧在友人的帮助下逃到了海滨城市青岛，此城濒临黄海，与日本韩国隔海相望，景色宜人。经济基础决定上层建筑，大到国家，小到个人皆是如此。生活上暂时的衣食无忧，是保证他们爱情健康的基础。萧红主编《新女性周刊》，萧军则担任《青岛晨报》副刊主笔。两人是各有各的工作，各有各的创作，互不干扰。

朋友一次不经意的向萧军炫耀在上海见过鲁迅，使得萧军萌发了向鲁迅写信的念头。有时候就是这样，别人不经意的一句话往往促成了一桩好事。

一般来说，稍微有些名气的人对于爱慕者的来信，收到是不看的，就算看了也是不回的。萧军发出信后就在惴惴不安地等待着。信是否能顺利到达鲁迅先生的手里呢？到达了鲁迅先生是否屑于一看呢？看后是否会百忙之中抽出点空闲给回复呢？一切都是未知的，该做的已经做了，剩下的就交给时间吧。

他们是幸运的，收到了鲁迅先生的回信后，萧军、萧红都很高兴。人总是得寸进尺的嘛，给点儿阳光就敢灿烂，给个鸡窝就敢嬔蛋。他们把萧红的著作、《生死场》的前身《麦场》原稿和他们二人合著的《跋涉》寄给了鲁迅。对于青年作家，鲁迅一直是能提拔就提拔，不会倚老卖老。

梁园虽好，终非久恋之乡。很快，青岛也笼罩在白色恐怖的氛围之中。1934 年 11 月 1 日，二萧不得不，当然也可能有那么几分的心甘情愿的前往十里洋场上海。

在上海几经周折二萧终于见到了梦寐以求的偶像鲁迅先生，从此他们亦师亦友。从此他们成为了霞飞路的常客，尤其萧红动辄就跑到鲁迅先生的家里。她喜欢她的爷爷，同样崇拜年长她很多的鲁迅。

隔三差五的拜访，鲁迅并不觉得烦，或者说没有表现出来，实际上他是不太喜欢别人动不动去打扰他的，尤其是在读书写作的时候。鲁迅先生的夫人许广平女士原本也是极为好客的，不过由于萧红常常打扰到有病在身的鲁迅先生，心里也有些许的不满，但是一方面碍于情面，一方面因为自身的修养，她并未表示过什么。

近代以来上海成就了很多人，萧红、萧军也是其中的两个。由于生活的窘迫，两人必须得想方设法换些钱财度日，对于不事生产的文人来说，写字鬻稿是最好的方法。然而，在上海这个大都会，文人墨客众多，想要出人头地必须有人引荐，那么引荐人鲁迅自然是当仁不让了。

不过鲁迅事先声明，当局对文化阉割严重，连他自己的文章都会遭到大篇幅的删减，要萧红做好心理预期。萧红则表示只要能刊出就行，别的都无所谓。在鲁迅的帮助下，萧红的《生死场》得以发表，萧军也自费出版了《八月的乡村》。

两人总算是混出了些名堂，可是感情却出现了一些问题。萧军跟一位在东北认识的旧相识暧昧上了。旧相识名叫陈涓，在东北的时候就已经结婚，后来移居上海。

二萧搬到上海后，萧军就隔三差五的去找她，陈涓心里倒是坦荡荡，她觉得自己已经做了母亲，应该不会再让人误解。但是陈涓女士，你以为你以为就是你以为的？有时候萧军去找她，一句话不说，气氛搞得很是尴尬，末了，还在她额头上吻了一下。她终于也不觉得他们之间的关系是那么纯净了。

对于萧军的狂热，萧红的心里很是苦闷，“带着颜色的情诗，一只一只是写给她的，像三年前写给我的一样，也许情诗再过三年他又写给另一个姑娘。”

在友人的建议之下，萧红一气之下东渡日本。木心的《温莎墓园日记》里谈到离别：“走的那个因为忙于应付新的遭遇，接纳新印象，不及多想，而送别的那个，仍在原地明显感到少一个人了，所以处处触发冷寂的酸楚。我经识了无数次送别后，才认为送别者更凄凉。”我想，萧军的心里自然不会好受到哪儿去。

感情不就是这样么，互相伤害，互相不原谅，心底多次想回头看对方一眼，可又强忍着在焦虑的等待着对方能够先回头，就这么直至最后渐行渐远，分道扬镳。

萧红在日本的日子难道就好过么？诚然也不是！异国他乡，孑然一身。水土不服，生活拮据。更何况她还牵挂着大洋彼岸的他。他是否好好吃饭、好好睡觉、好好写作。然而，他却把这一切，看做是她对他的依恋。他从心底更有些抵触无微不至、太过细腻的关怀。两人时常会有一些通信，互相的打趣，互相的不服气，有一点真，又有那么一点假。

萧军去了青岛的山东大学工作，萧红满心欢喜却又很不服气地说：“我不用羡慕你，明年阿拉自己也要到青岛享清福去。”二萧就是这样，他以为她在自己的保护之下，而她却很不服气地以为他践踏了自己的自尊。

如若平心而论，单从体质上来说，萧军体壮如牛，天生一副好身板。萧红则不同，体弱多病。诸君知道木桶定律，一只木桶能盛多少水，并不取决于最长的那块木板，而是取决于最短的那块木板，这称为木桶定律，也可称为短板效应。

按说夫妻或者情侣，应该是互补的关系才对，就像《乌克兰拖拉机简史》里说的那般："人行道上滑溜溜的，我们彼此搀扶着对方，起先是为了平衡，但过了一会儿，这种搀扶就变成了相依相伴。"

可是二萧偏偏过程了木桶定律，奈之若何。长的木板心理上居高临下的以为短的木板拖了后腿。而短的木板偏偏似《简·爱》里的夏洛蒂·勃朗特一般："你以为我会无足轻重的留在这里吗？你以为我是一架没有感情的机器人吗？你以为我贫穷、低微、不美、渺小，我就没有灵魂，没有心吗？你想错了，我和你有一样多的灵魂，一样充实的心。如果上帝赐予我一点美，许多钱，我就要你难以离开我，就像我现在难以离开你一样。我现在不是以社会生活和习俗的准则和你说话，而是我的心灵同你的心灵讲话。"

破碎到一定程度的镜子，不去维护还好，越维护，越是破碎的更加厉害。可是归国后的萧红偏偏就愿意做这样的傻子，直到萧军动手打了她，直到萧军和别的女人珠胎暗结，直到在武汉的时候她遇到了另外一个男人。

在萧军肢体以及精神的蔑视冷落之后。萧红曾一气之下跑到了北平，找到了旧相识李洁吾，没有城府的她甫一见面就扑入他的怀中，弄得已婚的李洁吾很是尴尬，也让他的妻子颇为误解。后来更是要求和李洁吾一家住在一块儿。萧红一再说明，她对于李洁吾是纯洁的，至于外人怎么看，那就仁者见仁，智者见智了。

一个人挣脱的，一个人去捡

1937 年日本开始全面侵华，8 月 13 日，日军在上海制造了“八·一三”惨案。二萧南下武汉。在素有火炉之称的九省通衢之地，萧红的心也变得火热了起来。

在武汉萧红结识了小她一岁的端木蕻良。端木蕻良原名曹京平，出生在东北乡绅之家。大多数人刻板印象中的东北男子大抵应是虎背熊腰如萧军那般。但刻板印象终究是刻板印象。与萧军截然不同的是，端木蕻良皮肤细腻，温婉儒雅，好似戏文中的江南才子。

二萧时常和端木蕻良等一些朋友畅谈古今，探讨文学。每每此时，萧军总爱拿萧红开玩笑，有时甚至是故意挑衅，欣赏她那认真生气的样子。这一切仅仅是因为觉得“好玩”，却不知早已“谑近于虐”，对萧红的自尊心造成了很大的伤害。

莫文蔚有首歌唱道：“感情说穿了，一人挣脱的，一人去捡。”不过此时主动挣脱的是萧红，去捡的依然是萧红。尽管不久之后萧军就有了危机感，但是怎奈萧红意已决。

1938 年 2 月 6 日，应李公朴等人之约，二萧、端木蕻良从武汉到了临汾去阎锡山创办的山西民族大学教书。没过多久，日寇就攻陷了山西省会太原，并推兵侵略临汾，二萧的矛盾随着国难进一步爆发。

萧军希望留下跟学校一同打游击，萧红则更愿随着作家丁玲前往西安，希望能有一个良好的创作环境。两人谁也说服不了谁，矛盾越来越大，以至于争吵了起来。争吵的结果是两人不欢而散，决定分手。所以说，没事儿尽量不要跟你的女朋友吵架，搞不好就把女朋友给弄丢了。

可以肯定的是一直到分手的时候，萧红还是深爱着萧军的。因为就在要撤离临汾前夕，萧红突然想让端木蕻良跟萧军一块儿去，她不放心萧军，但是被萧军断然拒绝了，最终二萧还是分道扬镳。

我想用周杰伦的《珊瑚海》来评价二萧的感情是再好不过的：毁坏的沙雕如何重来，有裂痕的爱怎么重盖，只是一切，结束太快。海鸟跟鱼相爱，只是一场意外。他们的爱差异一直存在，风中尘埃竟累积成伤害。蔚蓝的珊瑚海，错过瞬间苍白。当初彼此都不够成熟坦白，热情不在，你的笑容勉强不来，爱深埋珊瑚海。

其实萧红对端木蕻良谈不上喜欢，她觉得他胆小、势利、喜欢溜须拍马，一天到晚在那里装腔作势。而当时的端木蕻良还是纯情的文艺青年一枚，从未想到过婚姻，完全就是被赶鸭子上架。

鲁迅先生说，悲剧就是把美的东西打碎给别人看。虽然心里不喜欢他，可我还是偏偏要和他好。就像段誉的母亲对段正淳心灰意冷后偏偏就和段延庆造出了段誉，有些许赌气与抱负的心理。

这也就像萧红所说，筋骨若是痛得厉害了，皮肤流点血也就麻木不觉了。

爱便爱，不爱便丢开的萧军在西北也找到了自己的妻子王德芬，婚后育有八子，厮守终生。而萧红胸膛里则跳跃着一颗滚烫自由的心，她先后又回到了武汉、再到了重庆，最后漂泊到香港。

彼时的香港对于内地居民并没有设什么关卡，两地居民来往相对自由。在香港有很多来自内地的文人墨客，包括很多左翼知识分子。萧红在这里写就了很多的作品，如《呼兰河传》《马伯乐》等。

大密度的写作是很伤害身体的，加之早年萧红有吸食鸦片的习惯，此时潜伏在她身体里的各种毛病就开始钻了出来一点一滴啮噬着她。终于，她病倒了，元凶是肺结核。

对于治病，其实一开始萧红是拒绝的。直到失眠、咳嗽、发烧、头疼成为常态后，萧红才决定去玛丽医院治疗。文人固穷，是个“优良”的传统。生活并不宽裕的萧红只能住进三等病房。

作为英国殖民地的香港，于1941年12月25日，向当时总部设于九龙半岛酒店3楼的日军投降。整个香港处于动荡不安之中，即便连医院也未能幸免。真不知道那些罔顾历史为当年日本侵华洗地的人是何居心。

躺在床上的萧红也只得听从地下组织安排，转移到安全的地方去。人身可以转移，可是疾病没办法转移。1942年1月22日的早上，岭南的香港还沉浸在南方冬天特有的湿冷中，未及正午，漂泊了大半个中国的蒲公英，散落了。

女作家的骨灰被分成了两份，一份埋在了浅水湾，一份埋在了圣提士反女校的一棵小树下。如有可能，其中的一份骨灰将会被带回内地，埋在鲁迅先生的墓旁。

值得一提的是，在萧红病重期间，她的嗓子里时常有浓痰吐不出来，全是端木蕻良帮她吸出来的。不知萧红心里是何感想，这可是自己曾讨厌过的男人呐！而自己心里一直牵挂的那个他，不知在何处浪迹天涯。

在萧红生命最后的日子里，除了端木蕻良以外。陪伴她的是一名叫做骆宾基的年轻人，同样是一位来自东北的作家，而且曾与萧红的弟弟张秀珂做过同学。作为一名初来乍到的港漂，无所事事的他就来到了萧红的身边。不过话说回来，这世间又有几个能够和自己真正相爱的白头偕老，往往是和原本八竿子打不着的人，相濡以沫了一辈子。

文艺青年们的谈话，往往是无关乎风月的。知己乎，朋友乎，二人心知肚明也。弥留之际，得此一人，萧红无憾矣。后来骆宾基根据和萧红的谈话，整理成了一本《萧红小传》。你懂我的陪伴，我写你的记传。可是，真正懂的，又有几人呢？

叁 那年花好月正圆

溥杰与嵯峨浩：眉眼如初，岁月如故

刘宋王朝最后一个皇帝刘准曾满怀悲痛地说过："愿生生世世再不生在帝王家。"在此之后，诸多亡国皇室成员都说过类似的话，听起来真真有点儿刺痛人的心呢。不过话说回来，投胎这事儿是个技术活，一般人基本上都掌握不了自己出身的命运，是王侯将相，还是平民百姓，要看造化了。

有时候出身于王侯将相之家未必见得好，生于平民百姓之家也未必见得坏。要不然也不会有"愿生生世世再不生在帝王家"之说。

一般来说封建历史上后世政权对待前朝皇室成员，都是赶尽杀绝斩草除根以绝后患。当年明朝末代皇帝崇祯自缢于煤山，死前挥剑斩断女儿长平公主的左臂，叹道："汝何故生我家！"

然而，纵观历史，清朝的皇室是为数不多得到后世政权优待的。

光绪在1908年和慈禧一起驾崩以后，按照慈禧的意思，醇贤亲王载沣的儿子爱新觉罗·溥仪做了皇帝，是为宣统，是清朝乃至中国历史上迄今为止最后一个皇帝。溥仪荣登大典之时，又哭又闹，大喊："我不挨这儿！我要回家！我不挨这儿！我要回家！"

载沣急得满头是汗，嘀咕道："别哭别哭，快完了，快完了！"没曾想这竟一语成谶，溥仪皇位才坐三年，就被袁世凯逼宫。虽说江山没有了，但是在皇宫之内，他还是一宫之主。

民国政府给出了清室以下优厚条件：

第一款　大清皇帝辞位之后，尊号仍存不废。中华民国以待各外国君主之礼相待。

第二款　大清皇帝辞位之后，岁用四百万两。俟改铸新币后，改为四百万元，此款由中华民国拨用。

第三款　大清皇帝辞位之后，暂居宫禁。日后移居颐和园。侍卫人等照常留用。

第四款　大清皇帝辞位之后，宗庙陵寝永远奉祀。由中华民国酌派卫兵妥慎保护。

第五款　德宗陵寝未完工程，如制妥修。其奉祀典礼仍如旧制。所有实用经费，并由中华民国支出。

第六款　以前宫内所用各项执事人员，可照常留用，惟以后不得再招阉人。

第七款　大清皇帝辞位之后，其原有之私产由中华民国特别保护。

第八款　原有之禁卫军归中华民国陆军部编制，额数俸饷特别保护。

"优待条件"里所说的"暂居宫禁"，没规定具体期限，只划定了宫禁范围，在乾清门以北到神武门为止这个区域。溥仪在深宫之中这块说大不大说小不小的天地里，一直住到民国十三年被国民军驱逐的时候，度过了人世间最荒谬的少年时代。

民国政府优待前朝皇室算是文明进步的表现，而且袁世凯亦可以顺理成章的继承前清领土。有了这些优待的条件，溥仪他们还可以优哉游哉的过活，毕竟瘦死的骆驼比马大嘛。

溥仪有个一奶同胞的弟弟，名叫爱新觉罗·溥杰，生于 1907 年 4 月 16 日，字俊之。他自幼练习书法，功力甚厚，后来成为海内外知名的书法家。

在外人看来，王公贵戚的生活是锦衣玉食，无忧无虑的，多少人梦寐以求生在这样的富贵家，但是投胎技术太渣，也只能干巴巴的瞪眼羡慕。而对于那些王公阔少们来说，他们也有很多不自在的地方，正所谓家家有本难念的经。

对于溥杰来说，他的童年甚至可以用“灰色”二字概括。每天早晨按部就班的到父母那里请安，说一些无关紧要的客套话，如同疏离的亲戚一般，丝毫没有亲情味可言。

最快乐的游戏当属“放生”活动，所谓“放生”就是在一些节庆日比如主人生日的时候，把笼子里的鸟放飞到自由的天地。然而，溥杰又何尝不是笼子里的鸟呢？

溥仪的状况并不比溥杰好多少，甚至还不如他，毕竟活动范围仅限于紫禁城。日本 NHK 影片《最后的皇弟·流转的王妃》里有一个镜头，溥仪、溥杰哥俩在宫中你追我赶撵着玩儿，跑到了宫门前却不被允许出去，溥仪拼命地拍打着宫门，叫喊着我要出去，可仍旧是宫门紧闭。任你是深宫的皇帝，却推不开走向外界的门。而并非皇帝的溥杰，却可以来去自如。

每当溥仪回想起自己的童年的时候，脑中便浮起一层黄疸病的颜色：琉璃瓦顶是黄的，轿子是黄的，椅垫子是黄的，衣服帽子的里面、腰上系的带子、吃饭喝茶的瓷制碗碟、包盖稀饭锅子的棉套、裹书的包袱皮、窗帘、马缰……等等无一不是黄的。这种独家占有的所谓明黄色，从小把唯我独尊的自我意识埋进溥仪的心底，造就了他与众不同的性格。

那些荒唐的时光

溥仪 11 岁那年，根据太妃们的决定，祖母和母亲开始进宫“会亲”，作为溥仪的二弟溥杰和大妹也跟着进宫陪着他来玩几天，这次会亲，是哥俩分别后第一次相见。

但是会亲那天十分没有意思，溥仪和祖母坐在炕上，自己玩着摆骨牌。而溥杰和溥仪的大妹则规规矩矩地站着，像电线杆子似的。这个别离七年的重逢不到十分钟结束了。

后来溥仪问溥杰在家里玩什么，溥杰说玩捉迷藏。溥仪高兴坏了，之前和他玩儿捉迷藏的都是太监，现在终于有小孩儿和他玩了。于是，他们兄妹三人就在养心殿里玩起了捉迷藏，越玩越高兴，逐渐忘掉了君君臣臣的约束，后来都累得不行，就爬到炕上喘气儿。溥仪又让他们想一个好玩的游戏，溥杰想了想没有说话，只是一个劲儿地傻笑。

溥仪就催着溥杰赶快说。

“我想的，噢，溥杰想的是，皇上一定很不一样，就像戏台上的皇上那样有老长的胡子……”说着，溥杰做了一个捋胡子的动作。

谁知道这个动作给溥杰带来了灾祸，因为溥仪瞅见他袖口里的衣料很像熟悉的黄颜色。“这是什么颜色，你也能使？”溥仪的脸立即沉了下来。

“这，这，这是杏黄的吧？”溥杰嗫嗫地说。

“瞎说！这不是明黄的吗？”溥仪责问道。

“嗻、嗻……”溥杰赶忙把手放在身后。溥仪的大妹也赶紧溜到屏风后面，吓得快要哭出来了。

溥仪还在穷追猛打：“这是明黄的！不该你使的！”

“嗻！”

兄弟二人又恢复了君臣的身份，这件事情使得溥仪多年之后回忆起来感慨颇多。而溥杰喊溥仪“皇帝”，溥仪直呼他为“溥杰”的这种叫法，从北京、天津、伪满一直到抗日战争结束被押解到苏联都是这么叫的。在抚顺战犯管理所改造十年后，溥杰才叫溥仪一声“哥哥”，溥仪也才喊溥杰一声“弟弟”。

兄弟二人随着年龄的增长，时局的变化，也渐渐经历着不同寻常的事情。15 岁左右的时候，溥杰要去紫禁城陪伴溥仪读书。无非就是些四书五经等中国传统经典。当然除此之外，溥仪也学习满文和英文。

但是小哥俩所受的教育思想完全是传统封建思想，陪伴在他们周围的人也是一些满清遗老之流，整天忆往追昔。两人的心中就滋生了恢复大清祖业，复辟帝制的想法，这就为以后伪满洲国的建立打下了思想基础。要单说伪满完全是日本人的意思，没这哥俩一点事儿，那是不对的。

后来一个名叫雷湛奈尔德·约翰·弗莱明·庄士敦的英国人来

给溥仪当英文老师，大大影响了溥仪、溥杰的思想，他们非常向往八十年前那个率先打开大清国门的国家。

溥仪想去牛津大学读书，开阔自己的眼界，顺便发表声明，放弃民国政府的优待，待从头收拾旧山河，重振大清基业。而在溥杰眼里，那是一个绅士遍地的国度，最突出的表现就是英国侵占了印度，可是印度的公侯依然保留了下来，并且很活跃。溥杰觉得这一点很是不错，很值得学习，但他忘记了他们这些前清的王公贵族在社会上也并非死水一潭。

一叶知秋，可见当年英国发动的鸦片战争远不止使得中国逐步沦为半殖民地那么可怕，更是摧残了中国人的民族自信心。让无数中国人一直渴求着走向世界，浑然忘记自己就在世界之中。

既然有了目标，小哥俩就只顾风雨兼程。到外国读书是要花钱的，刚才已经说过，溥仪如若到了英国是不肯再接受民国政府的“优待”，以此彰显自己的尊严。但是如果仅靠自己，却又没几个钱。于是两人只好偷偷往宫外偷运文物筹资。

当折腾的差不多的时候，由于计划外泄，没曾想太监报告给了内务府，还没走出养心殿，紫禁城就戒严了，哥俩的英国梦也就此破灭。屋漏偏逢连夜雨，1924 年 11 月 5 日，冯玉祥发动首都革命，把溥仪的小朝廷赶出了宫。

而 17 岁的溥杰也在这时候结了婚，娶了隶属于满洲镶红旗的女子唐怡莹。唐怡莹姓他他拉氏，是珍妃和瑾妃的娘家侄女。但是，夫妻关系一直不好。

作为已婚男士，虽还未成年，但溥杰在社会上的活动应酬也逐渐多了起来。来往的人当中有英国人、美国人，当然也有中国人。

中国人当中有青年外交家顾维钧，提倡新文学的胡适等诸如此辈之流。

1926年，20岁的溥杰认识了一个人，如果从某方面来看，结交此人，可谓是交友不慎。此人不是别人，正是民国四公子之一、东北少帅——张学良。但是溥杰不这么想，他把这件事看做是人生中的大事，两人后来竟然还成为了好朋友。

溥杰非常仰慕这位青年将军，他的一举一动都引起溥杰的注意。尤其是当他进出时前呼后拥，备受人们尊敬，令溥杰羡慕不已，真有“大丈夫不当如是耶”之慨。

因为此时的溥杰已经认识到“枪杆子里面出政权”的道理，真要恢复过去的皇家地位，光凭空想是没有用的，手里还得握有枪杆子。北洋军阀所以操生杀予夺、随心所欲之权是由于他们有武装。

溥杰几次三番向张学良表示了“投笔从戎”的愿望，张学良也招待他赴河南参观打退冯玉祥军队的“战绩”。想当年，冯玉祥把他哥溥仪逼出宫，如今看到昔日仇人战败，怎能不沾沾自喜。

1927年张学良赴河南指挥作战，溥杰经常去信慰问，并表示愿远赴前线看望他。张学良了解溥杰的心思，就对他说：“你既然想当个军人，可以考讲武堂，我负责让你进去。”说完，他又翻开西服上衣，指着挂在内兜上的一个徽章对溥杰说：“这是‘同泽俱乐部’的徽章，在奉天看戏、看电影都不用花钱。”

因此溥杰更对张学良佩服得五体投地，然而他却忘了张学良乃是何许人也。他是少帅没错，可是他长得是真帅啊。男人帅还不是多可怕，最可怕的是不仅帅而且很风流。人常说“朋友妻不可欺”，但是少帅看来是“朋友妻不客气”。

张学良和唐怡莹的邂逅，就是在和溥杰打交道的时候。当时不仅已是民国十五年，而且溥仪都被冯玉祥从宫里赶出来两年了。昔日的爱新觉罗家族，早已经失去了往昔的光辉，要不然溥杰怎么会搞得像张学良的小弟一样。

而此时唐怡莹和溥杰之间也不是琴瑟和鸣，22 岁的她大溥杰三岁，而她又小张学良三岁。两个男人，除了年龄悬殊之外，一个是没落的皇室贵族，一个是风头正劲的翩翩少帅。唐怡莹怎么可能不移情别恋呢?

少妇是最有味道的，于张学良来说，她不似少女一般娇羞，又不像熟女那般热烈。况且唐怡莹本身亦是多才多艺，端得是一个文艺女青年。人前威风凛凛的东北少帅，很快就拜倒在了这个昔日福晋的石榴裙下。张学良晚年曾夸赞唐怡莹的聪明及才艺，如若不是“混蛋透了”，一定娶她。

那么唐怡莹是怎样一步步魅惑到少帅的呢？当时溥杰在北京饭店舞厅里经由陈贯一夫妇介绍结识了张学良。而跟随溥杰的唐怡莹一看到眼前魁梧的少帅，便浑然忘我了。于是她就怂恿丈夫邀请张学良有空时来家做客。

张学良觉得这有什么好客气的，于是就答应了。第二天少帅就真的去了，一踏进她家，少帅就被她的用心良苦所感动。唐怡莹捧出厚厚的一个本子，不是情书，也不是日记，而是近几年来报纸上有关张学良消息的新闻剪贴。

爱一个人会关注和其一切相关的东西，很显然，唐怡莹是有准备的。张学良顿时爱上了这个认真的女子。哪怕当他识破唐怡莹十句话有九句都是谎言的时候，也欲罢不能。

为了让张学良每天都对她保持新鲜感，唐怡莹向他讲述了许多宫廷秘闻。小清新们不是常说一句话吗，当我说的时候你在听，这就是最大的幸福。张学良、唐怡莹二人不正是如此嘛。

不过张学良也有点纳闷，这女人长得好看，又能说会道，还多才多艺，怎么没嫁给皇帝却嫁给皇弟了，他就以此来揶揄唐怡莹。这小贱人就娇嗲嗲地解释说，本来皇上是挺喜欢她的，坏就坏在瑾妃手里，她说侄女性情“很淫荡”。

当年张无忌他娘对他说的没错，漂亮的女人喜欢撒谎，唐怡莹就是这样。瑾妃再怎么着也不会这样诋毁自己未出阁的侄女啊。刚开始张学良还觉得此女有点才气，能写能画，做诗能文，什么都会，很喜欢她。可是，后来就发现，她画的画是人家改过的，作的诗也是人家替她改的。

张学良说他最恨人作假，可是没有爱哪来的恨啊，恨是建立在爱的基础上的。可见张学良还是喜欢她的，不要争论说喜欢不等同于爱，喜欢到一定程度自然就是爱。

曾有记者让晚年的张学良回忆一下他一生不平凡的爱情，老去的少帅满脸骄傲地说：“我现在已经老了，才肯说这些话。我有两句诗：‘平生无憾事，唯一好女人’，我年轻时是非常荒唐的。我的女朋友好多，行的却没有几个。其实我并没有怎么追过女人，除一两个女人我主动追过以外，大都是女人追我。”

在张学良念念不忘的人当中，就有唐怡莹。尽管当时两人没过多久就分手了，但是爱过就够了。

唐怡莹并不是一个安分的女子，溥杰在日本读书期间，按捺不住寂寞的唐怡莹又勾搭上了军阀卢永祥的儿子卢小嘉，当了他的情妇。依仗卢永祥的势力，利用溥仪离开天津到东北以及载沣全家都住在天津的机会，在光天化日、朗朗乾坤之下，唐怡莹把醇亲王府的大批财物用卡车拉走，据为己有。

载沣焦急万分，但是又无力和卢永祥抗衡，最终在日本人吉冈安直的帮助下，恐吓唐家人签署了和溥杰的离婚协议书，上面写着“情愿离婚，情愿不要赡养费”的字样。

日本人为何对一个中国没落贵族的婚事那么重视呢？

木偶人也会微笑流泪

1931年“九·一八”事变后，日本帝国主义侵占了整个中国东北地区，东北沦为日本的殖民地。1932年3月9日，在日本军队的撺掇下，末代皇帝溥仪，从天津秘密潜逃至东北，在长春成立了傀儡政府——伪满洲国。

其实，“九·一八”事变对于溥仪、溥杰小哥俩，是早就知道的。但是为了一己之私，以便自身能在日本人的卵翼下获得所谓的新生政权，两人选择了委曲求全。

1931年暑假前，在日本留学的溥杰正想回天津度假之际，忽然接到由日本鹿儿岛步兵第四十五连大队长吉冈安直少佐寄来的一封信。没错就是那个帮他们家摆平唐怡莹的吉冈安直。

吉冈安直从溥仪在天津时起到伪满时期一直是日本搜集溥仪情报的眼线，后来成为溥仪身边的钉子，此人主要靠监视溥仪、溥杰哥俩得以平步青云。吉冈安直在日本驻天津部队当上尉参谋时，就和溥仪有过打网球等应酬来往，并向溥仪灌输过日本陆军强大的思想，促使他送溥杰到日本学习陆军技术。

这次吉冈安直是邀请溥杰去他的家乡做客。在此期间，他每天带着溥杰游山玩水，当然醉翁之意不在酒。一个星期后吉冈安直就向溥杰鬼鬼祟祟的说道：“回到天津，请转告令兄，别看张学良在东北为所欲为，不久中国东北也许会发生什么事情。令兄是大有前途的，希望他多保重，等待时机的到来。”

不久之后，日本人给溥仪一把扇子，上面题字为：“天，不可空勾践；时，不可无范蠡。”

伪满洲国成立之初溥仪不满于“执政”的地位，更无心做什么满洲国总统，他想要的是皇帝的地位。两年后，1934 年 3 月 1 日，伪满洲国实现了帝制，溥仪如愿以偿地登基当上了皇帝，年号“康德”。

翌年 6 月，溥杰从日本结束了在陆军士官学校的学习生涯回到伪满洲国，经过短暂培训后，派往长春禁卫兵团当排长。

此时关东军里的熟人就经常和溥杰谈论婚姻问题，什么男人必须有女人服侍啦，什么日本女人是世界上最理想的妻子啦……但是当溥杰向溥仪提及此事时，溥仪都是一笑了之，以为那只不过是日本人在开玩笑而已。

然而，没过多久，吉冈安直就向溥仪透露了关东军的意思：“陛下，关东军本庄繁大将准备让御弟溥杰娶一个日本妻子。”表面是为了所谓的“日满亲善”，其实还有更深一层的政治阴谋。

尽管溥仪早已有了思想准备，但还是大吃一惊。溥仪未置可否，心里却十分不安。因为溥仪虽然有“皇后”和“妃子”，却没有子嗣，而溥杰一旦有了日本血统的男孩儿，必要时就会取他而代之，也就意味着满洲国皇帝爱新觉罗氏会含有日本血统。溥仪绝对不会把爱新觉罗氏的“江山”拱手让给日本人，虽然现在是日本人的傀儡，但是和日本人之间更多的是相互利用罢了。

于是，溥仪赶快找来二妹商量，最后决定，先下手为强，抢先给溥杰办亲事。更绝的是，溥仪还把溥杰找来了，一本正经地告诉他，绝对不能娶日本老婆，否则自己就完全处于日本人的监控之下，让他“随时完全受不了”。

最后溥仪安慰溥杰，自己一定会给他找个好老婆的，不要着急，不要想什么日本女人，要好好听哥哥的话。溥杰一切都恭恭敬敬地答应了。溥仪为了兑现诺言，更多的是为了自己，就委托岳父家的人开始在北京寻找，很快就找到了一个合适的人选。这个女子是婉容的亲姨、人称“大格格”的恒慧之女王敏彤。经过一番说合，母女二人和溥杰都没有意见。

不料，吉冈安直突然找到了溥杰，蛮横地说，关东军希望他和日本女子结婚，以增进“日满亲善”。溥杰既为“御弟”，自然应该做出“亲善”的表率。这是军方的意思，本庄繁大将在东京要亲自为溥杰做媒，因此不可以再去接受北京的亲事，应该等着东京方面的消息。

无奈之下，溥仪和溥杰只得服从日本人的意见。日本之所以张罗着给溥杰找日本妻子就是溥仪所担忧的那样，当时所谓清朝直系爱新觉罗皇族的正统继承人，一般认为只有溥仪和溥杰两人。作为满洲国皇帝的溥仪，没有子嗣，溥杰如若有了儿子，自然就是下一任皇帝。

1937 年，30 岁的溥杰又再次东渡日本千叶步兵学校学习。关东军正式开始为溥杰物色对象。按照关东军的最初方案，最理想的方法是从日本皇族里面选一个女子和溥杰结婚。但是如果把一个皇家女儿嫁给溥杰，就有违日本皇室的法典。关东军当时虽权势熏天，但也不敢擅自挑战日本皇家权威。

如此一来，只有在仅次于皇族的公卿华族女子中挑选。吉冈安直找到曾发动“九·一八”事变的幕后主凶本庄繁大将，还有事变时任日本陆军大臣、后任朝鲜殖民地总督的南次郎，让他们帮忙为溥杰选老婆。

他们从很多华族姑娘的照片中选中了当时日本侯爵嵯峨公胜的孙女嵯峨浩。嵯峨家族在公卿是仅次于五摄家、九清华的名门豪族。嵯峨浩的曾祖父正亲町三条对明治维新有功，被授予侯爵爵位。嵯峨浩的祖母南加子是明治天皇生母中山一位局的同胞兄弟、宫内侍从中山忠光卿的独生女儿，所以她的家庭和宫中关系是非常密切的。

当时嵯峨浩芳龄二十有三，在女子学院学习画画。在日本生活学习多年的溥杰，看了嵯峨浩的照片以后，觉得她温文尔雅，美丽娴静，一下子就喜欢上了这个女孩，然后便欣然同意了。

嵯峨浩则是怀着惴惴不安的心情去看溥杰的照片的。第一个印象是觉得温和安详，虽然戴着军帽，但五官端正，眼镜后面的眼睛聪慧而明亮，与其说像个军人，不如说更像个学者或文人。她觉得放了心，也表示满意。

而嵯峨浩的家里面对这桩突如其来的婚姻大事也曾感到惊慌失措，溥杰虽是所谓“满洲国”的“御弟”，但毕竟是在日本铁蹄之下苟延残喘的中国人，况且日本与中国还隔着汪洋大海。

嵯峨浩的祖母开始死活不同意，直到军方安排溥杰和嵯峨浩的家人见了面以后，他们的态度才有了一百八十度的大转弯。嵯峨浩的祖母觉得溥杰仪表堂堂，风度翩翩，就对家人赞不绝口道："真是堂堂的好青年，这么有出息的青年，日本人当中也少见。像他这样的人，就是没有地位，不是日本人也成啊！"张溥杰顿时觉得嵯峨浩的祖母实在是太有眼光了。

嵯峨浩本人见了溥杰之后，更是喜欢上了这个斯文且神采奕奕的男人，两人一见钟情。当年贾宝玉初见林黛玉，就觉得"这妹妹好像在哪里见过"，姻缘仿佛前世注定。

分明初相识，却似已相见。如梦亦如痴，只把姻缘盼。正所谓情不知何起，一往而深。

本来这次会见，就是为了大家互相看一眼，溥杰、嵯峨浩两人自然说不上多少话，都是他人在说几句活跃气氛的话语。用过晚餐后，溥杰等人到另外一间大房子去休息。

主事儿的本庄繁就问溥杰对嵯峨浩的印象如何，溥杰答曰："很好。"真真是说在嘴里，喜在心里。本庄繁当时就将溥杰的看法传给嵯峨浩的家里，嵯峨浩的家人对溥杰看法也不错，认为他彬彬有礼，能体贴人。他们又去问女主角嵯峨浩感觉如何，她羞得满脸通红地只说了句："一切都拜托了。"

最是那一低头的温柔，像一朵水莲花不胜清风的娇羞。

订婚之后，两人度过了一段非常愉悦的时光。彼此经常互相来往，增进了解和信任。两人也有着共同的兴趣爱好，那时嵯峨浩在学习油画，而溥杰喜欢中国画，也对日本画极有兴趣，这使他们增多了共同的语言。结婚之前嵯峨浩还准备创作几幅好画作为姑娘时代的纪念品留在家里。

最令他们二人难忘的，当属嵯峨浩向日本皇太后辞行，皇太后亲切地告诉她："侍奉满洲国皇帝，与侍奉我国的天皇一样。侍奉溥杰，也要表现出日本妇女固有的美德……"

后来嵯峨浩把这些话传达给溥杰的时候，他很是感动。可惜，他们忘了彼时日本关东军在中国东北的残酷暴行。

1937年4月3日，两个人在日本东京的军人会馆（现九段会馆）举行了盛大的结婚典礼，伪满洲国爱新觉罗·熙洽和日本皇族竹田宫恒德王携同王妃出席了典礼。时年溥杰30岁，嵯峨浩23岁。

《流转的王妃·最后的皇帝》这部影片有这样一个镜头，结婚的时候溥杰、嵯峨浩两人私下表示是因为真心喜欢对方而结婚，而不是迫于什么政治压力。依照嵯峨浩的性格，如若不是她自己发自内心的喜欢，她宁愿逃婚也不愿将就。

然而，两人的婚礼上还是发生了一些不快的事情，在外在的压力面前，他们两人显得是那样的渺小。

由于两人的婚礼同样是在日本军方的掌控之下，关东军借口婚礼费用有限，把参加婚礼的人数限制在500人以内。这样男女双方参加的人数都受到了限制。溥杰方面的亲友只有有限的几人，嵯峨浩的朋友参加婚礼的也只限5名，师长只限7名。亲友们对这种粗暴无礼的干涉都感到十分愤慨，但也无可奈何。

对于二人的婚礼，日本的媒体也是格外关注，都做了详细的报道。比如婚礼翌日出版的《读卖新闻》就这样写道：

淡云蔽空，春光明媚，樱花待放的4月3日，在九段军人会馆，满洲国皇帝陛下的御弟溥杰氏与嵯峨公胜侯爵的孙女浩小姐，在日满结缘更加牢固的两国朝野的欢庆声中，圆满地举行了结婚典礼。

这还只是长篇报道的第一段而已。婚礼后，他们二人就开始了一周的新婚蜜月之旅。回到东京后，溥杰在千叶的稻毛海岸租了一处日本式建筑作为新居，不仅离溥杰所在的步兵学校很近，而且面朝大海。

早晨七点钟过后，溥杰骑马去上课，而嵯峨浩则在家做一名家庭主妇，接待记者访问或者接待一些向溥杰索字的客人。可以说，两人婚后一段时间过得是十分的惬意，幸福。他们也想就这么面朝大海春暖花开地走完一辈子。

可惜，他们愿望总是比现实美好。新婚之际，溥杰特地向溥仪写信报告了他当时的生活，以打消溥仪对他俩的结合的怀疑和不满。同时，溥杰也让嵯峨浩给溥仪写了信，表示会等溥杰毕业一块儿回国，“得早日瞻仰天颜，敬承圣训，实浩毕生之大幸也。”

所谓眼不见心不烦，不看还好些。看到他们二人的来信后，溥仪顿时怒上心头，随手就把信给撕了，撒向空中然后一片片飞落在地，如同他凋零破碎的心。

1933 年，“七・七”事变爆发后一个多月，溥杰回到了长春，嵯峨浩由于已经有了身孕，又在日本停留了一段时间，到了 10 月份才来到东北。她原本以为所谓的“满洲国首都”会是一个和平的城市，但是当她在路上看到因散发反对日本帝国主义的传单而被日本人逮捕的中国人的时候，心里五味杂陈。

客观地说，嵯峨浩这个弱女子是对中国人抱有极大同情心的，甚至可以说比当时的溥杰还有良知。当溥杰为他的日本同学在中国上海战死潸然泪下的时候，嵯峨浩斩钉截铁地认为日本侵略中国不对。有时候人生啊，就是那么的讽刺，自贱到别人都看不下去。

两人回到东北后可谓是两面受气，他们新家的住址原来是一个蒙古王的牧场，周围杂草丛生，常有野兔、獐子出没，还曾有过土匪，谁也不愿意到这个危险的地方来，现在长春作为“新京”，需要开发，才在这里盖了房子。

房子是一排五间平房，孤零零只此一家。房内墙壁还没有干，周围也没有砌围墙，房内没有电话。多亏嵯峨浩带来的女佣人直接找了关东军联系，才有了围墙，装上了电话。

家具运来时，日本宪兵不知是不懂得轻拿轻放，还是故意为之，反正把好端端的家具磕碰得满身是伤。溥杰脸上也觉得无光，在自己媳妇面前被这样对待，哪是什么满洲国皇帝御弟该有的待遇啊。

为了挽回一下作为丈夫的面子，他便正式向关东军提出意见，希望能扩建一下住宅。谁知关东军的一位军官对他毫不客气地说：“中日战争已蔓延到中国境内，日本军队正要准备攻打南京。日本国内正在进行总动员，满洲国也要为这神圣的战争作出贡献。你是一个满洲军队的中尉，难道就可以提这样的问题吗？”

溥杰本来是想挣回面子，却不曾想更丢了面子。由此也可以看出，所谓满洲国真正的主人是谁。

当溥杰夫妇回到东北后，溥仪心里就拿定了一个主意：不在溥杰面前说任何心里活，溥杰的妻子给他送来的食物他一口也不吃。假若溥杰和他一起吃饭，食桌上摆着他妻子做的菜，必定等溥杰先下箸之后才略动一点。很显然，溥仪把他的亲生胞弟和弟妹当成了日本人安插在他身边的特务。

当然，这也不能完全怪溥仪，毕竟溥杰和嵯峨浩的婚姻，就是日本军准备撤换满洲国皇帝的阴谋。

在溥杰夫妇俩回国不到半年，结婚将近一年的时候，即在1938年3月1日日本人胁迫溥仪颁布了一个所谓的《帝位继承法》，内容如下：

帝位继承法

（康德四年3月1日）

第一条　满洲帝国帝位由康德皇帝男系子孙之男子永世继承之。

第二条　帝位传帝长子。

第三条　帝长子不在，传帝长孙，长子及其子孙皆不在，传帝次子及其子孙，以下皆仿此。

第四条　帝子孙之继承帝位，先切出；帝庶子孙之继承帝位，以帝嫡子孙皆不在为限。

第五条　帝子孙皆不在，传帝兄弟及其子孙。

此时溥杰快要晋升为父亲了，溥仪不得不提心吊胆地为自己的前途盘算。在担心自己命运的同时，他甚至也为溥杰担忧。因为他深知那个所谓的《帝位继承法》，前面的几条都是靠不住的，靠得住的只是“弟之子继之”这句话。关东军要的是一个日本血统的皇帝，因此他们兄弟两个都可能成为牺牲品。

风吹落了悬崖上的月

1938年2月26日，嵯峨浩生下了她和溥杰的第一个女儿，三十而立才初为人父的溥杰高兴万分，一时不知如何是好。他给女儿取了个名字叫做“慧生”，寓意“智慧高深”。

得知嵯峨浩生的是个女儿后，溥仪也松了一口气。夜深人静之时，溥仪暗自思量，倘若他自己有了儿子，是不是会安全？想的结果是，即使真的有了儿子，也不见得对他有什么好处，因为关东军早叫他写下了字据：若有皇子出生，9岁时就必须送到日本，由关东军人教养。

孩子由谁教养关系太重大了，看看《射雕英雄传》里的杨康就知道了。

溥仪哥俩是高兴了，有一个人却不高兴了。此人就是“满洲国”帝室御用挂关东军大佐吉冈安直。他为婴儿准备的礼物是一件白色的松鼠皮大衣，并且准备了两种绸带包装，如果是男孩，就用水色绸带；如果是女孩，就用粉红色的绸带。当他知道是一个女孩时，扔下系了粉红色绸带的礼物，便拂袖而去，留下目瞪口呆的众人。

溥仪对他的这个侄女非常疼爱，吃饭的时候，让慧生坐在他和溥杰之间，还给她夹菜。慧生一次不小心摔倒，溥仪赶紧心疼地把她抱起。他还给慧生买了钢琴，学会之后让她进宫弹奏。

溥仪之所以疼爱慧生，一方面是因为她是女孩，不会对自己的皇位构成威胁。另一方面，溥仪自己有时候也非常羡慕溥杰这种家庭的温暖。他自己也想要一个孩子，但是却无法实现了，只好把父爱转移到慧生身上。家庭的幸福，真的可以让人忘却其他诱惑。

两年之后，溥杰夫妇又有了二女儿，取名嫮生。不久，两人又应溥杰父亲的要求回到北京家中。之前嵯峨浩已经回来过一次，载沣对他这个日本儿媳，非常满意，赞不绝口。这次叫他们回来，主要是想看看自己的亲孙女，毕竟当时溥仪、溥杰常年不在身边，抱抱孙女，也可以弥补一下没能尽享天伦之乐的遗憾。

溥杰还带着妻子女儿游览了紫禁城，重温一下家族的记忆。对于溥杰，可以算得上旧地重游；对于嵯峨浩，则是看看自己丈夫小时候生活学习的地方。让彼此的生命，有更多的交集。

1943 年秋天，溥杰被派到日本陆军大学学习，他们全家又到了日本。他们的大女儿慧生早在前一年就被嵯峨浩的妹妹接回日本就读幼儿园。当时日本战事吃紧，生活较为拮据，但是一家人倒也是其乐融融。

两年后，溥杰夫妇与二女儿嫮生飞回长春，慧生因为要上小学，则继续留在日本。令溥杰万万没想到的是，这一别竟是他和慧生父女两人的永别。

战局越近，他们在伪满的日子就越不好过。先是溥仪最心爱的贵人谭玉玲离奇死亡，再是溥杰不被允许乘坐自家的汽车。一切迹象表明，日本及其卵翼下的伪满洲国已经是强弩之末。

1945 年 8 月 8 日苏联正式对日宣战，伪满洲国的“新京”长春也受牵连遭到轰炸。中国人有句老话，叫做“夫妻本是同林鸟，大限来时各自飞”。然而生死存亡之际，嵯峨浩拒绝了日本官员带她回日本的善意，选择和丈夫同呼吸、共命运。

到了 8 月 15 日，日本宣布无条件投降，逃难的溥仪下发“大臣”们给他准备好的退位诏书，伪满洲国解体。翌日，吉冈安直通知溥仪明天就去日本，并让他挑选几个随行的人。因为飞机小，不能多带，他挑了溥杰、两个妹夫、三个侄子、一个医生和随侍，坐第一批飞机逃亡日本。

而嵯峨浩和溥仪的皇后婉容以及几个格格则是之后再去。男人呵，逃命的第一时间为何忘记了陪伴自己的女人。

“福贵人”就哭哭啼啼地问溥仪：“我可怎么办呢？”

溥仪说：“飞机太小，你们坐火车去吧。”

“火车能到日本吗？”

“火车能到。顶多过三天，你和皇后他们就见着我了。”溥仪不假思索地哄骗道。

而溥杰竟然也有些兴奋地和嵯峨浩告别道：“你和嫮生随后就来吧！今后我再也不当这皇宫内的差使了，我们一家四口好好过日子吧。”你倒是想当，也得再有皇宫收留你啊。早知如此，何必当初呢。

嵯峨浩也装作若无其事地说道：“是啊！我随后就来！”

这一随后竟是十六年。

溥仪和溥杰在奉天机场被苏联红军俘获，押往伯力，开始了长达五年的囹圄生涯。被押解到苏联境内的溥仪无论如何也不想再回到中国，因为周佛海、陈公博当时没有好下场，去日本又毫无希望，于是他便寄希望于苏联，恳求他们让自己长久留在苏联，伺机赴美另寻出路。

溥仪就一而再、再而三地给斯大林写信，然后让溥杰在上面签字。溥杰觉得这也太有辱尊严，就不肯听哥哥的话。但是溥杰也不想回国，他和溥仪有着一样的担忧，他想回到日本和妻女过平常人家的生活。于是，他不放过任何一个机会和妻子嵯峨浩去联络。

在伯力收容所，有一个苏联翻译正在研究中国的历史，他要溥杰为他提供些材料，如中国的婚丧嫁娶、宗教情况等。作为回报，他将送给溥杰一些纸烟糖果等日用品。

溥杰对那些物品并不感兴趣，他只让苏联翻译帮他一件事儿，那就是与在日本的妻子取得联系。苏联翻译答应他了，没过多久就告知溥杰让他写封信，自己有一个朋友将前往日本，让那个朋友到东京后帮他寄出。

不久之后，溥杰又找到那个苏联翻译，请求送自己去日本。这次苏联翻译没有答应他，并且对他予以严重警告。

其实，就算溥杰的信以及他本人，真的到了日本，也见不到嵯峨浩，因为她还在中国流亡。

当时嵯峨浩、婉容等人与溥杰他们分别后还在东北。没过多久，她们听说溥杰等人没能逃走，落入了苏联手中，哭得死去活来。她们为男人们哭得撕心裂肺，谁又为她们落下同情的眼泪呢？

后来她们落入了中共领导的东北抗日联军的手里，受到了客气的对待。不料一天夜里，400 名日本兵袭击了关押着婉容、嵯峨浩等人的东北民主联军驻扎的公安局。一阵激烈的枪战过后，他们声称要救嵯峨浩出去。

而嵯峨浩带着她的二女儿嫮生，躲在墙角里，一动也不敢动，也不敢出声，脑子里一片空白，只能听天由命。婉容由于正犯烟瘾，倒在沙发上，枪林弹雨中浑然不知道发生了什么。

鏖战过后，日本兵的尸体和数不清的弹头、弹片横杂屋内。嵯峨浩与二女儿，以及婉容活下来了，照顾婉容的那个溥仪的老乳母不幸中弹身亡。

原来这是日本关东军第 125 师团与国民党官员孙耕晓一同策划

的活动，企图把通化从东北民主联军的手中重新夺回去。

而嵯峨浩因为日本军打着救她的旗号而受到审讯，其实嵯峨浩本人并不知情，但是却跳进黄河洗不清。就在这时候，当时在屋内作战的一个中国士兵为嵯峨浩作了证明，才被释放。

一波未平一波又起，嵯峨浩和婉容等人又被带到了长春，接受审讯。“贵人”李玉琴无罪释放，婉容有人出保就可以释放。嵯峨浩由于自身难保，就找李玉琴帮婉容出保。李玉琴同意了，可是她的母亲不同意，并且当着审判人员的面说嵯峨浩是日本女人，与日本天皇有关系。

这样一来，非但没保释出婉容，嵯峨浩也被严加审讯。由于时局所迫，婉容、嵯峨浩等人几经辗转，婉容死在途中，嵯峨浩落入了国民党的手里，被软禁了起来。

嵯峨浩趁着监管不严，与自己的公公载沣见了一面。昔日来时，天伦之乐。今朝至兮，无语凝噎。嵯峨浩后来在上海被国民党宣判为战犯。期间，有个日本人想办法带着嵯峨浩和嫮生跟随日本人回到了日本，她的大女儿慧生则早在 5 岁时，也就是 1943 年左右就已经留在日本生活了。如此一来，她们母女三人算是团聚了。

纵使相思入骨万劫不复

嵯峨浩回到日本三年后，也就是 1950 年，溥杰和溥仪被押解回国，关在抚顺战犯管理所，他们的劳动生涯开始了。1954 年，溥杰 16 岁的大女儿慧生见母亲整天思念父亲，着实心疼，就背着家人给周恩来总理写信，请求和父亲通信。没想到周恩来总理真的收到了这封信，并且批准了慧生的请求。

周总理还把慧生的信转交给了溥杰，溥杰捧在手里难掩激动之情，如同捧着自己的新生命一般。心里更是五味杂陈，情不自禁地潸然泪下，更是感谢妻子对自己念念不忘，并且培养出了这么一个优秀的女儿。

溥杰赶紧给她们写了回信，由于当时两国尚未建交，便通过日本红十字会转交到嵯峨浩母女手中。当嵯峨浩收到中国的来信时，简直是喜出望外，她从来没有想到过有生之年还能再收到丈夫的来信。从此，他们一家人信件来往不断。正是由于溥杰开了先河，抚顺战犯管理所的人员都能和家属通信了。

但是好景不长，慧生因为和日本人谈恋爱，遭到了母亲的反对。嵯峨浩认为她是中国人之女，应该嫁给中国人。最后，慧生和日本青年殉情饮弹自杀，年仅 19 岁。5 天后被人们发现他们的遗体时，两人还相互依偎着。

得知消息后，溥杰如同晴天霹雳，充满了自责。慧生曾在信中谈到自己的感情问题，希望得到父亲的支持。溥杰觉得自己有罪在身，而且多年并未相见，就让她照母亲的意思办，彷徨无助的慧生只好了结了自己的生命。

溥杰除了自责还是自责，除了忏悔还是忏悔，人生最悲痛、最无奈的事就是天人永隔。分别还有希望再见，天人永隔可是永永远远、任你走遍千山万水等到海枯石烂都再也见不到了。

昔日慧生为他画画，为他唱歌，为他弹钢琴，叫他阿玛的场景犹如昨日，如今再也见不到了，怎能不令他锥心刺骨。悲恸不已的溥杰写下了三首悼亡诗，向自己的爱女忏悔。其中第三首是这样写的：

鸣呼慧儿！吾伏枕哀吟，

汝不可闻。我忏我恸，

汝岂获知？鸣呼慧生！

汝其瞑目于地下，

乃父将迎尔骨还吾故土。

鸣呼哀哉！

我觉得溥杰更多的是忏悔之情，自己没能尽到一个为人父的责任。悲恸肯定也有，但未必有忏悔感来得强烈，毕竟他和慧生早已多年未见，已经习惯了没有慧生的生活。若是本来生活在一起，慧生突然没了，那种悲恸才会是最强烈的。所以，慧生的离去，最悲恸的人应该是嵯峨浩。

1959 年 12 月 4 日，溥仪作为第一批特赦人员得到释放。但是这一次，溥杰没能和哥哥一块儿。分别前夕，哥俩话别，溥仪还对嵯峨浩耿耿于怀，觉得她是个特务。而溥杰正是由于娶了个日本妻子，才没能得到特赦。于是他就让溥杰和嵯峨浩划清界限，和她离婚。即使现在不离婚，将来放了出来，也要离婚，以此表明自己的政治立场。

可是溥仪哪里懂得爱情的甜蜜和家庭的幸福呢，溥杰是绝对不会同意的，当即表示自己会影响嵯峨浩心向中国，两人会做中日之间的友谊桥梁。一年后，溥杰也得到了特赦，他终于重新获得了自由的阳光与空气。

回到北京后不久，嵯峨浩归国的事儿也被提上日程。1961 年 2 月 3 日，北京市统战部召集溥杰的家人商谈溥杰和嵯峨浩团聚的事宜。溥杰的弟妹都希望兄嫂能够团聚，唯独溥仪还是不同意，他对日本帝国主义心有余悸，依然认为嵯峨浩是特务。

因为溥仪是他们的大哥，溥杰等人也是敢怒不敢言。胶着之际，周恩来总理召见他们到自己家中共进晚餐，试图营造一个轻松的氛围来解决矛盾。那天是农历腊月二十七，将近除夕，一派喜气洋洋的景象。

周总理开门见山，让大家发表一下意见，但是没人吭气儿，他只好点名让溥仪先说。

溥仪的意见还是“外甥打灯笼”——照旧（舅），极力反对嵯峨浩回来。这说明两种情况，要么是溥仪脑子里还存有之前的思想，觉得溥杰夫妇俩其实就是个政治牺牲品。要么是他内心也渴望溥杰夫妇回来，但是又摸不准大气候，为了保险起见，只好说不希望他们回来。

周总理转问其他人，四弟溥任先发言道：“欢迎嫂子回来和二哥团聚。他们夫妻是有感情的。我们不应该拆散这一对有感情的夫妻。至于两国社会制度不同，我们大家可以帮助嫂子思想进步。”

接着七妹韫欢也发言说：“我觉得让嫂子回来没有关系。二哥回来了，应该让嫂子回来和他团聚。夫妻团圆，人之常情嘛！再说日本女子讲究从一而终，我们没有理由不让嫂子回来。至于嫂子是个日本人，对中国的社会不适应，我们大家帮助她，她会慢慢适应的。她的思想状况，经过大家的帮助，也会进步的。”

家人纷纷表示溥杰夫妇应该团聚，最后他们的长辈载涛表示欢迎嵯峨浩。饭后，周总理郑重其事地表示，这么大的一个中国怎么会容不下一个日本女子。如果将来嵯峨浩和溥杰两人生活的很幸福，则再好不过；如果她很失望，还可以再让她回去，来去都是很自由的。

听了周总理的表态后，溥仪也不再说什么了。当晚回到家后，满怀激动的溥杰就按周总理的嘱咐写信请嵯峨浩回国团聚。

只愿眉眼如初，岁月如故

1961 年 3 月，嵯峨浩接到溥杰的信，饱含热泪对周总理和中国政府表示感谢。当时中国正处于三年自然灾害时期，但是嵯峨浩依然坚定地选择回到中国和丈夫在一起。当初伪满朝夕不保时，嵯峨浩是这样的选择，十六年后，仍然是“My heart will go on”。

当时中日尚未建交，回中国大陆还要绕道中国香港，经广州入境。而嵯峨浩也是战后第一个到中国的日本人。由于签证比较麻烦，嵯峨浩等人又在香港滞留了一段时间。而溥杰等人则早早地到了广州，却也只能翘首期盼。

就这样过了一段时间，1961 年 5 月 12 日，嵯峨浩终于坐上了由深圳到广州的列车。十六年未见，容颜也有了些许改变，但是溥杰还是一眼认出了他心爱的浩。她身穿黑色旗袍，手里捧着大女儿慧生的骨灰，旁边是二女儿嫮生。

原本有千言万语想对你诉说我们别离的日子，此时此刻竟是无语凝噎，倒是嵯峨浩喃喃地说了一句“我对不起你”。

溥杰让妻子什么也不要说了，因为该说对不起的应该是他才对呀。他轻轻地从妻子手中接过慧生的骨灰盒，紧紧地抱在怀里，就像他当初搂着五六岁的女儿一样。嫮生则轻轻地叫了一声“爸爸”，溥杰更是百感交集，如同千万只蚂蚁爬满心头。

溥杰招呼过同行的岳母等人后，一只手抱着慧生的骨灰，另一只手像当初在日本时一样，习惯性地搂住嵯峨浩的肩膀，嫮生则紧紧依偎着他们。一家人就这样幸福地走着。

诚如溥杰自己所说的那样：“十六年的岁月是漫长的，但现在当我挽着浩的臂膀一道走路时，我觉得这个漫长的岁月结束了，我们的新生活开始了。”

回到北京后，政府给他们安排了新家，新式家具一应俱全，还有电话。嫮生由于习惯了在日本生活，则和姥姥她们一块儿回到了日本。而嵯峨浩，则陪伴溥杰直到生命的最后一刻。

在生命的最后旅程里，两人相濡以沫、举案齐眉，让人不由得想起“只羡鸳鸯不羡仙”。可是天不由人，1987 年 6 月 20 日上午，嵯峨浩走完了她 73 岁的生命旅程。痛失爱妻的溥杰悲恸不已，一声又一声地叫着：“我的浩，我的浩。”只可惜，她再也不会应声了。

七年后，郁郁寡欢的溥杰也与世长辞。他的骨灰按照他生前的要求，一半葬于日本山口县下关市中山神社（嵯峨家的神社）的爱新觉罗分社，陪伴自己的爱妻和爱女共眠，另一半葬于北京。

本来这是一桩由日本关东军精心策划和一手包办的政治婚姻，却造就了一对患难与共、休戚相关的恩爱夫妻。死生契阔，与子成说。执子之手，与子偕老。这不只是一句脍炙人口的诗。

徐悲鸿与蒋碧薇：相爱容易相守难

民国史上的鸳鸯，可歌可泣者着实不少，然而徐悲鸿和蒋碧薇可以说是最具代表性的。情不知所起，一往而深；恨不知所踪，一笑而泯。婚姻是爱情的坟墓，他们有此般经历。

现代史上著名的画家徐悲鸿是个不折不扣的草根出身。1895年这个大清江山风雨飘摇的年份，7月19日徐悲鸿出生在了江苏省宜兴县屺亭桥镇，取名“徐寿康”。他的一生与他的国家一样，筚路蓝缕，一路走来充满了艰辛与苦难。最终咬紧牙关，熬过了艰难的日子，挺直了身板。

徐悲鸿之所以在绘画艺术领域造诣非凡，还要得益于他的父亲徐达章的引导。徐达章自幼喜爱绘画，但因家贫，只好刻苦自学，成为当地知名画师，即便如此徐家生活也是时常捉襟见肘。

再苦不能苦孩子，再穷不能穷教育。徐悲鸿身为家中长子，徐达章对他寄予了厚望。徐悲鸿6岁的时候，想跟随父亲学画，但是父亲却不想让他过早地接触绘画，只想让他一心只读圣贤书。

一次读到《论语》，徐达章给儿子讲起了卞庄子刺虎的故事。徐悲鸿从未见过老虎，却又极想知道老虎到底是什么样子。于是他就让别人画了一张，然后自己依葫芦画瓢描绘了下来。不料被父亲发现后，挨了一顿骂："你这画的哪里是老虎，分明是狗嘛。要想成为一个画家，必须胸中有墨，要想胸中有墨，就应当好好读书。"

《诗》、《书》、《礼》、《易》至《春秋》、《左传》是那个时代孩童必不可少的教材，积淀了一定的古典文化后，徐达章才准备教儿子手绘丹青。

起初，徐达章让徐悲鸿每天临摹一幅当时晚清最著名的插图画家吴友如的人物插图。为了避免儿子陷入"一直被模仿从未被超越"的尴尬，也带他进行实物写生。

自古英雄多磨难，从来纨绔少伟男。1908 年，天降大任于斯人也。那时徐悲鸿 13 岁，一场洪水肆虐了他的家乡，灾难下的乡民们食不果腹，饿殍满地。生理需求尚不能满足遑论精神需求，父亲只好带着徐悲鸿远走他乡，以替人书写春联、刻制图章、画山水花鸟以及为生者死者画肖像讨生活。

年复一年的流浪岁月在风雨中流逝，徐悲鸿不仅锻炼了自己的绘画技巧，而且过早地尝遍了世间百态。然而福无双至祸不单行，四年后长年旅途跋涉的徐达章身染重病，卧床不起。八口之家的重担就落在了 17 岁的徐悲鸿肩上。徐家有三子三女，身为长子的徐悲鸿不入地狱谁入地狱？

生活的艰辛让徐悲鸿奔波于宜兴三所学校担任图画教员，三所学校之间的距离有三十里之遥，徐悲鸿经常路过家门而不入。可能是自感时日无多，重病的父亲就逼迫徐悲鸿尽早成婚。可是徐悲鸿不想这么过早地成家，试图一走了之，可是仍被家人追回去完婚。

婚后生有一子，徐悲鸿任性的为之名为“劫生”，意为“遭劫而生”。家人觉得不太吉利，遂改名为“吉生”。可惜，不久后，母子相继因病去世。

两年后徐达章也一命呜呼，饱受苦难的徐悲鸿决定将自己的名字从“寿康”改为“悲鸿”。何谓“悲鸿”？原本比喻啼饥号寒的灾民。但我想更多的是“满怀悲伤四处漂泊的鸿雁”吧。

徐悲鸿是一个不甘于屈服的人，他不愿安于命运，教了整整两年的书。他不愿被家累拖住，想要进修，决心去上海深造。在上海，举目无亲的徐悲鸿结识了一位在商务印书馆工作的朋友，由于他当时单身住宿舍，徐悲鸿便住在他那里。住的问题虽然解决了，但是生活费用一直无着落，往往一天仅吃两个粢饭团充饥。最穷的时候，脱下布马褂，当了四十个铜元。

走投无路之时，徐悲鸿忽然看见报纸上登广告公开征求画仓颉像。他画了一张去应征，获得录取。征集者对徐悲鸿颇为赏识，便留下重用。后来得知徐悲鸿意不在此，而是渴望有朝一日去法国留学攻研美术，那人便决定提供一切费用。1916 年徐悲鸿如愿以偿地进入上海震旦大学（就是后来的复旦大学），在法文系半工半读，并自学素描。

当时徐悲鸿跑来上海，是瞒着他家里的，在学校他化名为黄扶。老太太晓得他到了上海，曾派人去找，结果没有找到，幸好家里还有几亩薄田，不至于饿死。后来他二妹招赘了一位木匠师傅，开了一爿木匠铺，家里的生活得以维持。

使我有洛阳二顷田，安能佩六国相印。两千多年前纵横家苏秦是这样，两千多年后著名画家徐悲鸿亦是如此。

蒋碧薇与徐悲鸿是老乡，同为江苏宜兴人，但是她的家庭状况要比徐悲鸿家好得多。蒋家住在城南，而且是宜兴当地的名门望族，蒋碧薇的父母都是出身名门之后，当年他们结婚时是宜兴当地的一件大事儿，她母亲陪嫁的黄金都是用秤称量的。

蒋碧薇生于 1899 年 4 月 9 日，出生时恰逢她家东书房的一棵海棠盛放，祖父便为她取名为蒋棠珍。蒋氏一族，子弟众多，便仿照《红楼梦》里的贾家开设了一所家塾。

之后，蒋碧薇又读了几年她父亲所创办的女子两等小学（清末设小学堂，分初等和高等，合并设立者称两等小学堂）。毕业以后，蒋父又把她带到上海见识世面。在上海住了些时日，宜兴两等女子学校增设初级师范，由蒋碧薇姊夫的母亲担任校长。蒋碧薇为了继续升学，再回宜兴。

蒋碧薇和徐悲鸿的第一次相见就是在宜兴老家。那时徐悲鸿在初级师范教授图画，和蒋碧薇的伯父姊丈都是同事。但那时蒋碧薇已经不在初师，只听家人议论说徐悲鸿的名字很奇怪，以及许多有关他的轶闻轶事。比如他服父丧，白布鞋里却穿双红袜；天一亮由城里步行三十里赶去上课，中途过家门而不入。徐悲鸿的特立独行，惹得大家很是好奇。

一天徐悲鸿到蒋碧薇家拜访她的伯父，在大厅上坐着谈话。蒋碧薇一听说徐悲鸿来了，便好奇地想见识一下这个大家经常议论的怪人到底是什么样子。于是蒋碧薇借故走过大厅去看了他一眼，但并未留下什么深刻的印象。不像唐玉凤那样只敢偷偷摸摸地看一眼胡兰成，也没有一眼便认定千万人之中那个少年就是他的感觉。

再说蒋碧薇早在13岁的时候就已经奉父母之命，媒妁之言定了娃娃亲。夫家是浙江海宁的查家，搞不好就是后来香港著名作家金庸（查良镛）先生的祖上那家。

查家和蒋家是世交，蒋碧薇的一位堂姐是她四叔的女儿，嫁到苏州查家。她堂姐有一个小叔查紫含先生，年貌和蒋碧薇相当。蒋碧薇的堂姐就趁着一次回娘家的机会，和蒋碧薇母亲提了这门亲上加亲的建议。由于是世交，蒋碧薇的母亲毫不犹豫，一口答应下来。

当时蒋碧薇的年龄尚小，便没把这件事搁在心上，年龄稍长后，依然没把这件事儿放在心上。

你的名字，我的姓氏

1916年，张勋大闹复辟怪剧，率领辫子兵骚扰江南一带，宜兴城也受到波及，被老张搞得人心惶惶。6月份蒋碧薇只好回到上海的父母身边。当是时也，她的父母已在上海定居，盖因其父在复旦大学任教。

而此时的徐悲鸿也只身一人来到了上海，由一个同乡引荐，拜访了蒋碧薇的父亲。

徐悲鸿刚一到蒋碧薇的家中，就给她家里人留下了良好的印象。徐悲鸿长相英俊，落落大方，深得蒋家人的喜爱。没办法，自古以来这就是一个看脸的世界，你绝望也没用。

而徐悲鸿也把蒋家当成了自己的家一样，有空就来蹭饭、留宿，而且很会讨他们家人开心。蒋碧薇的父亲每作一首诗的时候，徐悲鸿便击节称赞。蒋碧薇的母亲烧一道菜，他也会夸赞一句“天下第一”。

因此蒋碧薇的父母都十分喜欢他，同时念他独身在外，难免另眼相看，多加照顾。搞定未来岳父岳母大人，徐悲鸿是高手啊。

相处久了，蒋家渐渐地知道徐悲鸿的家世，以及他从小到大的奋斗历程，很励志，很感人，满满都是正能量。徐悲鸿的传奇故事确实对只有 18 岁未谙世事的蒋碧薇非常具有感染力和诱惑力，并且使她对他产生了一种钦佩和同情兼而有之的复杂感情。

长此以往，日久生情，徐悲鸿和蒋碧薇各自心中暗生情愫。

所以说给女孩子打悲情牌要把握好时机，最好不要在捉襟见肘的时候，起码要在衣食能够不愁或者凭借自己努力小有成就的时候，这样女孩才会觉得你穷且志坚，不坠青云之志。不然女孩只会觉得你是窝囊废，没本事还只会抱怨。

尽管“郎有情妾有意”，两人也未曾单独在一起过，因为在蒋碧薇那种守旧的家庭里是绝对不可能的。他们也从来没有交谈过一句私话，即使有偶然的机会，他们也都会尽量地避开。

有时，越是喜欢一个人，越想见到，却又不敢见。我有时就是这样，越是喜欢一个人，越是明明渴望邂逅，邂逅时却又刻意保持一定的距离。厚颜无耻地说一句，或许像我们这些青涩的人都是这样吧，在感情方面很懦弱，懦弱的宁可错过。

徐悲鸿妻子重病期间，家里曾不断催他回家，但是他却踌躇不决。曾有朋友一再地劝他，说不论你爱不爱这位太太，万一出事，你将来终生都会感到遗憾。

听了朋友一席话，徐悲鸿这才决心回家，到家后，才发现家里已把太太送去常州看病了，是雇了民船去的，一来一回大概要好几天工夫，徐悲鸿没有等待着她回来，便又折回上海，因为上海还有“新人”等着他，何必再念旧呢？不久后，他的妻子病逝，儿子 7 岁时也得天花夭折。

即便如此，蒋碧薇的父母谈论到徐悲鸿的时候还赞不绝口，丝毫不吝溢美之词。有一天蒋碧薇亲耳听见父亲在母亲面前夸赞徐悲鸿，认为他的人品才貌都难得，断定他是一个可造的人才。

蒋碧薇和母亲则默默地听着。母亲怎么想不知道，蒋碧薇心里是暗自窃喜的。蒋碧薇父亲似乎还带有暗示性地慨叹说：“要是我们再有一个女儿就好了。”

听到这句话的时候，蒋碧薇的心里猛一悸动，就如一只手紧紧地揪住了她的心。为什么父亲要说“我们再有一个女儿”呢？因为他的两个女儿一个已经结婚，一个已经定亲，要是再有一个的话，那不正是要许配给徐悲鸿吗？

在蒋碧薇的心里，对早已和她定下娃娃亲的查家公子查紫含，丝毫没有感觉，反而觉得那是一个累赘，迟早要摆脱他。“巧家爹碰见巧家娘——巧得不能再巧了”，此时，蒋碧薇的这个“未婚夫”，忽然犯了一个小小的错误。她就小题大做，首先推翻了查公子在自己心目中的地位。其实就是心理的自我安慰。

但是蒋碧薇并没有把这个想法告诉父母，毕竟这么重大的事情，轻易说出口后果不堪设想，哪怕徐悲鸿在她的父母眼中那么出类拔萃，但是与之相比，他们更注重声誉。

一天早晨，蒋碧薇的母亲为她梳辫子。徐悲鸿在旁边一边看一边和蒋碧薇的母亲聊天。静静地看着自己未来的岳母给未来的妻子梳头，对于一个男人来说是何等的幸福。恰如冬天里的夏天，秋天里的春风一般。

当一切看起来都似乎那么惬意的时候，蒋碧薇的母亲轻描淡写地对他们说了一句："查家明年说要来迎娶了。"徐悲鸿和蒋碧薇不约而同的心里一震，如同谁把他们的梦打碎了。

梳好头后，蒋碧薇的母亲下楼做饭，徐悲鸿也起身告辞了，毕竟孤男寡女在一处不太好。楼上剩下蒋碧薇一个人，不禁悲从中来，就伏在桌上啜泣。这时忽听楼梯急响，原来是徐悲鸿又匆匆地跑回来了。

兴许是感同身受，兴许是恻隐之心，兴许是本能而为，徐悲鸿拍拍蒋碧薇的肩膀说了一句："不要难过。"便又转身离开，而蒋碧薇却有话说不出来。海鸟跟鱼相爱，注定只是一场意外。

虽然结果早已注定可又有什么关系呢，最重要的是享受过程。就如同人一生下来就注定走向死亡，可不还是得过好每一天。就如同烟花注定要化为灰烬，可还是得炫丽的从空中划过。有过曾经，就已足够。

有一天，蒋碧薇的父母都不在家时，当初引荐徐悲鸿去蒋家的朱了洲先生跑来问蒋碧薇："假如现在有一个人，想带你去外国，你去不去？"

蒋碧薇愣了一下，"有一个人""外国"，她的脑海里瞬间浮现出了徐悲鸿的身影。蒋碧薇的心底暗潮汹涌澎湃，不可遏止，耳畔仿佛响起嘹亮的叫喊声："去呀！去呀你为什么不去。难道你想等着查家来迎娶？"

屋子里静极了，静得仿佛能够听见蒋碧薇的内心。朱了洲凝神地注视着蒋碧薇，直达她的内心深处。生存还是毁灭，是哈姆雷特的问题。去还是不去，则是蒋碧薇的问题。

朱了洲看出了蒋碧薇的犹豫，就压着声音告诉她，那个人正是徐悲鸿。他最近时期要到法国留学，很想带蒋碧薇一同到法国去。蒋碧薇也听说过徐悲鸿去法国留学的计划，但她压根没想过徐悲鸿会带她一起去。

想想自己对徐悲鸿的好感，再想想自己对查家公子的反感，蒋碧薇没再多想，脱口而出“我去”两字。

听了之后，朱了洲很满意，再三叮嘱蒋碧薇千万不能把这件事透露出去，并表示关于出国的一切准备和手续徐悲鸿都会替她办理。“徐悲鸿自会替我办理。”此时的蒋碧薇逐渐清醒过来，但说出去的话如泼出去的水，而自己也早已订婚，在当时的社会风气下是绝对不能解除婚约的，所以只好默许秘密出走。

徐悲鸿得到肯定的答复后，自然是万分欣喜。欣喜之余，徐悲鸿刻了一对水晶戒指，一只刻上“悲鸿”，另一只刻上“碧薇”，还得意地向别人炫耀：“这是我未来太太的名字。”

“碧薇”这个名字还是徐悲鸿为蒋碧薇取的，在此之前她一直叫棠珍。因为大家都不知道“碧薇”是谁，就追问徐悲鸿未来的太太究竟是何人呢。徐悲鸿神秘地笑笑，不再作答。

当时徐悲鸿已经是康有为的弟子，并且匿居康家。在筹备这一切的时候，所有行动都是秘密进行的，除了康家，就只有朱了洲先生和蒋碧薇知道。康有为这人也够欠的，帮助自己的弟子“偷”别人家女儿。

徐悲鸿本来打算去法国，但是时值第一次世界大战打得火热，上海到法国的航线不通。出走的事已经决定了，时间非常紧迫，于是徐悲鸿决定先带蒋碧薇去日本，静待时局。

出走前日，蒋碧薇接到了徐悲鸿的秘密通知，因为他知道她从来没有单独出过门，就说的特别详细。徐悲鸿要她当晚天黑以后，悄悄地离开家，雇一辆黄包车。并再三叮咛，雇车要找留辫子的车夫，因为那种人比较老实可靠。

到了蒋碧薇离家出走的那一天，朱了洲故意来邀请蒋碧薇的父亲、母亲和二姑出去吃晚饭，饭后再去听戏。他们一走，家里就只剩下蒋碧薇一个人，蒋碧薇看看天色将晚，暮霭已沉，便竭力使自己镇静，把早先预备好的一封信，摆放在母亲每晚一定打开的抽屉里面。

蒋碧薇就这样两手空空地离开了家门，夜里的路上，孤身一人，邻家已经亮起了灯火，弄堂里还有小孩子在笑闹游戏。步履匆匆的蒋碧薇，随着她的心跳在一步步加速。离开生她养她 18 年的父母，渐行渐远。

到了约定的地点之后，徐悲鸿已经在那里望眼欲穿了，或许在蒋碧薇到来之前，他已经急得咬牙跺脚，心里不知骂过多少遍了。但是一看到蒋碧薇，他还是喜上眉梢。

那一夜，蒋碧薇戴上了那只刻着“碧薇”两字的水晶戒指，从此她的名字也由“棠珍”改成了“碧薇”。我的名字，你的心血，我将以此代表我的余生。

张学友曾在《你的名字，我的姓氏》中唱道：

曾听说过寻觅爱情

就像天与地别离和重聚过程

而我跟你平静旅程
并没有惊心也没动魄的情景
只需要当天边海角竞赛追逐时
可跟你安躺于家里便觉最写意
只需要最回肠荡气之时
可用你的名字和我姓氏
成就这故事
如果要说何谓爱情
定是跟你动荡时闲话着世情
和你走过无尽旅程
就是到天昏发白亦爱得年青
不相信当天荒不再地老不合时
竟跟你多相拥一次便爱多一次
怎相信最回肠荡气之时
可用你的名字和我姓氏
成就这故事

蒋碧薇和徐悲鸿所乘坐的游轮徐徐地驶出了黄浦江口，可惜的是，出海后便碰上了恶劣的天气。从窗口外望，层层叠叠的云霭，堆砌在海天之间。风高浪急，波涛冲击着船舷，船身立刻便剧烈地颠簸起来。一阵头昏，只想呕吐，不一会儿，徐悲鸿也晕起船来。

用餐时，少不经事的蒋碧薇觉得非常难吃，更要命的是不会使用刀叉。蒋碧薇怕人家笑话，只好留意着别人是怎么用的，一顿饭下来是非常的不自在。但是徐悲鸿作为一个大老爷们却没管那么多，自顾自地吃着。

第一次的旅行，没有浪漫，没有愉悦，只是翻江倒海的难受。

却惊舟已风浪中

船到长崎后，两人顾不上休息，就乘火车到达了东京，找了一家旅馆暂时住下，可真是舟车劳顿。18岁的蒋碧薇是第一次出远门，而且是跟着一个既熟悉又陌生的男人，这也说明蒋碧薇作为一个女人敢作敢为的勇气。

蒋碧薇的内心是既喜悦，又悸动。她常常不敢相信自己就这样跟着一个男人离开了父母来到了异国他乡。语言不通，举目无亲，初到东京的时候，处处都感到不便。

吃不习惯，住不习惯，更主要的是洗澡不习惯！

地球人都知道，日本洗澡有一套。男女同浴少不了，谁不习惯谁就跑。民国时期，中国女子还都深受传统文化影响，贤淑静雅，一般不会轻易尝试放纵的滋味。哪像现在啊，女汉子一大堆，除了杀人放火以外，吃喝嫖赌哪有她们不敢尝试的。

那么问题来了，蒋碧薇到哪去洗澡？当时他们所住的“下宿”里没有浴室设备，就只能去澡堂，也就是日本人所说的“风吕屋”。幸好在他们附近的一家“风吕屋”，是男女分浴，算是不幸中的万幸。

但是马克思主义哲学教导我们，凡事都要一分为二辩证的去看。说白了就是你不要悲伤得太早，也不要高兴得太早，万事不到最后，就不要表情先于结果。蒋碧薇到了地方才发现，所谓的“男女分浴”，只不过是中间只隔一道薄薄的木板短墙，女池的隔壁就是男池。

蒋碧薇进去后，一见浴室里有那么多人，哭的心都有了，吓得真想回身逃走。其实她倒不是吓得真想回身逃走，而是不好意思。但最后，她也只好硬着头皮，用最快的动作脱衣入池。

谁知进去后又被同浴的日本女人赶出来，盖因蒋碧薇不会用日本的方式洗澡。那人然后半用手势半说明，教蒋碧薇怎样洗东洋澡。原来是先在池外用肥皂擦身，冲洗干净以后，再下池子去泡。

满脸通红的蒋碧薇只得一一照做，才得以下水。谁知惊魂未定，又看见仅在腰上系条毛巾的澡堂男工，提着水壶在池边木板上跑来跑去。他是早已习惯，可是蒋碧薇这个中国女子却已羞得无地自容。从此以后，她再也不敢去澡堂洗澡了。就买了一口瓦缸，请房东替她烧水，就在缸里解决洗澡问题。

身在异国他乡，不会当地语言总归不行，于是蒋碧薇就请了一个日语老师。只是学了一段时间之后，也没有学会多少。蒋碧薇的心里很是犹豫很是寂寞，也很百无聊赖。

可是徐悲鸿总是那样的不解风情，不知自己女人的所思所想，可以说算不上一个好丈夫，他不能在妻子最需要的时候给她安慰。蒋碧薇跋山涉水，抛弃家人，跟你私奔到日本，什么都不图你的，你却连最简单的安慰都没有，怎么算得上是好男人。

日本与中国之间隔了一道飞鸟无法泅渡的海洋，诸多的不习惯与男友的漠不关心让蒋碧薇想起了自己的父母。我就这么只留一封短信飘然地走了，他们该是怎样的着急，又该是怎样处理，这一切的一切，只能靠蒋碧薇自己揣测了。

三个月后，蒋碧薇方从东渡日本留学的姐夫那里得知父母的情况。查家跟蒋家要人，蒋家做出的应对让人瞠目结舌，说蒋碧薇死了。为了不被人看出破绽，居然在家设了灵堂。更让人大跌眼镜的是出殡的时候，为防抬棺人疑心，竟然在棺材里放了块石头 。

这还不算什么，最让蒋碧薇感到烦恼的是，她和徐悲鸿毕竟是私奔出来，即便改名为碧薇，心理上还是不愿让别人知道。每当有人来访，蒋碧薇就躲躲藏藏，生怕别人发现。可是弹丸之屋，只有一间，几近无藏身之地。蒋碧薇只好躲到厕所里，每至徐悲鸿与来客谈的高兴，浑然忘我之时，蒋碧薇就得一直躲在厕所里，难受得要命。

世界上没有不透风的墙，他们隔壁的中国留学生也渐渐地知道了些情况。有人故意打趣道："老徐，你们宜兴有位蒋梅笙，你知道吗？"

蒋梅笙即是蒋碧薇父亲的号，这般别有用心的提名道姓，想想蒋碧薇心里会是什么滋味吧。

在日本，徐悲鸿、蒋碧薇二人一直都是过着贫穷、飘忽不定的生活，没有一丁点儿的收入，只是靠着来时带的钱过活。一个女人最爱美的年纪里，蒋碧薇不敢买鞋，不敢买衣服。而徐悲鸿则是将大把大把的钱用到了购买画作上。

几个月后，捉襟见肘的他们不得不狼狈地回到上海。回国后，徐悲鸿找到赏识他的康有为，想让他帮忙谋一个官费留学生的资格。

康有为捋着小胡子悠然地说，现在欧战正酣，暂不能启程赴法，最好还是先去一趟北平，看看能否弄到一个官费，将来出国两个人的生活可以过得宽裕些。如果愿意去，可以给介绍几位朋友，请他们帮忙。

徐、蒋两人在上海住了一个多月，又踏上了北上的航程。从上海到北平，按理说可以走铁路，但是徐悲鸿为了省钱，决定乘海轮到天津。

船很小，上下铺位共有十个之多，而且男女混杂，舱里就只有蒋碧薇一个女人，其余都是些走卒小贩。好不容易熬到天津塘沽口，居然没有码头。上岸的时候，中间有一截路必须涉水而过，徐悲鸿又不背着蒋碧薇，无奈之下，只好雇一个工人把蒋碧薇背上岸去。蒋碧薇是敢怒而不敢言。

好在到了北京之后，北大专门为徐悲鸿设立了一个“画法研究会”，聘请他担任导师，蒋碧薇则被朋友聘去当音乐教师。这段日子相对的是岁月静好，现世安稳。国无大事，家有小康。

名流的生活和平民老百姓不同，当时国无大恙，北平城处处歌舞升平，仿佛真是北方的一个平安喜乐之城。名流们除了做好本职工作以外，文化娱乐不可或缺。当时作为北大导师的徐悲鸿常常和三五好友一起去看戏。

散场回家，时间已近午夜。独留空闺的蒋碧薇也不能就寝，必须深夜等徐悲鸿回来，她就这样孤独又寂寥的一个人打磨时光。当时没有电铃，也没有电灯，蒋碧薇还要担惊受怕的经过两座院子，摸黑到外边给徐悲鸿开门。

终于，蒋碧薇向徐悲鸿哀求，能不能在家陪陪自己，不要再去看戏了。不行！蒋碧薇得到了断然地拒绝。赌气之下，蒋碧薇也去听戏，谁知当年北平戏院男女分座，男客在楼下，女客在楼上，座位都是条凳。散戏后只有蒋碧薇独自一人回家，如此一来，她就更害怕了。

1919年3月份，一战已经结束。徐悲鸿带着蒋碧薇启程前往法国，开始了正式的留学生活。在欧洲留学期间，因为官费断断续续，不能持续发放，而徐悲鸿和蒋碧薇又没有家里的接济，因此经常陷入经济危机。诚如蒋碧薇所说，在这九年中，他们历尽了千辛万苦。

尽管风雨不断，但是相知、相爱、相依、相偎的两个人，依旧搀扶着走过了这风雨旅程。

蒋碧薇身材窈窕，颇有气质。有一次，她相中了一件漂亮的风衣，迟迟不肯离去。她就试了一下，果然相得益彰，光彩照人。老板就怂恿她买下，但是蒋碧薇却不好意思地脱下衣服，抱歉地离开了。她也是个爱美的女人，可是，囊中羞涩的她，没有钱买那件风衣。

徐悲鸿得知后，觉得有愧于妻子，就拼命地画画，当他的一幅画卖了一千元后，他连夜赶去了商场，给蒋碧薇买了那件风衣。当蒋碧薇穿上那件风衣后，望着眼前这个男人，眼眶湿润了。

当时男士们流行戴怀表，但是徐悲鸿却舍不得买。蒋碧薇就省吃俭用，给他买了一块怀表。据说后来当蒋碧薇得知徐悲鸿临死前，兜里还揣着那块怀表时，顿时潸然泪下。

留学期间，他们结交了一群十分要好的朋友，其中有张道藩、刘纪文、邵洵美等人。他们模仿上海的“天马会”，成立了一个“天狗会”。由于蒋碧薇身材高挑，容貌端庄典雅，皮肤白皙，且是这一群人中唯一的女性，于是她就当仁不让地成为了“压寨夫人”。

蒋碧薇犹如女神一般，高贵的气质比起金发碧眼的外国女郎，有过之而无不及，在这群人中间犹如众星拱月。1925 年，徐悲鸿去新加坡筹款，这是夫妻二人八年来首次分别。

蒋碧薇本应是落寞和寂寥的，然而在“天狗会”朋友张道藩、谢康寿、邵洵美等人的照料下，比徐悲鸿在这儿时过得还要快活。他们经常一块儿去咖啡馆、去电影院、聊天、跳舞。

当然，时日已久，他们难免就会对蒋碧薇渐生爱意，只是碍于徐悲鸿的面子，不便于表现出来而已。后来与蒋碧薇维持了几十年密切关系的张道藩就是其中的一位。但是在当时，张道藩也只能把这份爱深深地埋藏在心底而已。

9 个月以后，徐悲鸿又回到了巴黎，在出去的大半年时间中，他得到了法币六七千元的润笔费，除了他的来回旅费以外，剩下来的如果全部兑换法郎，数目应当在七万以上。这么多的一笔钱，尽够他们在巴黎再过两三年。然而真正拿回来的却寥寥无几。

蒋碧薇就追问他钱到哪儿去了，徐悲鸿期期艾艾地回答说自己回了一趟上海，买了金石书画。蒋碧薇哭笑不得，也不再说什么了。苦撑了十个月后，两人再次陷于山穷水尽、无计可施的地步。

山穷水尽到什么地步呢？连回国的旅费都没了！当时大家的日子都不好过，谁还有闲钱外借呢？走投无路的他们，终于在一位老朋友的帮助下筹到了一些钱。1927 年 4 月，徐悲鸿又匆匆借道新加坡。

然而，徐悲鸿走后不久，蒋碧薇就发现自己有了身孕。在新加坡的徐悲鸿得知消息后喜出望外，立刻要蒋碧薇准备启程，他说他将会在新加坡等她一起回国。但是他所寄的钱，还不够旅费。蒋碧薇只好等着父亲为她寄来了三百元，方能够成行。

跟着徐悲鸿远渡重洋，千辛万苦在欧洲待了八年，有过泪水，有过欢笑。如今终于要踏上故国土地，虽不是载誉而归，至少也能双双旋里，让当初私奔时所受的讥讽与嘲笑都化为灰烬。蒋碧薇憧憬着。

船到新加坡，蒋碧薇挤在甲板上的人群中凭栏眺望，等待着她的丈夫如约出现在码头。可是任凭她望眼欲穿，依旧不见玉人来。焦急万分中，忽而看到了故人，那是他们夫妇俩的朋友，朋友交她一封信。

蒋碧薇这才得知徐悲鸿早已经回到上海，说是要先到上海去布置一个新家。看完信后，蒋碧薇的双臂如同失去了控制一样耷拉了下来，目光略显呆滞。无限的失望和怅惘如同滚滚波涛，归程上彩虹似的梦，破碎了。

1927 年 10 月 1 日，蒋碧薇终于独自回到了阔别多年的故乡，在人群中看到了早已等候多时的爸爸、妈妈、弟弟，当然，也有自己的丈夫徐悲鸿，千言万语只化作相思泪。

恍惚如突然飞过的麻雀

回到上海后，徐悲鸿一家很快就住进了新居。两个多月后，他们的长子伯阳出生，这个小家伙的降临给家里带来了喜乐的气氛。徐悲鸿对自己的儿子疼爱有加，而蒋碧薇也不甘示弱，自己喂奶自己带，把全部心力都放在孩子身上。

父母姊弟夫妻大团圆，又生了伯阳这个全家人当做宝贝看待的孩子。与此同时，丈夫声名鹊起。作为一个女人，蒋碧薇感到莫大的满足与幸福。回想起过去十年自己所受的艰辛，仿佛是一场惊骇恐怖的噩梦，在眼前幸福的衬托下，让人不胜唏嘘。

欢欢喜喜过了一个年后，转眼就是草长莺飞的江南三月。由于徐悲鸿的弟弟要和蒋碧薇的表妹在老家成婚，他们一家人便浩浩荡荡地回到他们共同的故乡宜兴。探亲访友，好一派喜气洋洋的景象。

最热闹最隆重的，当属徐悲鸿携带妻子衣锦还乡。想当年他们徐家虽是工画为生，但终究是落魄的门第。而如今在上海有所作为的长子带着媳妇与孩子衣锦还乡。

徐悲鸿的老母亲一时荣耀无两，她有什么理由不骄傲不自豪呢。当年她的丈夫撒手人寰，从此把全部希望寄托在大儿子徐悲鸿身上，谁想他却一走了之，只身去了上海。一家人就靠一个木匠女婿做些粗工木器，赚点钱来养家。遭受了无数白眼，无数嘲讽，泪水与汗水吞进肚里无人体谅。

而如今，大儿子和媳妇从海外回国，并有了孙子。二儿子在上海混得风生水起，也要成家，她这个为娘的怎能不骄傲，怎能不自豪！贫者路边无人问，富者深山有远亲。昔日冷颜相向的邻里，眼下都阿谀奉承起来。

在徐家，蒋碧薇受到了全家人的优待。这是她第一次见到自己的婆婆，也是第一次到徐家。吃饭的时候，洋溢着快活的气息。散席后，徐老太太带领他们谢客送客，从她爽朗的笑声里，蒋碧薇听到了婆婆内心是何等的得意。在这一刹那，婆婆完全忘记了自己的辛劳和疲累，她的精神状态是在极端的亢奋之中。

一家人正准备围在一起好好话话家常，谁知突然一声枪响，打破了现有的欢乐。急促的枪声过后，有人大喊：“强盗来啦！强盗来啦！”

蒋碧薇和表妹及儿子伯阳、佣人，被塞进屋子后面柴房的稻草堆里。咦？徐悲鸿哪里去了？蒋碧薇此时想起了丈夫，却从事发一直不见其影踪，踌躇之际，徐老太太和小姑赶来了，让蒋碧薇等人向田里面跑。

她们一口气跑到了邻村，投奔到徐悲鸿的姨母家里。然而，一想起丈夫，蒋碧薇还是忐忑不安，但又无从打听消息。直到傍晚时分，徐悲鸿才神情狼狈地和他弟弟回来。头发里，衣服上，黏附着许多谷粒。

原来，枪声一响，徐悲鸿跳起来就跑，他一个人跑到屋后谷仓，打破了气窗的木条，钻进去躲在谷子堆里。夫妻本是同林鸟，大难来时各自飞。徐悲鸿这只悲伤的鸿雁，飞得可是够快的。

这也不难看出，貌似风平浪静的生活，实际早已暗流涌动。1929 年年底，蒋碧薇又为徐悲鸿产下一个女儿。这个女儿是个早产儿，由于蒋碧薇动了胎气，才 7 个多月就被迫取了出来。医生曾预言说婴儿活不长，却不曾想在蒋碧薇的精心照料下，竟然活了下来。不料徐悲鸿对这个女儿很不喜欢，孩子偶有啼哭，徐悲鸿就会厉声斥责。

此时的徐悲鸿在国内已经有了较高的声望，而且是南京中央大学的艺术系教授，收入不菲。而对于蒋碧薇来说，1930 年无异于世界末日，先是弟弟积重难返，一命呜呼，再是姑姑与世长辞。

正当蒋碧薇淹没在泪水中的时候，忽然接到徐悲鸿来信催她回南京。信上说，如果蒋碧薇再不回去，他可能要爱上别人了。蒋碧薇只是以为，徐悲鸿急于要她回家才出此下策，并不会真的移情别恋。因而，蒋碧薇等到姑母落葬以后才动身。

蒋碧薇带着孩子到家的当晚，徐悲鸿坦白向她承认，说自己喜欢上了学生孙多慈。男人真是一过两天好日子，就喜新厌旧的动物。当然也不全是。

这个消息对于蒋碧薇来说，无异于晴天霹雳。她怎么也没想到，眼前这个曾经与自己同甘共苦，并深爱着的男人，现在竟然对自己说出这样的话。那些漂洋过海、千辛万苦的日子，难道他都忘了？

孙多慈年方十八，安徽人。她本名孙韵君，多慈乃是徐悲鸿为她所取之名，两人名字即为“慈悲”。徐悲鸿这人也够怪的，偏爱为自己喜欢的女孩取名字，包括后来的廖静文，也是徐悲鸿取的名字。或许只有这样，徐悲鸿才觉得能够在女人身上留下自己的痕迹。

孙多慈曾在暑假投考中大文学院，没有考取，于是就到艺术系旁听。她一开始作画，就获得了徐悲鸿的特殊青睐，赞赏有加。当蒋碧薇在宜兴的时候，徐悲鸿约她到家里，为她画像，有时也一同出去游玩。

想当年，蒋碧薇的未婚夫小查同学只是考试的时候偷看女同学的卷子，就被小蒋同学从心中踢了出去。如今徐悲鸿倒好，偷起了女学生。

有一次正在作画，孙多慈忽然提起她的身世，她说她父亲原是孙传芳的秘书。1928 年国民革命军北伐，孙传芳的军队土崩瓦解，全部溃败，她的父亲曾被关进监狱，因此他们的家庭一直笼罩在痛苦与不安中。

听了她的话，徐悲鸿很是感动，将双手按在她的肩上，告诉她说：“无论如何，现在有一个人在关心你！”随后吻了她的额头。

徐悲鸿不断地向蒋碧薇解释，说自己只是欣赏孙多慈的才华，并不是男女之爱，并允诺以后出国了了断纠葛。

但是作为女人的直觉告诉蒋碧薇，丈夫和那个叫孙多慈的女学生之间的关系没那么单纯。甚至只要不傻的人，都能看出徐悲鸿的变化。

徐悲鸿很少着家，大清早就出去上课，下午再去画画，晚上还要到艺术系去赶晚班。中央大学曾经在艺术系给他预备两个房间，这两个房间他一直保留着，后来就做了他的画室。学生们经常到他的画室里请教。

同样的工作条件下，一个男人前后有着明显的转变，不是脑子有病了，就是外面有牵挂的人了。

不久之后一个老朋友来家拜访，提出想去徐悲鸿的中大画室瞧瞧，便邀蒋碧薇一同前往。蒋碧薇没有理由拒绝，再来也想看看丈夫的画室到底什么样。要不说眼不见心不烦呢，刚一进门蒋碧薇的眼睛就像探照灯似的，啪的一下把目光盯在了两幅画上。

一幅是徐悲鸿为孙多慈画的画像；一幅题名台城夜月，画面是徐悲鸿和孙多慈，双双地在一座高岗上，徐悲鸿悠然席地而坐，孙多慈侍立一旁，项间一条纱巾，正在随风飘扬，天际一轮明月。

蒋碧薇的心仿佛被猫抓了几下，对那猫却又无可奈何。半年多的时间，蒋碧薇都是在滚烫的苦水中煎熬度过。原本就少语寡言的夫妻，如今更是分外的疏远。但是，蒋碧薇却只能保持缄默，不敢向外人吐露半个字，为了丈夫的前途和声誉，更为了这个家庭。她只能奢望着丈夫迷途知返。

可惜奢望最终还是变成了失望，第二年暑假，孙多慈投考中大艺术系被录取。蒋碧薇得知消息后，两眼一黑，仿佛世界末日来临。孙多慈考进中大，就意味着要和徐悲鸿朝夕相处四年。一年都已经让蒋碧薇提心吊胆，谁知道四年会发生什么！

徐悲鸿不仅对答应过的出国一事绝口不提，而且竟然邀请孙多慈的父亲一块儿吃饭，两人相谈甚欢。但是最终闹得人尽皆知，甚至有学生不满徐悲鸿把心思都花在孙多慈一个人身上，要对他实施批判。

而在徐悲鸿看来，家里有个做饭的，外面有个好看的，只要谁都不提出异议，日子就可以这么继续舒心地过下去。但是，徐悲鸿的如意算盘打错了，或许孙多慈可以不说什么，但是蒋碧薇不可以忍受。蒋碧薇虽是女流之辈，但她好歹也在外国待了那么多年，接受了新的思想。

她要争取属于自己的幸福生活，她是新时代的女性，她绝对不允许和别的女人共事一夫。她要的是婚姻中男女平等的权利，而不是名义上的夫妻。蒋碧薇的态度很简单：要么和孙多慈分手，要么和她蒋碧薇离婚。

但是，徐悲鸿不干了，他要维持名义上的夫妻，同时他也不想和孙多慈断绝关系。1933 年，徐悲鸿和蒋碧薇去欧洲参加巡回画展。蒋碧薇试图借助这次出国的机会修复她与徐悲鸿之间的裂痕。

在欧洲，两人也是不断赌气、怄气。一次徐悲鸿想邀请两位外国艺术家吃饭，同时请了黄女士和常玉先生作陪，宾主一共 6 人。因为常玉先生的画室比较大，徐悲鸿决定借用他的地方宴客。

等到了宴会的晚上，一干人是左等右等，眼巴巴的不见徐悲鸿的身影。蒋碧薇的脸上有点儿挂不住了，酒菜齐备，客人反倒在等候主人，这实在有点说不过去，但是不等他又不行。

蒋碧薇只好让作陪的先陪客，她从后门溜走，坐计程车回家想看看是不是徐悲鸿一时大意，忘记了请客的事。着急忙慌地到了家门口，抬头望去，楼窗里漆黑一片，不见有灯。

三步并作两步地跑到房门外敲门，门锁住了；侧耳倾听，没有半点声响，房门钥匙只有一把，但是在徐悲鸿身上。无奈之下，蒋碧薇只好再火急火燎的赶回去，安排客人吃饭。

吃完饭，送走了两个老外。剩下四个人又外出找寻了一番，还是没有半点儿消息。蒋碧薇只好去警局报案，然后去朋友家凑合了一夜。这一晚对于蒋碧薇来说，仿佛一个世纪。过去的种种，以及各种可怕的场景在她的脑海里轮番上演。而过去两人的种种不快，在此时此刻显得那么的微不足道。

翌日天刚一擦亮，蒋碧薇就起床了，她把所有的报纸都买来一份，看看有没有什么不测的消息。天亮后，蒋碧薇想起了一个不是上策的办法，她带了一个锁匠回家。

叫上女房东后，锁匠就准备开锁，但是就是开不开，撬锁又会伤及到门。无奈之下，锁匠只好从隔壁房间跳过去。女房东刚把旁边空房的门打开，蒋碧薇他家的门开了。

徐悲鸿头发蓬松，面色苍白地出现在门口。原来他本来说好中午十二点到常先生那边吃午饭的，但是临时提前，十一点钟便到了。刚好那时蒋碧薇和常先生出去买菜，房门是锁住的，他敲了半天门，里面不应，使他起了莫大的怀疑。因此他就赌气把自己反锁在房间里，要起了小孩性子。

徐悲鸿如此这般孩子气，蒋碧薇也不是什么安静的性子。她独自拿着两人合用的“徐悲鸿暨夫人”的护照去了比利时的布鲁塞尔。两人原本是计划一起去那里看画展的。

到了那儿之后，接待的朋友看到蒋碧薇一人飘然而来，非常讶异，追问之下蒋碧薇袒露了实情。朋友又把护照寄了回去，徐悲鸿才得以成行。后来蒋碧薇从朋友那里得知，徐悲鸿为了她的出走，也紧张了两天。

徐悲鸿到意大利后，因他的画箱还没转运到，想让蒋碧薇一个人在热那亚等画箱，他自己先去西班牙马德里的博物院，看一下闻名世界的名画和艺术品。这是徐悲鸿梦寐以求的事情。但蒋碧薇此时已经对徐悲鸿产生了一种天然排斥感，死活不愿意让徐悲鸿去。终其一生，徐悲鸿都没去过西班牙，成为他人生中最大的遗憾。

最后一站是莫斯科，徐悲鸿想买艺术品，就拿出自己的私房钱，蒋碧薇发现后就把他数落一顿。因为在莫斯科，蒋碧薇见皮货比较便宜，就买了三件狐皮，而徐悲鸿怕她再乱买东西，就把钱藏起来。两人就是这么孩子气，谁也不肯相让。

回到国内，徐悲鸿立刻去找孙多慈，把蒋碧薇撂在了一边。之后，徐悲鸿追随孙多慈到了她的广西老家。听说他到了广西之后，春风得意，颇获当时广西军政领袖的推崇和礼遇。

为了回报知遇之恩，徐悲鸿挥毫泼墨，呕心沥血绘制了巨幅油画，题名“广西三杰”，画中是当时八桂风云人物，李宗仁、白崇禧、黄旭初三位先生，策马扬鞭、齐辔并驰。

1936 年，广西局势紧张，重兵集结。蒋碧薇在南京得到消息后，心里非常着急，她怕徐悲鸿再也不能回南京，她怕孩子没了父亲，她怕自己没了丈夫。于是不顾朋友的劝阻，决定孤身独往，当广西的人们纷纷买票逃往香港的时候，蒋碧薇买票经由香港去了广西。纵我违逆了世界，只为寻到你。

时值六月，南国大地热气腾腾，蒋碧薇在逼仄的小火轮上慢慢悠悠地晃着。全船都是男乘客，只有她一介女流。不能沐浴，无法更衣，却又时常汗涔涔。有的男乘客难忍其热，袒胸露背，让蒋碧薇倍感难堪。

经过三天的煎熬，蒋碧薇终于到了南宁。徐悲鸿对她的到来很是惊讶，多事之秋，蒋碧薇一个弱女子怎么能不远千里，漂洋过海的来看自己。蒋碧薇想要徐悲鸿回去，但是徐悲鸿说自己不能这样一走了之，不然岂不成了忘恩负义之徒。

蒋碧薇简直不敢相信徐悲鸿现在那么有节操，既然他这样说了，自己还能再说什么呢，只好生也相随，死也相依了。

桂林山水甲天下，在南宁百无聊赖的蒋碧薇就在当地官员的安排下，和徐悲鸿一道北上桂林游山玩水。归途路过柳州，徐悲鸿不知怎么想的，或许是出于安全考虑，怕时局有变，想让蒋碧薇就此打道回府，回到南京去。

但是柳州交通不便，且蒋碧薇人生地不熟的怎么能一个人回去，因而她生气，觉得只要和徐悲鸿出来就不会有什么好事。于是她当场拒绝，仍按原计划进行，先回南宁再回南京。

拒绝做待宰的羔羊

独自一人悻悻地回南京后的蒋碧薇，开始考虑生计问题了，她要向徐悲鸿证明，没有徐悲鸿，她蒋碧薇照样可以活得很好。此时，蒋碧薇生命中的另一个男人出现了，那就是曾经暗恋她十多年的张道藩。在张道藩的安排下，蒋碧薇担任了中法友谊会的干事。

早在欧洲的时候，25 岁的张道藩第一眼看到年轻貌美的 23 岁的蒋碧薇时，就被这个女子深深地打动了。当时徐悲鸿只顾忙着他的绘画，是张道藩等一群好友给寂寞无聊的蒋碧薇带去了无数的欢乐。当然，这件事你知他知，唯独徐悲鸿自己不知。

1937 年 7 月，抗日战争全面爆发。多事之秋，蒋碧薇偏偏又高烧不退。张道藩得知消息后，立刻亲自跑来，把蒋碧薇送进南京最有名的德国医院。住了几天，总算把病治好了。

蒋碧薇的病易好，国家的疾患难治。战势日益紧张，人心愈加惶惶。南京从 8 月 14 日开始，每天都有空袭警报，只要凄厉的汽笛一响，人人便惊悸慌乱，四散奔逃。老百姓会在桌子上堆起几条棉被，人就钻在桌子底下，以避炸弹。

如今看来虽是可笑，但当时却怎么也笑不出来。人到绝望时，无依无靠，只能设法自保，我们又有什么资格去嘲笑当时人们的苦难。

徐悲鸿的同事，同样也是他们夫妇的朋友谢寿康为了安全起见，把太太和儿子送到上海岳母家去，自己一个人便搬到蒋碧薇那里去住。徐悲鸿的学生顾了然，本在中大担任助教，因学校停顿，无处可去，也住到蒋碧薇家。还有他们的一个邻居把太太儿女送回原籍四川，白天在蒋碧薇家逗留。一干人等在园子里挖了一个防空壕，以作藏身之用。

一日夜里，月白星稀，万籁俱寂，蒋碧薇深宵未成眠。大概在十一点多钟的时候，徐悲鸿提着皮箱如同天降一般回来了。蒋碧薇得知是徐悲鸿后急忙跑下楼开门。

徐悲鸿一语不发，直往屋子里走。这时睡在饭厅里的谢寿康已经听到了响声，赶出来看，正好和徐悲鸿狭路相逢。对视一眼后，两个人便一道走进了饭厅。试想一下，一个长久外出未归的浪子，回到家后竟然发现有其他男人住在自己家里，他该作何感想。

但说实话，徐悲鸿觉得大家都是朋友，未必会放在心上，更不会疑心。只是在回家第三天的时候，发癔症似的怒气冲冲地对蒋碧薇说了句："你没有尽到做太太的义务，所以我对你也没有责任。"

蒋碧薇听了之后当场就怒了："你说这种话，可能事先不曾经过考虑，因为事实胜于雄辩，放弃家庭的是你，不是我！至于谈什么责任与义务的问题，我要说一句难听的话，除了我没有陪你睡觉以外，我觉得我并没有任何失职之处。"蒋碧薇顿了一顿，余怒未消："至于有关那种事，你在广西不是还有自备的模特儿吗？"

这说的是徐悲鸿在广西时，广西北部发生灾馑，有一天，一群难民跑到省政府请求救济，徐悲鸿看中了其中一个女难民，觉得她身段好，可以充当他的私人模特儿，就把她收留了下来。

夫妻二人总是这样彼此不相让有意思吗？这是同床共枕的夫妻，不是血海深仇的敌人啊！

徐悲鸿劝说蒋碧薇离开南京去重庆，蒋碧薇不愿意。后来在其他人的劝说下，她才同意于 1937 年 10 月 6 日前往重庆。拖儿带女全是蒋碧薇一个人的事情，因为徐悲鸿已经先行回了广西。

之后徐悲鸿曾一度回来，但是最终又选择了离开。他说："人心已变，不能再住下去了。”徐悲鸿的第三次离家出走，使蒋碧薇彻底绝望了，她把这些绝望一点儿不剩的全都倾诉给了张道藩，并且在张道藩的帮助下，先后找到了几份工作。

1938年7月31日，徐悲鸿在广西报纸刊登了一则两行小字的广告，其文曰：

徐悲鸿启事：鄙人与蒋碧薇女士久已脱离同居关系，彼在社会上一切事业概由其个人负责。特此声明。

朋友将这则启事寄给蒋碧薇时，她并没有惊讶，只是觉得世事无常。回想二十年前，自己还是一个不出闺门的十八岁少女，就跟着徐悲鸿四处流浪，同甘共苦，生儿育女。事到如今，徐悲鸿竟然如此绝情起来。

徐悲鸿原以为登出离婚启事，就能博得孙多慈家人的欢心，未曾想，当徐悲鸿的朋友拿着报纸替徐悲鸿向孙多慈的父亲胸有成竹地提婚时，却被骂了个狗血淋头。孙家随即准备行装，离开桂林，远远地跑到浙江丽水定居。徐悲鸿可谓是偷鸡不成蚀把米。

1941年3月31日西方的愚人节前夕，蒋碧薇在和一群朋友聊天时，一个朋友忽而想起徐悲鸿单方面登报宣布离婚的事情，而明日又是愚人节，于是就想趁机开个玩笑，登一则结婚启事。当时大家起哄，蒋碧薇便说：“你4月1日登结婚广告，我4月2日就登报否认。”

在当时蒋碧薇等人就知道西方有愚人节，而且能够好好利用愚人节整人，可见是多么的前卫。

4月1日当天的《中央日报》第一版，登了这么一条大字广告：

徐悲鸿蒋碧薇结婚启事：兹承吴稚辉张道藩两先生之介绍，并征得双方家长同意。谨订于民国三十年四月一日在重庆磁器口结婚，国难方殷，诸事从简，特此敬告亲友。

但是在当时，意识到这是愚人节玩笑的寥寥无几，不少人都信以为真。当大家得知这不过是玩笑的时候，也想顺水推舟，试图修复蒋碧薇和徐悲鸿之间的裂痕。毕竟宁拆十座庙，不拆一桩婚。

但是此时的蒋碧薇仿佛是心如止水，如约地在 4 月 2 日的《中央日报》第一版刊出了否认启事，文曰：

蒋碧薇启事：昨为西俗万愚节，友人徐仲年先生伪借名义，代登结婚启事一则，以资戏弄，此事既属乌有，诚恐淆乱听闻，特此郑重声明。

当时没有网络，文人们的发声平台即为报纸，报纸也是愿意为一些文人们当传声筒的。

与徐悲鸿截然相反的是，在蒋碧薇最无助的时候，是张道藩给予她最无微不至的关怀，两个人渐渐地碰擦出了爱的火花。当他们突破了男女之间的那道关系之后，两人经常以书信的方式互诉相思，无论是在一起抑或是分别。要知道，一字一句总关情。

后来蒋碧薇还曾提议，把阴历的七月七日，即传说中的牛郎织女鹊桥相会的日子，定为中国的情人节。她说："我们刚从封建时代不自由的婚姻桎梏中挣脱出来，我们歌颂自由，礼赞爱情，那么我们为什么不替神圣的爱情增加一点绚烂璀璨的色彩？让我们也有一个情人节，让我们衷心地对爱顶礼膜拜！——而我认为最理想的情人节日期，便是每年的七夕。"

蒋碧薇着实让人钦佩，身为一个女性，敢在那个时代发出自己追求爱情和自由的最强音。

1945年抗日战争胜利后，蒋碧薇提出正式分手办理离婚手续，并说原先付给她的二十万元，已经花光了，原已付的五十幅徐悲鸿的画和四十幅古画也不算数。要徐悲鸿再付给她一百万元，和一百幅画，此外，还提出每月付给儿女抚养费每人两万元。当时，徐悲鸿的月薪金也不到两万元。

一切手续完成后，蒋碧薇就带着钱和画，到了张道藩主管下的“中国文艺社”，在那里打了一个通宵的麻将。而不久之后，徐悲鸿和廖静文在重庆中苏文化协会举行了婚礼，由郭沫若和沈钧儒证婚。

离婚后的蒋碧薇也不寂寞，和张道藩依然不清不楚。她的子女觉得丢脸，在家里嘀嘀咕咕。蒋碧薇只要听到嘀咕就骂，她的骂功不是一般，把儿子骂得抱着头满街乱跑，一直跑到东北才停下。

后来蒋介石垮台，蒋碧薇跟随张道藩去了台湾，她的儿女都已长大成人远走高飞，而她所拥有的只有张道藩一人。

1958年年底，张道藩提出要去国外看自己的妻子素珊。蒋碧薇没有说什么，而是飞去了南洋。等到五个月后再次回到台湾，张道藩已经把妻子素珊和女儿丽莲接了回来，并且搬了家。

蒋碧薇并没有做出过度的反应，只是给张道藩写了一封长信。看似愉快的分手，实则她的内心在流泪。信的最后，蒋碧薇还大方地祝福张道藩，并让他不要挂念。

蒋碧薇跟了张道藩十年，侍候了他十年，公开做情人十年，到了暮年，却又分手，真是别有一番滋味在心头。分手后的蒋碧薇卖了房子，并把离婚时徐悲鸿送给她的一百幅画拿出来拍卖。

正是那些画维持了蒋碧薇日后十八年的生活。不知蒋碧薇作何感想，想必也别有一番滋味吧。与张道藩分手十八年后，也就是1978年，蒋碧薇与世长辞，享年79岁。

身居孤岛的岁月里，蒋碧薇有时呆呆地看着徐悲鸿的《琴课》一连好几个小时。当初两人离婚时，为了尽快地把画交给蒋碧薇，徐悲鸿拼命工作，终于积劳成疾。没有那一段日子的操劳，徐悲鸿后来也不会英年早逝。当1953年，蒋碧薇得知徐悲鸿去世的消息时，不禁潸然泪下。

同样流落到台湾的孙韵君，闻听徐悲鸿去世，则是打破了多年的沉默，第一次面对媒体记者，公布自己的这段感情。她说："我后悔听了爸爸的话，没有和徐悲鸿结为夫妻。"之后，孙韵君为徐悲鸿守孝三年。

有意思的是，张道藩生前写了一本回忆录，无一笔墨提到蒋碧薇，却对自己的原配妻子丝毫不吝溢美之词。徐悲鸿一生画了无数的女人，最漂亮、最传神的还是蒋碧薇。

蒋碧薇生前，同样写了一部回忆录，分为上下两册。上册是《我与悲鸿》，字里行间，充斥着对徐悲鸿的怨怼、埋怨、指责；在下半部的《我与道藩》里，则是通篇溢美之词。

爱情中没有谁对谁错，也没有谁离不开谁，只有谁不珍惜谁。如果执意要说徐悲鸿和蒋碧薇两个相亲相爱的人为何分开，只能说两人都过于任性，把执拗给了相爱的人，把宽容给了不相干的人。

当然，或许正是因为彼此在乎，所以才会任性的偏执，希望能在对方的心头使劲地划下一道无法愈合的伤痕，却在无形中，也伤及了自身。

胡适与江冬秀：执子之手，与子偕老

没想到第一次说胡适，竟是以这种形式。胡适这个人啊，说起来只要是读过初中的人，都应该听过他的大名。可是要说他有什么本事，恐怕连一般的大学生也说不出个所以然来。

我想胡适大抵是那金黄的一块，捧他的人，把其视为金子；踩他的人，将其看作狗屎。仰止也好，睥睨也罢，胡适毕竟仍是在那里不吭不响金光闪闪的一块，让路过的人，终究无法将其忽视。

老实讲，起初我也觉得胡适没多大本事，只不过生逢其时赶上了好年头而已。这里插个旗，那里竖个杆，干了太多前人未曾有过之事。就像一个落草为寇的山大王骑着马到处占地为王，宣示自己是处女地到达的第一人。

平心而论，对于胡适他本人未必有那么大的野心，就像前面说的生逢其时，时无英雄使“竖子”成名而已。他做了那么多前人未有之事，也只不过是恰巧路过，顺手为之罢了。

但果真如我所想的那样“时无英雄”乎？不要忘了，当时在中国近代思想史上有着举足轻重的大人物诸如严复、康有为等老一辈牛人还是健在的，而名满天下的梁启超也不过才不惑之年而已。说是“时无英雄”难副其实，但是这些人当时早已不似当年那般意气风发，相对于旧时代他们固然是先进之士，但是相对于胡适这代人，他们似乎已跟不上潮流。

一代人就要有一代人的声音，胡适作为他们那代人的先驱就被时代推上了历史舞台。年纪轻轻就爆得大名，诚如余英时先生所说那样：“中国思想界有一段空白恰好被他填上了。”

就是这样一位率真，以自由知识分子著称的先生，却做出一些惊世骇俗在常人看来并不像自由知识分子的举动。别的不说，就拿娶妻生子这件事儿来说，一个出过国，留过洋，而且还是在美国混过的新派知识分子竟然娶了一个大字不识几个的女人为妻，都够让人嘴巴张得可以塞进一双臭袜子了。

唐德刚曾经说过，江冬秀是“中国传统的农业社会里，‘三从四德’的婚姻制度中，最后一位‘福人’！”因而，这也被称为民国奇事之一。

毋庸置疑，稍微熟悉近代史的人都知道这段公案，也常常被拿来作为茶余饭后的谈资，在众人的口中化为手舞足蹈时在阳光下飞舞闪烁的唾沫。

面对媒妁之言、父母之命的婚姻，诸如鲁迅、郁达夫等知识分子都是选择了逃避或解脱。为什么单单胡适能够和这样一个缺乏文化素养的妻子白头偕老呢？也许就胡适内心来说，他应该也是不肯的，但正如他自己所讲，容忍比自由更重要。

八个字看起来很短。但其中的意味远远不止如此。

少年成长于天蓝时代

尽管早有谚云英雄不问出处，但是中国文化往往是充满了韵味，又有语说，一方水土养育一方人。

绩溪自古是人杰地灵之地，在徽文化的长期熏陶下，绩溪有“邑小士多、代有闻人”的美誉，涌现出一批在社会历史进程中颇具影响力的著名人物，在政治、经济、文化等诸多领域纵横裨益，各逞其能，在中华民族历史的长河里成为弄潮儿。如明朝抗倭名臣、兵部尚书胡宗宪，清朝一代巨贾、红顶商人胡雪岩，徽墨制作大师胡天注，著名茶商胡炳衡。

胡适的父亲名叫胡传，一个传统的徽商是也。徽商群体大名鼎鼎，在中国可以说是家喻户晓，兼具了商、儒、仕。很多商人本身就是理学鸿儒、诗人、画家、金石篆刻家、书法家、戏曲家和收藏家。经商致富以后，更加热衷于文化建设，在家乡修造精美住宅，建祠，立坊，修桥，办学，刻书，藏书，建戏班，办文会，为后世留下了一笔宝贵的文化遗产。

如诸多的徽商一样，胡传也是个典型的儒商，他曾受业于扬州著名经师刘熙载门下，研习经史。清廷平定太平天国后，为了修复宗祠，他耗费了 25 岁至 36 岁的黄金年龄。

除此之外，在胡传的心中还抱着读书人学而优则仕的思想，胡传 16 岁时便随先祖去上海浦东郊区一个叫川沙的地方经商。我曾经在那个地方待过一段时间，至今都是安徽人、河南人聚居之地。

胡传因为十分聪颖，早为其有志为学的伯父所赏识。他认为有这样资质的青年子侄，实在不应该在一个小茶叶店里埋没了。所以被家中长辈特地选出，让他专心读书，以便参加科举。

家人虽对胡传给予了很高的希望，但胡传却一直都是久试不第。很多所谓的神童往往如此，在自己的小众圈子里常常惊为天人，拉出来溜溜就泯然众人矣了。据我个人 20 多年的人生阅历，有些一直被传得貌似很厉害的人，真等你接触到本人后，就会发现不过如此，在心中的地位也由原来的拍案变为最后的拍砖。

后来胡传把兴趣转向了地理，原因无他，盖因他对当时政府和士大夫对世界地理和中国边疆的无知感到震惊，所以他便下定决心终身致力于中国边疆地理的研究。

人不称心的时候喝凉水都塞牙，如意的日子捡牛粪都能拾到金块。再后来，胡传在东北这鸟不飞翔的苦寒之地，竟然经清末官员学者吴大澂推荐，逐渐走向仕途。在东北待了六年后，先后辗转广东、海南、河南、江苏等地，中间回家一段时间和胡适母亲完婚。

在江苏任上时，胡传又被派遣到“鸟不语，花不香”的新开化之地——台湾。当时台湾省治初建，急需人才，胡传毅然前往了台湾这个海外孤岛。为官一任，造福一方。1893 年（光绪十九年）胡传受台湾藩台唐景嵩委托代理台东直隶州知州。

天有不测风云，人有旦夕祸福。胡传死在了台东任上，死因不明。据胡适后来说可能是心脏病猝发，毕竟我们主要的目的不是探讨胡传的死因，姑且采用其子胡适的说法，知道他死了就行。

最让胡适感到又惊又喜的是，当他 1952 年访问台东时，台东父老仍然记得他的父亲是位武官——胡统领，而非文官——胡知州。

你不是说胡适，怎么扯起他爹来了？也许有人会说，老张你是不是跑题了。不，一点儿也不跑题。我不仅要说他爹，还要说他娘呢。

胡适的母亲，名唤冯顺弟（一看这名字就知道他爹娘是多想生个儿子，凡名字带“娣”之女子，如盼娣，招娣，多因父母想生儿子是也）。她父亲，也就是胡适的姥爷冯金灶的心愿是盖一座瓦房，但因贫穷盖不起，遂在当地的媒婆介绍下，把自己女儿嫁给了年长她 30 岁左右的胡传。

或有人惊诧曰，原来胡适父母的婚姻竟也有买卖之嫌啊。别说那时候，就是现在新中国的婚姻又何尝不是呢？一些农村嫁闺女彩礼之高令人不敢恭维，总觉自己辛辛苦苦二十年养大一闺女不容易，能捞一笔是一笔。故有人发出唐朝白乐天之慨：“遂令天下父母心，不重生男重生女。”

相比之下，胡适父母的婚姻算是好的了，除却胡传有钱任性，而且见多识广之外，冯顺弟也不觉吃亏，不就是年龄比自己大了些嘛。

胡适的诞生，证明了两人的结合是天作之合，不然岂不是我中华学界的一大损失乎。

1891 年 12 月 17 日，那是一个冬天，也就是光绪十七年十一月十七日，一个小男孩在上海大东门外寄居的胡家呱呱坠地了。小胡适刚刚在上海两个月，胡传就被调往台湾。

一年之后，胡适也跟随母亲漂洋过海到台湾和父亲团聚去了。这也是胡适生平第一次来到这个东南海岛，仿佛一切自有天意。

前面已经说过，胡传死在了台东任上。他留下的是这样一个家庭：在他续娶冯顺弟三天后就成婚的大儿子，也就是胡适的大哥胡嗣稼，比胡适的母亲大两岁；已出嫁并育有一子的大女儿，也就是胡适的姐姐，比冯顺弟大三岁；二女儿自小抱给了别人就不再说了，三女儿比冯顺弟小三岁，二儿子、三儿子比她小四岁。

冯顺弟 17 岁就做了人家的后母，来到了这样一个大家庭里，难免不受排挤。所幸，她也是过上了几天好日子。结婚后不久，胡传接她到了上海住了一段时间，暂时摆脱了大家庭的苦痛，沉浸在了两人卿卿我我的幸福之中。

纵使每日公务缠身，胡传也总能抽出时间教她读书认字，待胡适稍大后，胡传再把曾经教与冯顺弟的东西再教给这个小儿子。此时，冯顺弟总会心满意足含情脉脉地陪伴父子二人左右，一来做助教，二来自己温习。

等到她们母子离开台湾时，冯顺弟认得了近千字，胡适也认识了 700 多字。

胡传在临死前给四个儿子和冯顺弟分别留下了不同的遗嘱，每张只有几句话。留给冯顺弟的遗嘱说，“穈儿(胡适原名为“嗣穈”)天资颇聪明，应该令他读书”，留给胡适的遗嘱也是让他多努力读书。

诚如胡适自己所说的那样，“这寥寥几句话在我的一生有重大影响”。读书，成为了伴随胡适一生的习惯。

既然丈夫吩咐了，冯顺弟这个传统的中国女人自然是照做不误。为了胡适的读书问题，23 岁就成了寡妇的冯顺弟可以说也是蛮拼的。

在安徽老家读私塾时，别人都是每年给两块银元作为学费，而冯顺弟则是头年就给了六块银元，以后每年增加，到了最后一年竟然增加到了十二块。俗话说有钱能使鬼推磨，自命清高的读书人也概莫能外。精神得到满足时，肚子也需要有食粮打点。故而，私塾先生待胡适自与别个不同。

对于“两元阶级”的学生，私塾先生只肯每日教他们死读书、不求甚解，从来不肯为他们讲书。起初还好，越往后越佶屈聱牙，不能会意，先生不肯讲解，小小学童自己又参悟不透，只好选择逃学，越逃学越挨打，越挨打越不会，如此一来只会造成恶性循环。

而胡适自然不在“顽童”之列，冯顺弟那么多的学费不是白给的。她嘱咐私塾先生，每读一字，须讲一字的意思；每读一句，须讲一句的意思。久而久之，胡适自然比其他学童学到的东西要多，正所谓一分价钱一分货嘛。

这也让我想到了现在一些普通人家的学生家长，跟着舆论盲目地喊给学生减负，你给学生减负，这自然是教职人员最愿意看到，毕竟这也是给他们减轻工作量。但是，不知道这些家长想过没有，有钱人家的家长为了让孩子学到更多的东西，会去额外出高价让自己的孩子得到更好、更多的教育，正所谓马无夜草不肥。长此以往，两个阶层的差距会越拉越大。所以，非权非贵的普罗大众啊，不要再跟着舆论瞎起哄了，害到的终究是自己。

胡适所享受到的这种特殊待遇，“疗效”很是显著。一次当胡适发觉一个只比自己小一岁的同学，竟然不知道“父亲大人膝下”是什么意思的时候，他才明白母亲每年多为他拿出那么多学费意味着什么。

因为有着良好的古文功底，读起古书来胡适丝毫不觉得费力。

他找来了更多的书去读，读的书越多，对他的理解古文的能力越有裨益，二者相互促进，形成了良性循环。

胡适之所以爱读书，除却读起来不费力之外，大多是碍于他身体孱弱，不能像其他孩子一样去玩耍。小小的胡适总是一副文绉绉的样子，乡民们都是喊他为“糜先生”。

貌似文绉绉的小胡适终究还是孩童，自然也会有一些顽皮的时候，也会犯下错误。此时冯顺弟就扮演了严父和慈母的角色。

每日清晨，冯顺弟就把胡适喊醒披衣而坐，对他说昨天做错什么事，说错什么话，要他认错，要他用功读书，并对他讲起父亲的种种好处：“你总要踏上你老子的脚步。我一生只晓得这一个完全的人，你要学他，不要跌他的股。”就是让胡适不要丢他老子的脸。

虽没有接受过正式的传统教育，也并非出身大家闺秀，但是冯顺弟却识得大体，她从来不在别人面前打骂胡适，给足了一个孩子的尊严。顶多是一个严厉的目光，让胡适知道自己犯错了。

人前不数落，不代表人后不惩罚。

犯的事小，冯顺弟会等到第二天早晨再教训胡适。犯的事大，待到夜深人静时，再责备行罚。无论多么痛的惩罚，冯顺弟总不允许自己的儿子哭出声来。因为她不像有些人，责罚子女是给别人看的。因为她清楚，自己儿子的未来是教育出来的。

正所谓爱之深，才会责之切。一次冯顺弟对胡适惩罚过重，跪地痛哭的胡适用手擦眼泪，令害了一年多的眼翳病总医不好。又悔又急的冯顺弟听说可以用舌头舔去，真的半夜把胡适摇醒，用舌头舔他的眼病。

作为丈夫留下来的未亡人，冯顺弟虽是年少，但是辈长。她不能仅仅只照顾自己的儿子，还必须要担负起整个家族的责任。

要担负起责任，手中得有实权才是，胡传死后本不宽裕的财政全靠胡适的二哥在上海经营调度。而他的大哥天生就是败家子，鸦片、赌博无样不沾，钱在他手里停留的时间，可以媲美重庆蠹虫雷政富（不知此位大神的可以自行去搜索这厮的光辉事迹）。家里东西，经常被他拿去典当。每到除夕，胡家总有一大群讨债的，而胡适的大哥早已逃的不知所踪，一切的一切只能全靠她一个弱女子想办法来应对。

妯娌之间发生龃龉，身为长辈的冯顺弟同样是选择忍让，尽管彼此年龄相仿。多次的浪打，再坚强的堤岸也有崩溃的时候。每当此时，冯顺弟总是“心太软，心太软，独自一个人流泪到天亮。她无怨无悔的撑着这个家，其实她根本没那么坚强。她总是心太软，心太软，把所有问题都自己扛，相爱并不简单，相处也是太难。”

胡适就这样在母亲的耳濡目染下，生活了九年。他所感触到的是母亲的含辛茹苦，更是从她身上学会了宽容忍让。胡适曾这样把相思化为浓浓的笔墨道：“在这广漠的人海里独自混了二十多年，没有一个人管束过我，如果我学得了一丝一毫的好脾气，如果我学得了一点点待人接物的和气，如果我能宽恕人，体谅人——我都得感谢我的慈母。”

人们常说三岁看大七岁看老，多年以后，胡适的身上总是摆脱不了他父母的影子。直到死了之后，还被蒋介石来了一句：“新文化中旧道德的楷模，旧伦理中新思想的师表。”

其中的旧道德 、旧伦理不正是胡适父母的影子吗？

生活不止眼前的苟且

年龄稍长，12 岁的安徽人胡适来到他爹曾经战斗过的地方，也就是中国开埠最早的城市之一——上海求学，他在上海住了六年，学习可谓用功，也最肯去学习新事物。来上海不到半年，虽算不上能说一口流利的上海话，但随口模仿一句“阿拉上海人”也是不成问题的了。

作为外地人来到上海，想必这个城市会以胡适曾经生活过为荣，不会简单地把其看作“白眼狼”。千万外地人中，总有人中龙凤，总是在为这个城市的繁荣贡献着自己的绵薄之力。上海这座中国开埠最早的城市之一，之所以从近代以来成为东方明珠，正是因为有着本地乡民和无数外来人才的牺牲奉献才成就起来，正所谓泰山不让寸土，故能成其大；河海不择细流，故能就其深。上海，海纳百川，才能有容乃大。

六年的时间，胡适却辗转了四个学校（梅溪学堂，澄衷学堂，中国公学，中国新公学）。之所以六年之间就辗转了四个学校，并非因为胡适要升学之故，只因他自己太任性耳，尽管他只是一介并不富裕的书生。

在上海这座海滨城市，无论愿意与否，都会被新风拂面。刚刚已经说过，胡适虽然来自乡下，但是很愿意接受新事物，读了很多新书，喝了不少新墨水。比如他改名“胡适”就是最好的例证。

胡适原本并不叫胡适，而是叫胡洪骍。当时流行严复翻译的《天演论》，里面的专业术语诸如“物竞”、“天择”等等都逐渐成了人们生活的日常用语。一个时代总会有一个时代的痕迹，这也在名字上有所体现，譬如说20世纪六七十年代出生的人的名字，总缺少不了“红卫”、“卫星”之类的字眼。

很不好意思，就连一些文艺小清新们推崇的近代人物也未能免俗，当时的人们纷纷把《天演论》里的一些专业术语用做自己的名字，就连大名鼎鼎的陈炯明也是号竞存。一心想要革新的胡适自然不甘人后，也让他二哥帮他想了个名字，取“适者生存”其中一“适”字为笔名，后来出国时用作自己的名字。

所以说，此时的胡适并非一个省油的灯，处处与学校不对付。又是不满意清廷旧制下的教育系统，又是与学校教职人员发生冲突，又是办报纸，又是因宪法问题闹学潮，不满17岁就已经换了三个学堂，始终没有得到一张毕业证书。

诚如胡适自己所说：“少年人的理想主义受到打击之后，反动往往是很激烈的。”另外一方面，十几岁的少年，也是处于人生叛逆阶段，只身在外，无人约束，便放荡不羁起来。

在中国新公学的时期，其实已经不能算作胡适求学阶段了，因为这本身就是原来中国公学学生不满现状自己成立的一个组织，自己同学当教员，胡适就是其中之一。在此期间，胡适学会了吃喝嫖赌。吃喝嫖赌这可不是我信手拈来的一个词，就在此期间，胡适真的把这四样全都学会了，在《藏晖室日记》中嫖妓、吃酒、打牌之事几近日日为之，正所谓人不风流枉少年。

如若是一般人或许就这样沉迷了下去，但是胡适终究不是一般人，要不然也不会成为一代大师，他并没有就此沉沦，而是奋发图强，考取了官费留美学生。比较有趣的是，起初胡适还怕自己考不上被人嗤笑，没敢用自己的真姓名，而是采用了“胡适”一名。看得出来，就连胡适也知道人品需要攒，深藏功与名。此名也真的顺应了时代潮流，不仅生存了下来，而且在不久的将来，名扬天下。

胡适在美国起初学的是农学，他对此并不感兴趣，而且学的是一塌糊涂，后来便转学文科，一入文科，胡适可谓是如鱼得水。从康奈尔大学转入哥伦比亚大学后，胡适师从杜威。杜威对胡适影响之大无人能比，以至于胡适终身将其视为精神导师。

暖风吹得游子醉，直把美洲作徽州。这两句话用来形容在美国的胡适算是恰如其分，又是演讲，又是邂逅，年少的胡适是不亦乐乎。早把初来时母亲“男女交际尤须留心”的叮嘱抛到了太平洋。

这个时候的胡适，也只不过就是 20 岁左右的毛头小伙子。德国文人歌德有诗：“Welcher des Jungs steht vor der Liebe nicht heissbluetig und welches des Maedchen nicht sexuell aktiv ”（哪个少女不怀春，哪个少男不钟情）。

连自己有着五千年历史包袱的祖国，都转眼间换了新天。来时还是百足之虫死而不僵的大清帝国，才一年的光景就变成了所谓亚洲第一个民主共和国。国家尚且如此，更何况沐浴在欧风美雨的胡适乎。

1914 年 6 月，那个蝉鸣的夏天，那个懵懂的美男，在一个婚礼的宴会上，偶然机缘，邂逅了一位美国文艺女青年，从此两人就成了近半个世纪的知己红颜。

美国文艺女青年，名叫韦莲司（全名 Edith Clifford Williams），那个懵懂的美男，唤作胡适。别说，单单从名字上来看，还倒真是有几分缘分。韦莲司比胡适大六岁，中国有句老话叫“女大三，抱金砖”。看来，胡适要抱两块金砖了。当然这是调侃，要按照这逻辑，找个大三十岁的还抱十块金砖了呢。

两人一见如故，彼此都有极好的印象，最重要的是两人的颜值都不低。哪有什么一见钟情，只不过是见色起意罢了。但是，彼此之间能互相吸引，就是良好的开端。

一个是来自东方儒雅翩翩的美男，一个是出身西域热情活泼的妙龄女郎。太平洋虽把他们分隔两岸，缘分却把他们千里一线牵。美男文质彬彬、博学多识。女郎特立独行、桀骜不驯。好一个千里有缘来相会也。

老实巴交的胡适对韦莲司极为欣赏。按说胡适就是在女人窝里长大的，应该是“曾经沧海难为水”才对，但他偏偏对女子有一种羞怯之感。

之前说过，胡适幼年失怙，被其母亲一手带大。但因为冯顺弟兼顾了严父慈母的角色，管教甚严，所以胡适和最疼爱他的大姐关系最好。胡适每次见他大姐的时候，都相谈至深夜（余归省，往见大姊，每谈辄至夜分。《胡适日记》）。

除了母亲和大姐，还有他外祖父以及姨妈等人都对他疼爱有加，再加上胡适“少时不与诸儿伍”，终究是生于大院之中，长于妇人之手。久而久之，胡适也就沾染了中国传统女人的习性，见外人就脸红，简直是未语人先羞，即便是见到年轻女子也是这样。

这就不能怪胡适了，他所接触的女人大多是中老年妇女，年龄最小的就属他母亲了，就连他大姐都比他母亲要大。尽管在上海的时候，胡适有过一段放荡不羁的生活，但那终究是肉体的摩擦，并没有爱情的火花。不过至于胡适自己所说那样见到女人就脸红，我觉得也只能一笑置之，姑妄听之，不可信之。

当在美国求学的胡适第一次进入女生宿舍时，着实把这小子激动坏了，估计是第一次踏入同龄良人女子的闺房之中，因而回去就写了一篇近千字的日记记录了下来，沾沾自喜了大半天。

这也就不奇怪从未有过真正恋爱经验的胡适，见到光彩照人的“白富美”韦莲司为之倾倒奉为天人了：“人品高，学识富，极能思想，高洁几近狂狷，读书之多，见地之高，诚非寻常女子所可望其肩背”，“余所见女子多矣，其真能具思想、识力、魄力、热诚于一身者，惟一人耳。”

湖边柳下，整个绮色佳地区，都留有二人的身影。假如时光可以穿越，想必两人都会哼着《不得不爱》的曲子：“天天都需要你爱，我的心思由你猜。I love you，我就是要你让我每天都精彩。”一日不见，如三秋兮。

但是不久之后发生的一件事儿，警醒了胡适。本身胡适作为留学生到身为教授的韦莲司父亲的家里做客是再普通不过的一件事情，因为美国很多教授家庭都会接待自己的学生，韦莲司的父母对这个来自东方的小伙子都抱有好感。

而 1915 年的 1 月的某天，胡适到韦莲司纽约的公寓去看她，两人消磨时光直到深夜。韦莲司母亲得知后，大为吃惊，就反复追问胡适当时是否有别人在场。胡适答曰，是他先到，后来打电话请来另外一位朋友喝茶聊天。

如此说来，在另外之一朋友到来之前，他们岂不是两人共处一室？韦莲司的母亲就写信痛斥了女儿，责怪她不守规矩。这般场景是多么的似曾相识，或许有人疑问道，只有中国母亲才会干出这样的事情吧。

和大多数人想的不太一样，当时的美国，风气还是相对保守。当年美国社会上男女自由约会时，一般都在客厅里，如若外出或在居室，都要请一位已婚的“监伴娘”来做监视。就算一时找不到，也要有第三者在场。加之那时的美国还有反对和异族通婚的“反杂交法”。除此之外在1882年通过的还有臭名昭著的《排华法案》，所谓自由民主包容的美利坚直到2012年才为此事道歉。

因而，韦莲司和胡适过分亲密的交往，自然会引起其母亲的不满。但不要忘了，胡适欣赏的就是韦莲司的狂狷，她怎么会把条条框框放在眼里。作为当时新一代的美国人，就如同她的国家一样，迅速膨胀，要做世界的主人，哪里会让规则束缚住自己。

韦莲司非但没有收敛，在后来的接触时，甚至情不自禁地对胡适毛手毛脚。相谈甚欢已经使胡适得到了极大的精神满足，他更愿把两人的关系定位成柏拉图式的爱恋。所以当遇到金发碧眼的“女汉子”来势汹汹时，胡适只好把早已在国内订婚的事情说出来。

烈焰炽火被从天而降的冷水所扑灭，事后，韦莲司写信埋怨胡适太不解风情。胡适哪里是不解风情，只不过是不想解开她的衣扣罢了。因为此时的胡适还无法摆脱道德的枷锁。

但是这并不就意味着胡适不再与韦莲司交往，相反胡适还是多次与韦莲司见面，甚至落入中国传统文人的俗套，填词明志，其中一首《满庭芳》这样写道：

枫翼敲帘，榆钱入户，柳棉飞上春衣。落花时节，随地乱莺啼。枝上红襟软语（红襟，鸟名 Red breast)，商量定，掠地双飞。（史梅溪有“又软语商量不定”句，甚喜之，今反其意而用之。）何须待，销魂杜宇，劝我不如归？（此邦无杜宇。）归期今倦数。十年作客，已惯天涯。况壑深多瀑，湖丽如斯。多谢殷勤我友，能容我傲骨狂思。频相见，微风晚日，指点过湖堤。

胡适曾说过韦莲司“高洁几近狂狷”，现在又自诩“傲骨狂思”，什么意思嘛，不就是想说两人是天造地设的一对。文人就是矫情，想表白还非得拐外抹角。但是也不难看出胡适的苦衷，一切只能“况壑深多瀑，湖丽如斯”。况且家中有人“劝我不如归”。

说到这里，也许有人会认为胡适很懦弱，那这就大错特错了。胡适也是很勇敢的，他因为韦莲司的母亲对女儿管教过严，甚至去信批评了一番，并且对韦莲司倾心道：“我所需要的是一个舵手来引领我。然而，到目前为止，除了你以外，从来就没有一个人能够给我这个我真正需要的东西。”

正如前面所说，胡适更愿意将韦莲司看做是精神上的伴侣。至于家里的未婚妻江冬秀，胡适早已经放弃让其当做自己灵魂上的伴侣了，对此也承认是有遗憾的。可是放弃、遗憾又如何，他知道自己应该让江冬秀和母亲感到高兴。就算江冬秀大字不识一个，阅读能力有限，那又有什么关系呢。并不妨碍她成为像他母亲一样贤惠、善良的妻子。

韦莲司就更不用说了，都能对胡适毛手毛脚，早把胡适看作了精神上的伴侣，尽管她从未对胡适说起，只是用行动表示。

多年之后，彼时的胡适早已和江冬秀成婚。韦莲司才在其42岁生日当天写了封信一诉衷肠：“我今天重读旧信，读到那封宣布你即将结婚的信，又再次地让我体会到，对我来说，那是多么巨大的一个割舍。我想，我当时完全没有想跟你结婚的念头。然而，从许多方面来说，我们在精神上根本老早就已经结了婚了。因此，你回国离我而去，我就整个的崩溃了。”

然而这封信，韦莲司并未寄出。有些话，注定深埋心底。天知地知，我知你不知。

在那个电话不普及，更没有互联网的时代，尽管远在美国的胡适与在彼岸的故乡中国安徽隔了千山万水，但是他和韦莲司暧昧的关系还是通过自己的信件告诉给了母亲。

作为孝子的胡适，毫不隐瞒地在书信中提起金发碧眼的美国女子韦莲司以及她的父母。但是提就提呗，还念及她的各种好，又是感激又是佩服的。

话说白了，一个是隔三岔四就去帮冯顺弟料理家务而且自己看着顺眼的姑娘，一个是远隔重洋素未谋面金发碧眼的外国洋妞。冯顺弟会偏向哪一个？自己的儿子又偏偏和那洋妞整天打得火热，冯顺弟心里能不着急吗？

一来二去，胡适在美国和洋妞暧昧的事情就不胫而走。口口相传，只会越传越离谱，且胡适在美久不归国，说他在美国已另娶他人的谣言甚嚣尘上。

起初，江家还不太信，因为1914年年底的时候，胡适曾致信江冬秀安慰说：“每念去国日久，归娶之约一再延误，何以对卿。然适今年恰满廿三岁(以足年计)，卿大于适约一岁。再过二年，卿廿六岁，而适廿五岁，于婚嫁之期未为晚也。西方男女嫁娶都迟，男子三十四十始婚者甚多。以彼例此，则吾二人尚为早婚耳。”

但是，三人成虎人言可畏，江家也坐不住了。千等万等，自己家女儿已经成了“大龄剩女”，而胡家小子真要在美国结婚了咋办。

在1915年8月份的信中，冯顺弟不得不要求胡适做出澄清："外间有一种传说，皆言尔已行别婚。尔岳母心虽不信，然无奈疾病缠绵，且以爱女心切，见尔未宣布确实归期，子平之愿，不知何日方了。"

接到母亲的来信，胡适也不敢含糊，毕竟自己是个要脸的人。反复酝酿拿捏之后，胡适写了一封长达八页的回信，与其说是家书，倒不如说是辩词。字里行间颇有屈原"谣诼谓余以善淫"之慨。

并反复强调："儿久已认江氏之婚约为不可毁，为不必毁，为不当毁。儿久已自认为已聘未婚之人。儿久已认冬秀为儿未婚之妻。故儿在此邦与女子交际往来，无论其为华人、美人皆先令彼等知儿为已聘未婚之男子。儿既不存择偶之心，人亦不疑我有觊觎之意。"

最后又表示，自己正是因为问心无愧，才敢在与母亲的家书中提及美国女性朋友。假若真是有鬼，怎么敢如此坦白，应该遮遮掩掩才对。话是这样说，但胡适的内心是否真的能像他的回信一样理直气壮，想必他自己也心知肚明。

由此看出，与其说胡适坚贞于爱情，不如说他是信守承诺，屈从于亲情，正所谓鱼与熊掌，不可兼得也。

诗和家乡的田野

盼星星盼月亮，阔别乡土七年的胡适终于在1917年6月21日，当太阳照射到北回归线、昼最长夜最短的这一天，转道加拿大温哥华，告别北美大陆以及北美的美人儿，坐上了开往上海的日本轮船。

天空中最明媚的阳光，请驱散心头那离愁别绪。

谁还会再与你卿卿我我整日形影不离，谁还会再与你把自己的最喜欢的老师说起，谁还会呆萌的说不懂你的画，谁还会在你感冒的时候嘘寒问暖，谁还会向你诉说想回家怕回家……

你也曾无意中说起喜欢和我在一起，那时候天总是很蓝，日子总过得太慢，你总说分别遥遥无期，转眼就各奔东西，谁看了我给你写的信谁把它丢在风里，从前的日子都远去，我也将有我的妻……

这一切的一切都萦绕在胡适的心头，挥散不去，他觉得与韦家母女相别，犹如生死别离。

胡适的离开，几家欢喜几家愁，还有人既是欢喜也是愁，愁的和喜忧参半的人说过了，欢喜的人自不难猜，便是他那母亲与尚未过门的未婚妻江冬秀。

江冬秀家距胡适家不远，大概四十里的距离，两家原本又沾亲带故。那是 1904 年在胡适 14 虚岁的时候，江家便派人向胡家提亲，冯顺弟也没有立即答应下来。毕竟，她要对自己的儿子负责。

坦白来说，其实一开始冯顺弟是拒绝的，首先江家在当地是家道兴旺，胡家却已是家道中落，胡适前途未卜，冯顺弟也不知道儿子以后会去出国留学，万一将来自己的儿子要是受气怎么办。另外，江冬秀比自己的儿子大一岁，而且是属虎的，自己儿子是属兔的，生肖相克。难不成自己儿子将来一辈子受气于媳妇?

后来的事情告诉我们，冯顺弟的担心不无道理，并且一一成谶。就连多年以后的胡适自己也常常调侃说，兔子怕老虎。有一次巴黎的朋友给胡适寄来十几个法国的古铜币，上面刻有“PTT”

三个字母，恰好是怕太太的谐音。胡适就和几个“同道中人”开玩笑道，如果成立一个怕太太协会，这些古铜币正好作为会员的证章。

说媒的不是外人，是胡适的族里的叔叔，在江冬秀所在的村子教私塾，江冬秀便是他门下的学生。冯顺弟经不住媒人的一再劝说，又听说江冬秀也是和她的宝贝儿子嗣糜一样从小失怙，遂有同是天涯沦落人之慨，便同意要来江冬秀的八字，如果八字没什么问题，她便也无话可说了。

亲事就这样算是定了下来，盖因胡适当时年幼懵懂，一个小孩子哪里懂得大人的世界，也没表态。估计就算表态，也没多大作用。

在胡适回国之前，两人其实并未怎么接触过，只靠鱼雁传情，来往一些书信，很像时下的网恋。胡适给江冬秀的第一封信是在1911年，那时20岁的他刚到美国一年。

20岁算是成年人了，在那个时代看来更是老大不小了，再也不能像八九岁一样狗屁不懂了，所以他给自己的未婚妻写了第一封信：

冬秀贤姊如见：

此吾第一次寄姊书也。屡得吾母书，俱言姊时来吾家，为吾母分任家事。闻之深感令堂及姊之盛意。出门游子，可以无内顾之忧矣。吾于十四岁时，曾见令堂一次，且同居数日，彼时似甚康健，今闻时时抱恙，远人闻之，殊以为念。近想已健旺如旧矣。前曾于吾母处，得见姊所作字，字迹亦娟好，可喜，惟似不甚能达意，想是不多读书之过。姊现尚有工夫读书否？甚愿有工夫时，能温习旧日所读之书。如来吾家时可取聪侄所读之书，温习一二。如有不能明白之处，即令侄辈为一讲解。虽不能有大益，然终胜于不读书坐令荒疏也。姊以为何如？吾在此极平安，但颇思归耳。

草此奉闻。即祝无恙。

胡适手书 四月廿二日

在信中不难看出胡适以小弟弟的心态很尊敬的叫了江冬秀一声姊，往后信中也就这么叫下去了。写信的目的也不是说我想你了，而是俺妈来信说你经常上俺家为她分担家务，我很感激你。另外你写的字不错，我很是喜闻乐见。说到这里你可别傲骄，你的信词不达意，上下句之间没有必然的联系，如果你在家闲的无聊可以读读书嘛，这也是极好的。另外，俺在这儿很好，就是想回家。

可以说这封信的一些句子，略微刺痛了江冬秀的心，尤其是嫌她没文化。这也就导致了江冬秀差不多一年多的时间没再给他写信。胡适很是纳闷，这是咋个了哟，老是不给我写信，于是就好几次在给母亲的信中问江冬秀为什么不给他写信了。

还好，千等万等，终于等到了回音。1913 年春光明媚的时候，他收到了当年 1 月 14 日江冬秀给她的信。如下：

适之哥文几敬启者：

旧年上春接奉惠函，领悉壹是。缘妹幼年随同胞兄入塾读书，不过二三年，程度低微，稍识几字，实不能作书信，以是因循至今，未克修函奉复。稽延之咎，希为原宥。惟念吾哥自前岁初秋出洋以来，今经三载，每闻学期考试屡列前茅，合家欣然喜慰。现在虽离博士位期尚待，然而有志事必竟成，可为预贺。至家母前因体弱多病，幸自今春以来，较前渐见康健。加以嫂氏去年五月所生之女，现在已能语步，殊慰膝前之乐。家兄现仍在家里，大约开春再行出外也。时值隆冬，诸祈格外加意诊摄，是所切祷。谨此奉复，并请大安。惟朗照不宣。

壬子腊月八日，愚妹江冬秀裣衽字具

江冬秀本是粗人，断然是说不出这些文绉绉的话来的，更不会自称愚妹。可见这封信，是经过别人润色的。连和自己未婚夫之间的情书，都要经他人之手，其中滋味，想必只有当事人心知肚明吧。不过我们也可以设身处地的角色代入一下，假如你和自己恋人之间的讯息往来，都要经别人之手再润色，你又会是什么样的感觉呢？恐怕不会来一句：“就是这个 feel，倍儿爽”吧。

当年胡适虽跟母亲书信来往很多，但是给江冬秀的却屈指可数。江冬秀未曾嫌他语句佶屈聱牙，也未曾有半分数落他的地方。江冬秀是没文化“稍识几字，实不能作书信”，那么你胡适有文化你怎么不写信啊。

就像怄气的情侣一般，胡适硬是活生生的等到了 1914 年 4 月末才专门给江冬秀回了信，夸奖了江冬秀一番，大意是得到了你的来信，无限欢喜，我看你“来书词旨通畅”，看来你最近没少读书啊。

说完这些，胡适又关心了一下岳母的身体状况，以及向哥哥嫂嫂问好，听说你不裹脚了，略感欣慰。信的末尾还是让她多读书。人闲就要多读书嘛。

当然了，胡适并非只是会嫌弃江冬秀的。当他看到江冬秀的照片的时候，也会夸上一句：“图左立冬秀，朴素真吾妇。”但往来的信中他还是依然称她为姊，而她早已改口称他为适之郎君。

经过了大半个多月的颠簸，胡适终于在 7 月 10 日登上了中国上海的码头，又在上海这个他七年前走时所在的地方逗留了十来天后终于回了家。近乡情更怯，七年未归，对于一个游子来说，那得需要多大的魄力，现在高中才三年，大学才四年，你能想象到从上高中伊始到大学毕业才回家是一种什么样的心境吗?

还好，当时是在旧中国，故乡山水依旧，还是那么亲切。如果搁到大发展大繁荣的现在，恐怕早已是面目全非了吧。

此次回家，胡适没能见到江冬秀的面儿，不知是江冬秀害羞，还是按照旧时风俗不待成婚不相见。但是胡适想不通啊，信也写过，照片也见过，为啥还非要遮遮掩掩的呢。想不通归想不通，但胡适毕竟是留过洋的人，不作强求，表示理解。

胡适注定是个逐草而居的人，在家待了些许日子就北上北京拜访北大校长蔡元培，也算为自己谋了一个差事，在北大任教，月薪 260 元。刚工作就这么高的月薪实属高薪阶层，须知胡适和同乡在外租房一个月也才 6 元。

新教授阅历少任务重，胡适一个人就承担下了三门课，以至于胡适想到要么推迟婚礼在来年夏季举行，要么就让江冬秀来北京举办。

这自是他个人的一厢情愿，全家上下，除了胡适本人以外，其他人都不同意这两个选项。你给出选择题，我们偏要是解答题，而且正确答案以我们的为准。

当年 12 月 30 日，农历十一月十七，胡适终于把婚给结了，在当地两人已经算是老新郎、老姑娘了。等了好久终于等到今天，梦了好久终于把梦实现，江冬秀想必会如此感慨道。15 岁时就订婚，转眼已经过去了十三年。十三年当中，朝思暮想，盼了多少个日日夜夜，遭受了多少人背后的指指点点，连自己的母亲都没能熬到自己出嫁就驾鹤西去。多少的泪水，才换的今日的十里红妆。这一天的江冬秀，百感交集，心里悬了十三年的石头，这才落定。

幸福之于她，来得太不容易。

此日的胡适则是扮演了一个好男人的形象：十三年没见面的相思，于今完结。把一桩桩伤心旧事，从头细说，你莫说你对不住我，我也不说我对不住你，且牢牢记取这 12 月 30 日的中天明月！

这里有必要说一下的是，回到祖国的胡适还一直给大洋彼岸的韦莲司去信，远比当年给江冬秀写信写的频繁。大婚之前的 40 多天，胡适给韦莲司也写了一封信：

我去了未婚妻的家，在那儿待了一天。可是她拒绝和我见面！她病了，我去的时候，她还卧床。我并不想勉强她来见我。所以我离开的时候并没有见到她。

但是我这次去看她（指江冬秀），也有一些正面的意义。这次造访向她家里的每一个人保证了我（娶她）的意向。据说她的病很快就好了，她去看了我母亲，并和母亲共住了一星期。她实在太矜持了一点儿！可是，我想我也得到了一点儿“教训”。

……

我不能说，我是怀着愉快的心情，企盼着我们的婚礼。我只是怀着强烈的好奇，走向一个重大的实验——生活的实验！

我相信韦莲司夫人不会喜欢上面这段话。然而，这却是一段老实话。

我不知道韦莲司看到这封信是该欢喜呢，还是该忧愁呢，抑或两者兼有之？欢喜是因为胡适既是在结婚之前也没有被喜悦冲昏头脑而忘记她，忧愁是自己曾经的恋人要结婚了，而新娘不是她。

胡适自己诚如他在信中所说，把他和江冬秀的婚姻看作是一个重大的实验，他也知道这样说未必讨人喜，但这却是他内心深处最真实的想法。

胡适、江冬秀两人婚后的生活，大体上算是非常愉悦，诚如婚后胡适写给韦莲司报告的那样："我高兴的告诉你，我妻子和我都相当愉快，而且相信往后能相处得很好。"

人逢喜事精神爽，耽于新婚之喜的胡适甚至为江冬秀写了五首诗，盖因不是多出色，就不再援引。这里吐槽一下，胡适的诗写的都不怎样，不过无论如何毕竟"但开风气不为师"嘛。

一个是留学美国的才子，一个是窝在乡下的村姑，两人的不般配是一目了然的。虽然，两人到底还是结为百年之好，并且做到了白头偕老。但胡适内心深处对这桩婚姻显然不甚满意。在给好友胡近仁的信里，他坦陈了对自己婚姻的看法。正如前面我所说那样，之所以与江冬秀成婚无关乎爱情只关乎亲情：

吾之就此婚事，全为吾母起见，故从不曾挑剔为难（若不为此，吾决不就此婚，此意但可为足下道，不足为外人言也）。今既婚矣，吾力求迁就，以博吾母欢心。吾所以极力表示闺房爱者，亦正欲令吾母欢喜耳。岂意反以此令堂上介意乎？

其实胡适在自由恋爱与媒妁之言之间一直是摇摆不定的，一方面他对自由恋爱心向往之，另一方面他觉得旧式婚姻同样能够产生爱情。人们普遍认为，包办婚姻缺少爱情，胡适并不这样看，他认为，父母之命媒妁之言的婚姻也能产生爱情：

中国婚姻之爱情是名分所造的。订婚之后，女子对未婚夫自有特殊柔情。故偶闻人提及其人姓名，伊必面赤害羞；闻人道其行事，伊必倾耳窃听；闻其有不幸事，则伊必为之悲伤；闻其得意，则必为之称喜。

男子对其未婚妻，亦然。及结婚时，夫妻皆知其有相爱之义务，故往往能互相体恤，互相体贴，以求相爱。向之基于想象，根于名分者，今为实际之需要，亦往往能长成为真实之爱情。

一份长久的婚姻，必须有人默默地去经营打理，付出最多的人应属江冬秀。因为她除了自己的丈夫胡适之外，早已无靠无依。抓住一个男人，首先得抓住他的胃，这一点江冬秀可谓做得不错。

熟悉胡适的人都知道，胡夫人做得一手好徽州菜，尤其是一品锅，让胡先生的朋友赞叹不已。可以说是给足了胡适面子，弥补了文化欠缺的遗憾。但不要忘了，中国有句老话叫做饱暖思淫欲。西方也有谚语曰七年之痒。

毕竟谚语不能等同于算命，所谓的七年也不见得正好是七年。七年中的七，就相当于文言文中的三六九，只是一个代指而已。

山风吹乱了窗纸

与胡适有暧昧关系的不是别人，正是他的表妹曹诚英，别字佩声，出身于书香世家，就读于杭州第一女子师范，是一个热情的才女。曹诚英比胡适小 11 岁，在胡适婚礼的时候她还是小伴娘。16 岁时嫁给了指腹为婚的胡冠英，无奈久不开花结果，被迫离婚。而此时的胡适已经成婚六年多了，也早已有了一双儿女。

两人的相见欢是在 1923 年夏季的杭州，地点是西湖的烟霞洞。此地风景极好，春有百花秋有月，夏有凉风冬有雪，正因如此才得以备受文人骚客青睐。

曹诚英是胡适约来的，他听说去年曹诚英的丈夫娶了一个小妾把她休掉，很是同情。早在4月底的时候，旧病复发的胡适曾由上海辗转到杭州游玩了四日，名人到访，自然不乏欲睹风采者。期间胡适的乡党汪静之等人前去拜访，其中就有胡适的小表妹曹诚英。

当时在西湖和曹诚英共处了四天，但是仅仅局限于情到深处握握手。临别的时候，动了情的胡适邀她下个月还来此地："妹子，约吗？"曹诚英欣然应允："约！"

十七年来朝思暮想的西湖，非但没能治好他的病，反而让他的病更加严重了。但是，在病人的眼中，"西湖毕竟可爱，轻烟笼着，月光照着，我的心也踊着湖光微笑了。"

6月，一个悸动的季节；杭州，一座如画的城市。宋代词人秦观有句云，金风玉露一相逢，便胜却人间无数。

夜晚，两人沐浴月下清风之中畅谈文学。早上，两人相约一起去南高峰看日出。日出究竟是怎样一种瑰丽，恕我词穷，改编一下巴金老先生的《海上日出》：

天空还是一片浅蓝，浅的仿佛一擦就会掉似的。转眼间天水相接的地方出现了一道红霞，红霞的范围慢慢扩大，越来越亮，太阳就要从天边升起来了。过了一会儿，那里出现了太阳的小半边红彤彤的脸，却没有亮光。仿佛负着重荷似地一步一步，慢慢地努力上升，到了最后，终于冲破了云霞，完全跳了出来。颜色红得非常可爱。一刹那间，忽然发出了夺目的亮光，射得人眼睛发痛，它旁边的云片也突然有了色泽。

此时的两人是多么想让这一刻静止，任他山高水长，任他海枯石烂，任他洪水滔天。

可惜的是马克思他老人家早就告诉我们，物质不以人的意志转移为转移。时间是依旧的流逝，天也会照常的变黑。这天夜里，就是在南高峰的夜晚，当同来的伙伴都已经幽会周公他女儿去了的时候，胡适拥着依偎在他怀里的娟，也就是曹诚英，娟是她的小名。

两人耳鬓厮磨，你侬我侬。此时此刻月朗风清，现世静好。假如时光能够穿越，应该伴有《都是月亮惹的祸》：我承认都是月亮惹的祸，那样的夜色太美你太温柔，才会在刹那之间，只想和你一起到白头，我承认都是誓言惹的祸，偏偏似糖如蜜说来最动人，再怎么心如钢铁也成绕指柔。

有时候早晨两人是在一起读书，想想看，两个人看一本书，是多么的有趣；有时候两人会去山上散散步，找寻一些花花草草；有时候晚上知识渊博的胡适会讲一些名著给她听，粉嫩的面颊洋溢着崇拜。

此生何憾？一切是那么的惬意，也难怪胡适称之为“神仙生活”。这话说得不对，神仙只有自在，哪有佳人伴随左右，哪有被浓浓的爱浸泡的欢喜。真真是只羡鸳鸯不羡仙呢。

但见好花皆易落，鸳鸯仍需作别离。美好的时光总是过得太快，相聚的时间总嫌太短。三个月的时光让胡适沉醉不已，诚如他自己所说：“自此一别，不知何日再能继续这三个月的烟霞洞的‘神仙生活’了。”

在杭州夜色中的旅馆里，两人执手相看泪眼，竟千言万语凝噎，柳永原词是“竟无语凝噎”，可胡适不是柳永。他们相约在上海还要幽会，日日都要看到彼此的信。胡适说：我们蜜也似的相爱，心里很满足了。一想到、一提及离别，我们便偎着脸哭了……

是啊，最痛不过离别时，连南朝大才子江淹都说："黯然销魂者，唯别而已。"

10月份的时候，胡适曾又和徐志摩等人重返杭州游山玩水，唯有胡适自己醉翁之意不在酒。在此期间，曹诚英自然是陪着他们游玩了些许日子，可曹诚英偏偏在此时病了，不能继续作陪。胡适不知是碍于情面，还是性情所致，就没去嘘寒问暖当暖男。只是一个人默默的去阁楼上，独自一人看了日出。没有佳人作陪，连那太阳都觉得面目可憎了。是谁在阁楼上，冰冷地绝望。

离开杭州后，胡适总会情不自禁地想起她的样子："山风吹乱了窗纸上的松痕，吹不散我心头的人影。"

后来胡适曾把这首诗寄给曹诚英看，曹诚英却不无悲哀地说："你在空山月色中感到暂时的悲哀的寂寞，我却是永远地沉浸在寂寞的悲哀里！这不是文字的对仗，这是实在的情况。上帝保佑'心头的人影'；任风吹也好，月照也好，你已经取得了一个情绪的中心；任热闹也好，冷静也好，你已经有了你灵魂的伴侣。"

林花谢了春红，太匆匆，无奈朝来寒雨晚来风。1925年7月，曹诚英从杭州女师毕业了。这一年的秋季，注定是一个收获的季节。她不再是一个人了，因为她怀孕了；她又是一个人了，因为她终于和丈夫脱离了关系。

当她把这事儿告诉给了胡适之后，他的心情久久不能平复。让包办婚姻在自由恋爱面前发抖吧，妻管严的男人失去的只是锁链，他们获得的将是整个世界。胡适扫了扫多年来积攒下来的胆量，汇聚成一股力量，终于开口向一直很忌惮的江冬秀提出离婚二字。

双眼顿时像是失了焦，呆滞地看着眼前这个男人，江冬秀的天仿佛塌了。猛然间，她仿佛醒悟到了什么，据说是从厨房抄出了菜刀，裹挟着儿子对着胡适就恐吓，小兔崽子给你脸了是不，你要是离婚，我就把你的两个儿子全都杀了，我与你生的崽不要了。

当然原话不是这么说，意会就行了。最终还是以胡适服软结束。然而关于这段史料，有学者考证未必是真。比较靠谱的史料当属胡适的乡党兼远方表弟石原皋的《闲话胡适》，他在这本书中也只是说江冬秀“她有魄力，有决断，颇有些才华和男子气概，她深知胡适爱惜名誉这个弱点，就抓住这一点，采取进攻而非退却的战略，遇事不是乞怜，而是大吵大闹，逼得胡适不得不步步退却，迫使胡适与曹佩声断绝关系，就是一例。”“江冬秀为此事经常同胡适吵闹，有一次大吵大闹，她拿起裁纸刀向胡适的脸上掷去，幸未掷中。”

除此之外，只字未提江冬秀抡菜刀裹挟儿子威胁胡适的事情，可见以讹传讹是多么的让人惊悚，但这也说明江冬秀因为曹诚英是跟胡适闹腾过的。而且江冬秀恨曹诚英恨的是牙根痒痒。

曹诚英跟胡适的事儿没成，但是不代表二人就没了来往，只不过不再是那么轰轰烈烈。1931 年胡适因病住院，曹诚英还是火急火燎地去看了胡适，并且还躺在他的枕边，这一幕正好被江冬秀撞到了，也未见她使出泼妇手段大吵大闹。

后来曹诚英赴美去胡适待过的康奈尔大学留学一段时间。归国后在复旦任教，抗战时辗转四川任教。此间，她跟一个姓曾的男子相爱并到了谈婚论嫁的地步。

俗话说巧家爹碰见巧家娘，巧得不能再巧了。姓曾的一个亲戚在上海，偶然遇到了江冬秀，就向她打听曹诚英的情况。我的天，江冬秀岂是等闲之辈，不知怎么样煽风点火，反正最后气得曹诚英差点去峨眉山出家为尼，幸亏被人及时劝下。

也有材料说，曹诚英跟曾姓男子是在美国留学期间认识的，江冬秀并没插手这件事儿，反倒是曹诚英的哥哥棒打鸳鸯，拆散了他们。但不管如何，在曹诚英的心底，她最爱的还是她的糜哥哥，这一点是毋庸置疑的。但是不幸的是，她的糜哥哥却早已对其没有感情了。

江冬秀就像贾平凹小说《废都》里面的柳月清，最见不得男人朝三暮四。要不然她也不会反对胡适给徐志摩和陆小曼拉皮条，更反对为他们证婚，并且当着众友人的面让胡适下不来台。

相较之下，大洋彼岸的韦莲司心胸就开阔得多了。胡适虽然归国有了自己的家庭，但还是与其一直保持着通信往来，反正英文江冬秀也看不懂，怕啥子嘛。信中也曾提及他与这个小表妹的快乐时光。曹诚英赴美留学的时候，胡适还让韦莲司帮忙照顾她。

不得不说，韦莲司是一个伟大的女人，胡适有点“欺人太甚”。假如韦莲司要是一个中国传统的小女人，早跟胡适闹翻了。但是就算韦莲司是洋妞，你胡适也不能这样啊。要知道爱都是自私的，谁又能想象韦莲司是怎样的一种心情。可以看出，韦莲司对胡适的爱，已经超过了自私的境界，爱他，就是他快乐就足矣。有一种爱叫做放手，更有一种爱是假装我再也不爱你。不爱你，干嘛还要为你吃醋，为你辗转反侧。当然，子非鱼安知鱼之乐也，我们终究不知韦莲司到底是爱的太过深沉，还是早已不爱，当然我更倾向于爱到深沉假装不爱。

其实说白了，这三个女人对于胡适来说意义不是一样的，江冬秀就像主食，虽然有吃腻的时候，但是糟糠之妻不能抛。或者从另外一个角度说，自从胡适的母亲冯顺弟过世之后，胡适就把对于母亲的亲情转变为对江冬秀的愧疚与容忍，更当成母亲一样的尊敬。胡适是个孝顺的人。

曹诚英之于胡适，更像偶然吃到的一道可口的菜，开始的时候口中生津，垂涎三尺，但是吃多了、时间长了也就觉得腻了。而韦莲司更像是醇香的酒，让他有不同于主食的刺激与惊喜，更有一种精神上的安慰，让人流连忘返。酒固然不能当饭吃，但终究没断了联系。

这三个人当中，江冬秀是和曹诚英见面较早的，因为当初曹诚英是江冬秀和胡适婚礼上的伴娘。她们二人也是关系最为尴尬的，自己的伴娘勾搭自己的丈夫，怎么也说不过去。曹诚英在美国的时候曾受韦莲司照顾，她在韦莲司的眼中就像是一个人人哄捧，夸她聪明、被惯坏的孩子。

胡适早在新婚燕尔之时就曾给韦莲司写信说，要带自己的媳妇江冬秀去见见她。尽管胡适中间几次赴美与她相见，但均未携带江冬秀，所以说江冬秀和韦莲司第一次见面则是在 1953 年了。

我相信江冬秀和韦莲司是有惺惺相惜之感的，江冬秀也肯定早就知道有这么一个人存在的。但是为什么两个人会有惺惺相惜之感呢？因为都曾经有一种被遗弃的感觉。加之胡适就攥在自己手里，和韦莲司隔了千山还有万水，所以她对于韦莲司倒不是很担心，围绕胡适身边的小狐狸才是腋下之患。

除了这三个人之外，和胡适有过暧昧关系的还有北大的小女生徐芳，大名鼎鼎的林徽因，以及美国的哈德门夫人，一路艳遇不断。可以说，江冬秀的幸福是她自己争取来的，她同样是一个伟大的女人。

蒋介石曾吹嘘胡适为中国传统文化的代表，胡适就很不知趣的打趣道，我是主张西化的，连中国文化传统都算不上，又何来代表之说呢。老蒋不懂胡适的幽默，见胡适这般不给面子便勃然大怒，不过身为领袖，还是要有领袖气度的，表面上也要表现出风平浪静的模样，但是暗中却早已咬牙切齿。在 1959 年 11 月 20 日的日记里，蒋介石大骂胡适道："此种无耻政客，自抬身分，莫名其妙。不知他人，对之如何讨厌也，可怜实甚。"

胡适曾多次反对老蒋的独断专行，打压舆论，尤其是在《自由中国》反对老蒋三次连任总统有悖宪法事件中声援雷震。于是蒋便在 1960 年 9 月 8 日里写道："此种真正的胡说，本不足道，但有胡说，对政府民主体制，亦有裨益，故仍予以容忍，其人格等于，野兽之狂吠。"骂一次还觉得不过瘾，10 月在日记里再度批判胡适："此人实为一个最无品格之文化买办，无可以名之，只可曰'狐仙'，乃危害国家，危害民族之蟊贼。"

1962 年 2 月 24 日，胡适在主持中研院院士会议的酒会现场，心脏病发，倒地不起，溘然长逝，享年 72 岁。据当时与会人士，台湾中研院近代史研究员张朋园先生回忆，散会之时，大家都准备离席，胡适先生就像下课铃声响后拖堂的老师一样，说："我还想讲几句话，不过我今天出门的时候，我太太也叫我少说话，因为我有心脏病，但是现在太太不在身边，我就要多讲几句……"

胡适这么一个怕太太的人，好不容易太太不在身边，敢多说两句的时候，竟然突遭此横祸。前车之鉴后事之师，一代文人胡适的事情也告诉我们校园里的老师尽量不要拖堂，否则后果很难想象。

胡适过世之后，江冬秀收到一批批来自大洋彼岸的书信，上面赫然署名“韦莲思”。胡适与西洋美女韦莲思，长达半个多世纪的灵魂伴侣的关系，这才公之于世。韦莲思为了这个东方帅哥，终身未嫁。对于出身于开放社会的女子来说，这种从一而终实属难得。

与此同时在大洋此岸，与台湾隔海相望的曹诚英，并不知晓胡适驾鹤西去的消息，还在苦苦等待着她的糜哥哥。她一生奉献于教育事业，在上海孤老终生。曹诚英离了婚后再无姻缘，亦没有子嗣，撒手人寰之际，她叮嘱族人，待她死后，请把她葬在故乡由她家通往胡家的乡间小路之上。

如此这般，只为有朝一日，能再次与还乡的糜哥哥相逢。这个痴心的女子，却不知道，她朝思暮想的糜哥哥早已在十年前，先于她驾鹤西去了。再也不会从她的墓前走过了。如若有缘，只能天上相见。如若无缘，来世失散在茫茫人海间。